Noch mehr
Gute-Laune-Geschichten

Am Arbeitsplatz, im Zug, beim Hausputz, auf Reisen, im Supermarkt, beim Autofahren, in Gesellschaft – gutgelaunt kommt man einfach besser durch das Leben. Und bevor die Laune sinkt, greifen Sie zu diesem Buch: Eine neue Sammlung heiterer und humorvoller Geschichten, die Sie garantiert wieder zum Lachen bringen.

Fröhliche Geschichten von fröhlichen Autoren: Ingvar Ambjørnsen, Ewald Arenz, Dietmar Bittrich, Claudia Brendler, Alex Capus, Jean-Paul Didierlaurent, Karen Duve, Horst Evers, Marlies Ferber, Frank Goldammer, Axel Hacke, Elke Heidenreich, Dora Heldt, Ulrike Herwig, Diana Hillebrand, Jess Jochimsen, Frieda-Alice Kahro, Wladimir Kaminer, Iris Leister, Siegfried Lenz, Stefan Maiwald, Markus Orths, Marie Robin, Astrid Ruppert, Rafik Schami, Ursula Schröder, Frank Schulz, Lars Simon, Tilman Spengler, Mark Twain und Jan Weiler.

Karoline Adler ist Verlagslektorin in München und Herausgeberin verschiedener literarischer Anthologien.

Noch mehr Gute-Laune-Geschichten

Zusammengestellt von
Karoline Adler

dtv

Bei dtv Großdruck ist u. a. erschienen:
Gute-Laune-Geschichten

MIX
Papier aus verantwortungsvollen Quellen
FSC® C019821
FSC
www.fsc.org

Ungekürzte Ausgabe 2022

(siehe Quellenhinweis S. 335 ff.)
Umschlaggestaltung: dtv unter Verwendung
eines Bildes von Gerhard Glück
Satz: C.H.Beck.Media.Solutions, Nördlingen
Gesetzt aus der DTL Documenta 12/17,25·
Druck und Bindung: Druckerei C.H.Beck, Nördlingen
Gedruckt auf säurefreiem, chlorfrei gebleichtem Papier
Printed in Germany · ISBN 978-3-423-25448-9

Inhalt

Dora Heldt

Seepferdchen

Sie ist zu eng«, mit gequältem Blick schob Heinz zwei Finger in den Hosenbund und sah seine Frau anklagend an. »Ich kann gar nicht atmen.«

»Es ist deine beste Sommerhose, du hast sie erst im letzten Jahr gekauft. Wie viel hast du denn zugenommen?«

Ohne zu antworten hielt Heinz die Luft an und stellte sich seitlich vor den Spiegel. Langsam atmete er wieder aus. »Ich möchte meine braune Cordhose anziehen. Die sitzt einfach besser.«

Charlotte musterte ihren Mann und biss sich auf die Lippe. Heinz bekam seine üblichen drei Winterkilos nie auf Anhieb in die Sommergarderobe. Und war jedes Jahr frustriert, trotz der Freude über den baldigen Sommer. Sie stand von der Bettkante auf, von der aus sie die Modenschau ihres Mannes verfolgt hatte. »Es nützt nichts, mein Lieber«, sagte sie und verkniff sich ein Lächeln. »Die braune Cordhose ist schon bei den übrigen Wintersachen auf dem

Dachboden. In vier Wochen ist Sommeranfang, die Vorbereitungen laufen auf Hochtouren und ich steige jetzt nicht hoch und suche deine alte Winterhose. Ab morgen machen wir Diät. Und vielleicht solltest du auch mal wieder über sportliche Betätigungen nachdenken. Wir wollen doch nicht mit Speckgürteln an den Strand. Ich gehe jetzt in den Garten, beeil dich mit dem Umziehen, den Strandkorb bekomme ich nicht allein aus dem Schuppen.«

Sie verschwand und Heinz sah ihr nach, bevor er kräftig ausatmete und sich aufs Bett fallen ließ. Der Hosenknopf sprang ab und rollte unter die Heizung.

Im Garten sah Charlotte sich zufrieden um. Die ersten Rosenknospen hatten sich schon geöffnet, es würde nicht mehr lange dauern, bis hier alles wieder so blühte und wuchs, dass sogar vorbeikommende Touristen bewundernd stehen blieben. Charlotte liebte den Sommer. Diesen Inselsommer. Natürlich war es hier auch während der anderen Monate schön, aber der Sommer war etwas ganz Besonderes. Die Sonne, das Licht, die Farben der Heckenrosen, des Strandginsters, der Hortensien, das blaue Wasser, der weiße Strand, die roten Sonnenuntergänge, die weißen Möwen im blauen Himmel. Aber bevor sie den Sommer genießen konnte, war noch einiges zu tun. Die Strandkörbe, Gartenstühle, Gartentische,

Töpfe und Kübel mussten aus den Schuppen und ihrem Winterlager geholt, geschrubbt und an die richtigen Plätze gestellt werden, bevor ihre Schwägerin Inge und sie am nächsten Tag zur Gärtnerei fahren würden. Um dort jede Menge Margeriten, Geranien, Fleißige Lieschen, Lobelien und was sie sonst noch so sahen, einzuladen.

Als sie gerade die Schuppentür an einem Sturmhaken befestigte, kam Heinz in seiner ältesten Jogginghose, die er etwas zu hoch gezogen hatte, heraus. Er sah sie freundlich an. »Ich wollte die hellen Sommersachen nicht gleich im Garten schmutzig machen. Ja, dann lass uns mal den Strandkorb rausschieben.«

Sie nickte und schob ihre Ärmel hoch. »Du vorn, ich hinten. Und wenn du dein Hemd *über* der Jogginghose tragen würdest, wäre es nicht ganz so schlimm. Und wenn du in dieser Hose auch noch Sport machen würdest, wäre es noch besser.«

»Wie lange brauchst du noch?« Inge ging neben Walter, der mit Inbrunst die Speichen seines Fahrrads abrieb, in die Hocke.

»Warum?« Stöhnend quälte sich ihr Mann hoch, bevor er ein Stück zurückhumpelte, um sein Werk zu bewundern. »Meine Gelenke müssten nach dem Winter auch mal geölt werden. Nur so nebenbei. Aber dieser Fahrradreiniger ist allererste Sahne, sieh dir das Rad an, wie neu, der ganze Winterdreck ist weg.«

»Schön, Walter«, etwas zerstreut sah Inge auf ihre Armbanduhr. »Ich müsste nämlich langsam los, Charlotte und ich wollen uns um elf Uhr vor der Gärtnerei treffen. Und jetzt ist es halb elf.«

»Ja, dann viel Spaß«, ohne den Blick vom Fahrrad zu lösen, nickte er. »Bis später.«

»Walter, du stehst mit den Rädern und dem Werkzeug mitten in der Auffahrt. Ich kann das Garagentor nicht aufmachen.«

»Ach so. Ja.« Walter sah auf und blickte von ihr zu den beiden Fahrrädern. »Ich habe mit deinem noch gar nicht angefangen. Das dauert noch einen Moment. Ihr glaubt immer alle, dass man Fahrräder ruck, zuck fertig macht. Was für eine Arbeit da drinsteckt, ist euch gar nicht klar. Das ist eine richtige Überholung.«

»Das verstehe ich, Walter. Aber könntest du die Räder nicht hinten im Garten herrichten? Da guckt dir auch nicht jeder Nachbar auf die Finger. Und ich kann mit dem Auto rausfahren.«

»Die können mir ruhig auf die Finger gucken«, sofort blickte er sich um, allerdings war gerade niemand zu sehen. »Die sollen ruhig sehen, welchen Aufwand man betreiben kann, um ein Fahrrad zu pflegen und für den Sommer fit zu machen. Gerade mit diesem neuen Reinigungsspray ...«

»Walter.«

»Ja doch, ich mach ja schon. Du könntest dein Rad eben mal rüberschieben, ich habe nur zwei Hände.«

»Natürlich.«

Zehn Minuten später saß sie im Auto und war auf dem Weg zur Gärtnerei. Endlich Sommer, Tage, Wochen, Monate, die sie am Strand verbringen konnten. Schade nur, dass sie keine Enkelkinder hatten und ihre erwachsenen Kinder nicht mehr neben ihr Strandburgen bauten und durch die Wellen tobten. Aber man konnte nicht alles im Leben haben. Da hatte es ihre Freundin Helga besser, die hatte ein Enkelkind, auch wenn das nicht auf der Insel wohnte. Und auch nicht alle Ferien hier verbrachte. Vielleicht kam der Junge ja mal im Sommer, dann könnten sie zusammen mit Walter an den Strand gehen. Irgendwie gehörte das zum Sommer dazu. Das Geschreie und Gelächter von Kindern am Wasser.

Inge entdeckte ihre Schwägerin sofort, als sie auf den Parkplatz der Gärtnerei fuhr. Charlotte stand winkend in einer freien Lücke und sprang zur Seite, als Inge einparkte. »Guten Morgen«, rief sie fröhlich, nachdem sie die Fahrertür schwungvoll aufgerissen hatte. »Ich habe schon mal im Eingangsbereich gestöbert, es gibt ganz wunderbare Windlichter und Solarlampen. Ich seh die lauen Sommerabende im Garten schon vor mir.«

»Ich muss Walter noch daran erinnern, dass der Grill dringend überholt werden muss«, sagte Inge statt einer Antwort. »Guten Morgen. Meinst du, dass man den Grillrost auch mit diesem Fahrradreiniger sauber bekommt? Speichen oder Rost, das dürfte doch keinen großen Unterschied machen?«

Charlotte und Inge waren seit fast fünfzig Jahren Schwägerinnen und verstanden sich blind. »Das müsste gehen. Heinz wollte den Reiniger gerne mal ausprobieren, bevor er ihn kauft, also lass deinem Bruder noch einen Rest übrig.«

»Natürlich«, sie gingen nebeneinander zu den Einkaufswagen und zogen einen aus der Reihe.

»Was mir gerade einfällt …«, Inge hob einen Margeritenbaum hoch, um ihn zu inspizieren. »Walter war wegen seiner Gelenkschmerzen bei Dr. Kruse. Und der hat ihm gesagt, er bräuchte keine neue Hüfte, was er bräuchte, sei Bewegung. Heinz hat doch über den Winter auch ganz schön zugelegt, dem könnte etwas Bewegung auch nicht schaden. Er soll Walter mal ein bisschen motivieren, auf mich hört er ja nicht.

Ich schlage ihm dauernd vor, mal mit zum Nordic Walking zu kommen, aber das lehnt er ab. Er mache sich nicht zum Affen, hat er gesagt. Aber er muss endlich was tun«, sie hob die Achseln, »Fahrrad fahren oder wandern, irgendetwas.«

»Ich kann Heinz das vorschlagen, aber ich bezweifle, dass Walter sich ohne Grund bewegt. Dein Mann braucht doch immer Aufgaben. Aber vielleicht gibt es eine Möglichkeit. Ich könnte ihn bitten, mit Heinz ab und an spazieren zu gehen, weil der dringend abnehmen muss. Nur wäre dann vermutlich Heinz beleidigt.«

»Wir müssen mal in Ruhe darüber nachdenken«, befand Inge und stellte den Margeritenbaum in den Einkaufswagen. »Uns fällt schon noch was ein. Aber irgendeine Form von Sport müssen sie machen. Wir haben Sommer und die Männer sind ungelenkig und zu dick. Das geht doch nicht.«

»Okay.« Die junge Frau, die im Schwimmbad vor ihr stand, überlegte einen Moment. »Ich glaube, ich habe Ihnen alles gezeigt – oder? Haben Sie noch Fragen?«

Lina schüttelte den Kopf. »Nein, im Moment nicht. Vielen Dank für die Einweisung, dann ziehe ich mich mal um.«

»Ja, rechts durch, wir sehen uns gleich draußen.«

Fünf Minuten später, mehr Zeit brauchte Lina nicht, um ihre Jeans gegen eine kurze Hose zu tauschen und das T-Shirt mit dem Schwimmbad-Logo überzuziehen, stand sie bereits am Tresen des Bistros.

Für Lina war dieser Job ein Glücksfall. Sechs Wochen Vertretung in der Insel-Therme als Aushilfe im Bistro. Und sie konnte bei ihrer ältesten Freundin Suse wohnen, die seit Jahren auf der Insel lebte und bei der Gemeinde arbeitete. Den Tipp hatte Lina von Suse bekommen, die sie nicht lange überreden musste. Sechs Wochen mit Suse, sechs Wochen Sylt. Für sechs Wochen hatte sie jetzt einen Vertrag, sechs Wochen, in denen Marcus aus der gemeinsamen Wohnung ausziehen konnte, sodass bei ihrer Rückkehr nach Hamburg keine Spuren mehr von ihm zu finden wären. Sechs Wochen, in denen Linas Gedanken sich nicht mehr ausschließlich um diesen Idioten drehten, der sie seit Wochen betrogen und belogen hatte und die ganze Beziehung mit ihr vermutlich auch in den drei Jahren zuvor nicht so richtig ernst genommen hatte. Sechs Wochen, in denen sie überlegen konnte, wie es weiterging – was sie anschließend machen würde. Sie hatte in einem Hotel gearbeitet, das seinen Eltern gehörte. Dort hatte sie Marcus auch kennengelernt. Sofort nach dem Ende der Beziehung hatte sie gekündigt, sie wollte Marcus nicht mehr sehen, der als Koch in dem Hotel arbeitete. Sie erinnerte sich an die Erleichterung in den Augen ihrer Fast-Schwiegermutter, die sie ohnehin nie leiden konnte. Über das alles musste Lina jetzt nachdenken. Und wo ging das besser als auf einer Insel? Nach ihrem Abitur hatte Lina hier als Rettungsschwimmerin gearbeitet, sie hatte Suse kennengelernt, sich sogar in einen Rettungsschwimmerkollegen verliebt, einen wunderbaren Sommerflirt mit ihm gehabt. Es war der schönste Sommer ihres Lebens gewesen. Leider hatten sie sich danach aus den Augen verloren, es war eigentlich schade. Er war sehr süß gewesen. Vielleicht würde dieser Sommer ihre Seele wieder kitten.

Ihre neue Kollegin stand bereits am Becken und musterte sie anerkennend. »Meine Güte, haben Sie lange Beine. Und Sie wirken total durchtrainiert.«

Lina machte eine abwehrende Handbewegung. »Ich heiße Lina, ich finde es seltsam, sich zu siezen, wenn beide kurze Hosen tragen.«

»Sandra«, die Kollegin lachte. »Also noch mal, herzlich willkommen. Aber im Ernst, was machst du für einen Sport? Und wie oft?«

»Ich schwimme«, Lina band sich die Haare mit einem Gummi zu einem Zopf zusammen, »seit Jahren. Ich muss schwimmen, wenn ich Probleme habe. Und im Moment schwimme ich jeden Tag. Das hilft.«

»Jeden Tag?« Beeindruckt hob Sandra die Augenbrauen. »Was ist passiert?«

»Mein Freund hatte eine andere, ich habe es herausgefunden, jetzt zieht er hoffentlich gerade aus meiner Wohnung aus. Das Hotel, in dem ich gearbeitet habe, gehört seinen Eltern, da musste ich natürlich kündigen. Ich brauche jetzt etwas Zeit, um nachzudenken, was ich nun machen will, und ich freue mich sehr über diesen Übergangsjob. Kann ich hier auch morgens schwimmen?«

»Natürlich«, Sandra nickte. »Ab sieben Uhr, wenn du willst. Dein Arbeitsbeginn ist um zehn Uhr, da kannst du ordentlich Bahnen ziehen.«

»Wunderbar«, Lina lächelte. »Was für ein Glücksgriff.«

»Ich glaube, den haben wir auch mit dir gemacht.« Sandra lächelte zurück. »Auf gute Zusammenarbeit. Und auf einen spannenden Sommer.«

Liebe Paulina,
du wunderst dich bestimmt, dass ich dir schreibe und nicht mehr bei dir vorbeikomme, aber ich bin jetzt schon bei meiner Oma auf Sylt und bleibe hier erst mal. Meine Mama ist nämlich mit dem Fahrrad

gestürzt und liegt mit einem gebrochenen Arm und einem gebrochenen Bein im Krankenhaus. Für zwei Wochen, also genau die Zeit, in der ich zu ihr nach Berlin kommen wollte. Und weil mein Papa einen Auftrag in Wien hat, bin ich jetzt bei meiner Oma. Und danach fahre ich noch mit Papa nach Dänemark. Ans Meer. Und dann sind die Sommerferien vorbei. Und deswegen ist heute der zweitschlimmste Tag meines Lebens. Und ich habe überhaupt keine Idee, was ich machen soll, damit nicht gleich nach den Ferien der schlimmste Tag meines Lebens kommt. Das erzähle ich jetzt nur dir und du musst mir versprechen, dass du das auf keinen Fall jemandem erzählst. Ich habe nämlich gelogen, als Herr Braun im Sportunterricht gefragt hat, ob wir schwimmen können. Weil wir doch nach den Ferien einmal in der Woche in die neue Schwimmhalle gehen sollen. Alle können schwimmen, deshalb habe ich auch Ja gesagt. Aber ich kann das gar nicht. Und jetzt müssen wir unsere Schwimmabzeichen zeigen, ich habe aber kein einziges. Noch nicht mal das Seepferdchen. Ich war immer nur im Meer baden und da gehe ich nie ins Tiefe, sondern bleibe immer vorne, das fällt gar nicht auf. Papa denkt, dass ich mit Mama in Berlin im Schwimmkurs war, der ist aber damals ausgefallen, und Mama denkt, dass Papa den mit mir in

Hamburg gemacht hat. Sie reden ja nicht so viel miteinander. Und ich habe immer weiter gelogen und jetzt bin ich schon zehn, kann immer noch nicht schwimmen und habe so Angst vorm tiefen Wasser. Liebe Paulina, du bist ja meine beste Freundin, was soll ich denn jetzt machen? Oma kann auch nicht schwimmen, ich habe sie schon gefragt. Wenn Herr Braun das Schwimmabzeichen sehen will oder meinen Papa fragt oder mich einfach ins Becken von der neuen Schwimmhalle schubst, dann muss ich sterben. Wenn dir was einfällt, dann schreib mir sofort. Ruf lieber nicht an, damit Oma nichts mitkriegt, die würde es bestimmt Papa erzählen, dann kommt raus, dass ich gelogen habe, und dann muss ich bestimmt sofort in einen Schwimmkurs. Im tiefen Becken. Also, bitte schreib zurück, erst mal viele Grüße
von Timmi

»Herzlich willkommen zur Eröffnung der Erdbeerbowlensaison«, Helga öffnete die Haustür und strahlte Inge und Charlotte an. »Kommt gleich durch in den Garten, bei diesem schönen Wetter feiern wir den Saisonstart draußen.«

Inge und Charlotte folgten ihr und betrachteten entzückt den schön gedeckten Gartentisch, auf dem die Bowlengläser und ein Strauß mit Frühlingsblumen standen. Mittendrin prangte das Bowlengefäß, die roten Erdbeeren glänzten in der Sonne. »Was sieht das alles schön aus, Helga«, sagte Inge und setzte sich auf einen der blauen Gartenstühle. »Wo ist denn eigentlich dein Enkel?«

»Timmi ist im Haus und spielt an seinem Computer.« Helga klang etwas bedrückt. »Der Kleine ist so still, ich weiß gar nicht, was ich mit ihm machen soll. Sonst war er immer so gern hier, aber dieses Mal … Vielleicht ging ihm auch alles zu schnell, seine Ferien waren ja ganz anders geplant. Und es ist ja auch ein bisschen langweilig für ihn, er hat hier keine Freunde und in unserer Straße wohnen keine Kinder mehr. Nur mit mir alter Oma den ganzen Tag verbringen ist für einen Zehnjährigen ja nun auch nicht das Gelbe vom Ei.«

»Helga«, Charlotte schnappte nach Luft, bevor sie sich empört setzte. »Du bist ja wohl nicht alt, du bist die Jüngste von uns. Was ist denn nun genau passiert, dass die Ferienpläne so plötzlich umgeworfen wurden? Das hast du in der Hektik letzte Woche gar nicht erzählt.«

Achselzuckend beugte sich Helga vor, um die Bowle in die Gläser zu füllen. »Was passiert ist? Tobias hat mich letzte Woche in heller Aufregung angerufen und gefragt, ob Timmi ganz spontan kommen könnte. Für zwei Wochen. Da habe ich natürlich Ja gesagt, er ist mein Enkel. Mein Sohn und seine Frau leben getrennt, er jetzt in Hamburg als Journalist und sie in Berlin als Pressereferentin eines großen Museums.« Sie presste die Lippen für einen Moment zusammen. »Meine Schwiegertochter ist ja immer schon ein bisschen, wie sagt man, kapriziös gewesen. Ich weiß nicht, warum die beiden überhaupt ein Kind wollten, sie hat sich nie viel um den Jungen gekümmert. Tobias hat seit Timmis Geburt viel von zuhause aus gearbeitet, er musste schon immer das meiste im Haushalt machen, weil sie dazu keine Lust hatte. Als sie sich vor einem Jahr getrennt haben, ist sie nach Berlin gezogen, ohne Timmi, aber noch regelmäßig nach Hamburg gekommen, sogar ab und zu unter der Woche. Aber seit einiger Zeit hat sie einen Freund, und jetzt will sie, dass Timmi sie in Berlin besucht, damit sie nicht mehr nach Hamburg kommen muss. Unmöglich«, unterbrach Charlotte ihren Redefluss. »Das ist ja wirklich unmöglich. Als Mutter.« Helga nickte zustimmend. »Finde ich auch. Jedenfalls sollte Timmi jetzt in den Ferien nach Berlin, weil Tobias ein Porträt über irgendjemanden in Wien machen muss. Für seine Zeitung. Aber letzte Woche ist meine Schwiegertochter mit dem Fahrrad gestürzt und liegt jetzt im Krankenhaus. Und bevor sich der neue Freund um Timmi kümmert, hat mein Sohn ihn lieber zu mir gebracht.«

»Deine Schwiegertochter ist ja sehr seltsam«, Inge fand diese Konstellation offensichtlich genauso unmöglich. »Was ist das denn für eine Mutter?«

Helga winkte ab. »Timmi hängt natürlich an seiner Mama, das ist ja auch gut so. Aber trotzdem. Jedenfalls ist er jetzt hier und soll schöne Sommerferien haben. Ich muss mir was für den Jungen ausdenken, er wirkt so bedrückt, vermutlich ist das die ganze Situation zuhause, die ihn so traurig macht. Ich sollte mal mit ihm ins Schwimmbad oder an den Strand gehen, da würde er vielleicht auch andere Kinder kennenlernen, aber ehrlich gesagt habe ich ein bisschen Angst vor der Verantwortung. Ich kann nicht besonders gut schwimmen, und als meine Kinder noch klein waren, war Hein ja immer mit dabei. Er war ein guter Schwimmer. Ich habe immer Angst gehabt, dass meinen Kindern was passiert und ich sie nicht retten kann. Und beim Enkelkind ist das nicht besser. Und ausgerechnet jetzt ist Onno auch nicht hier. Der kann ja gut schwimmen. Mir wird ganz übel bei dem Gedanken, was alles passieren kann.«

»Tja«, Inge nickte nachdenklich. »Das kann ich verstehen. Nur leider kann ich dich überhaupt nicht unterstützen, ich habe den Garten noch nicht fertig.

Aber warte mal, apropos schwimmen, mir kommt da gerade eine ganz großartige Idee«, sie hob den Kopf und sah ihre Schwägerin mit großen Augen an. »Denkst du auch an das, an das ich gerade denke?«

Ein feines Lächeln erhellte Charlottes Gesicht, bevor sie langsam nickte. Dann wandte sie sich wieder an Helga. »Du, sag mal, es ist ja genug Erdbeerbowle da. Wollen wir Heinz und Walter anrufen, ob die auch Lust haben, ein Glas zu trinken? Auf den Sommeranfang? Und hol doch mal Timmi raus. Wir haben ihm auch was mitgebracht, hier, Schokolade, die mag er doch bestimmt.«

Eine halbe Stunde später waren zwei Fahrradklingeln zu hören, Timmi hob neugierig den Kopf und stellte sein Glas mit Apfelsaft vorsichtig auf den vollen Tisch.

»Sieh mal, Timmi, da kommen Heinz und Walter, das sind mit die besten Freunde von Opa Onno und mir. Die kennst du doch noch von Weihnachten, oder?«

Timmi nickte. »Walter hatte eine Weihnachtsmannmütze auf. Aber er hatte das Gedicht vergessen. Wann kommt Opa Onno denn wieder?«

Tröstend strich Helga ihrem Enkel über den Kopf. »Erst nächste Woche, er muss doch seiner Tochter Maren beim Umzug helfen.«

Onno hätte gewusst, wie man einen Zehnjährigen beschäftigen konnte, er hätte ihn mit zum Angeln und auf sein Segelboot genommen, an den Strand und zum Radfahren, Männer taten sich mit Jungs einfach leichter. Helga vermisste ihren Lebensgefährten sowieso, jetzt gerade noch mehr.

»Ja, wen haben wir denn da?« Begeistert ging Walter vor Timmi in die Hocke. »Das ist ja mein Freund von Weihnachten. Na, mein Junge, wie geht es dir? Hast du schöne Ferien bei Oma? Warst du schon am Strand?«

Tim lächelte höflich, schüttelte aber den Kopf. »Nein, noch nicht. Oma sagt, das Wasser ist noch zu kalt.«

»Das stimmt«, Walter knuffte Timmi spielerisch in die Seite, bevor er sich setzte. »Da musst du warten, bis Opa Onno wieder da ist, dann könnt ihr mit dem Boot am Strand entlangfahren.«

»Aber ihr könntet doch mal ins Schwimmbad gehen«, warf Charlotte ein, als wäre es ihr gerade eingefallen. »Heinz, du bist doch früher so gern geschwommen, das wäre doch mal wieder was. Was haltet ihr davon? Timmi hat Spaß und Bewegung und sieht andere Kinder, und ihr zieht ein paar Bahnen. Das Becken ist beheizt – und Schwimmen gut für die Gelenke und für die Figur.«

Timmi zog die Schultern hoch, während Walter ablehnend den Kopf schüttelte. »Schwimmen? Gott bewahre. Und dann noch in einem öffentlichen Schwimmbad, nein, das muss nun wirklich nicht sein. Wir wohnen auf einer Insel, da geht man im Meer baden. Doch nicht in ein beheiztes Becken.«

Heinz sah seinen Schwager irritiert an. »Was bist du denn für ein Snob? Das Schwimmbad ist gerade total modernisiert worden, das wollte ich mir sowieso mal ansehen. Das wäre doch ein guter Anlass. Und ich war tatsächlich immer ein sehr guter Schwimmer. Das verlernt man auch nicht, das ist wie Fahrradfahren. Was meinst du, Timmi, sollen wir mal einen Wettkampf machen? Ob mich so ein Junge wie du abschütteln kann? Der Gewinner bekommt ein Eis?«

Timmi sah auf den Boden. »Ich weiß nicht …«, murmelte er, als Walter ihn schon unterbrach. »Also ich habe diese Woche überhaupt keine Zeit.«

»Doch, Walter«, Inges Einwurf klang entschlossen. »Du hast Zeit. Deine Arbeit im Garten ist erledigt, den Rest mache ich alleine, die Fahrräder sind fertig, wir haben überhaupt keine Termine, und wenn du es erst mal versuchst, macht es dir bestimmt Spaß. Schwimmen ist sehr gesund, das liest man überall. Im Meer ist es tatsächlich noch zu kalt, außerdem kann man da keine Bahnen schwimmen. Und dir kann Bewegung und Ausdauertraining nicht schaden, denk daran, was Dr. Kruse gesagt hat. Über deine Gelenke. Also, abgemacht, ihr beiden geht mit Timmi schwimmen. Nicht wahr, Timmi, du freust dich schon darauf?«

»Och, eigentlich habe ich nicht …«

»Siehst du«, Timmis Antwort ignorierend, schlug Inge Walter auf den Oberschenkel. »Dann fahrt doch morgen gleich mal hin und probiert es aus. Was meinst du, wie gut es deinen Gelenken tut und …«

»Inge, ich will nicht schwimmen gehen«, Walter wurde plötzlich laut, sogar Timmi sah ihn erschrocken an. Ganz langsam standen Charlotte und Inge auf. »Walter und Heinz, kommt ihr bitte mal mit? Wir wollen euch was zeigen.«

Als sie den grummelnden Walter außer Hörweite geschoben hatte, fasste Inge ihn am Arm. »Walter, der arme Timmi ist ein Trennungskind, seine Mutter ist im Krankenhaus, sein Vater in Wien, Helga will, dass er es schön hat in den Ferien, aber sie selbst ist keine gute Schwimmerin. Und deshalb traut sie sich weder mit ihm ins Hallenbad noch an den Strand. Und Onno ist nicht da, um zu helfen. Also, ihr seid Freunde. Tu ihr doch den Gefallen.«

»Wir können doch irgendetwas anderes mit dem Jungen unternehmen«, Walters verschränkte Arme unterstrichen seine Ablehnung. »Kartenspiele oder so.«

»Karten kann man im Winter spielen«, Charlottes Stimme klang überzeugend. »Wir haben Sommer. Sonne, Wasser, Wärme, Bewegung, das gehört zu den Ferien. Und der arme Timmi wirkt irgendwie traurig, der braucht mal ein bisschen Spaß. Komm, gib dir einen Ruck, Walter.«

»Genau«, Heinz baute sich vor seinem Schwager auf. »Ein Ruck muss durch uns gehen. Wir Alten haben die Verantwortung für die Jungen. Ich bin ein sehr guter Schwimmer. Und du doch auch. Also, such deine Badehose raus, morgen Nachmittag hol ich dich ab.«

»Nein«, Walter winkte ab. »Da ist mir das viel zu voll. Nein, wenn, dann morgens. Da ist es billiger. Also bis zwölf. Stand neulich in der Zeitung. Ich will ja kein Vermögen ausgeben.«

»Gut«, Heinz klopfte ihm auf die Schulter. »Morgens. Dann um zehn. Da wird der Junge sich aber freuen. Mit zwei Leihopas ins Schwimmbad. Wer hat das schon?«

»Eine große Pommes Schranke«, das pummelige Mädchen im knallroten Badeanzug stand am Tresen und brüllte Lina ihre Bestellung zu.

»Was heißt denn Schranke?« Lina beugte sich näher zu ihr, der tropfnasse Badeanzug hinterließ Wasserspuren auf dem Fußboden.

»Ketchup, Majo«, mit einem Augenrollen schob das Mädchen einen feuchten Fünfeuroschein rüber. »Pommes, Ketchup, Majo. Und groß.«

Kopfschüttelnd gab Lina die Bestellung ein. Kein Wunder, dass es immer mehr dicke Kinder gab. Große Pommes Schranke. Um elf Uhr vormittags. Nicht zu fassen. »Setz dich schon mal hin«, sagte Lina laut. »Und leg ein Handtuch unter deinen Po. Du bist ganz nass. Nicht alle Gäste kommen aus dem Schwimmbad. Man kann hier auch was trinken, ohne Badegast zu sein.«

»Mir doch egal«, das Mädchen war nicht nur pummelig, es war auch schnippisch. »Ich kann ja wohl nicht trocken aus dem Wasser kommen.«

»Es gibt aber Handtücher.« Lina hätte sich die Antwort sparen können, die kleine Dicke war weitergegangen. Und setzte sich in diesem Moment mit ihrem nassen Badeanzug auf den Stuhl. Nicht ohne Lina einen triumphierenden Blick zuzuwerfen.

Es war wirklich nicht zu fassen. Lina hätte sie mit Freude ins Becken geworfen, damit sie mal ein bisschen abkühlte. Es waren eine Menge Kinder hier, Lina war nur erstaunt, dass viele von ihnen mehr im Bistro vor Cola und Pommes saßen, als zu schwimmen. Wenn sie ins Wasser gingen, dann in die warmen Whirlpools, wo sie kreischend und Wasser spritzend warteten, bis sie wieder Hunger bekamen. Natürlich gab es auch andere Kinder. Kinder, die, von ihren Eltern begleitet, tatsächlich ihre Bahnen schwammen oder Tauchübungen machten, bis sie schrumpelige Fingerkuppen und blaue Lippen hatten. Die meisten allerdings waren laut und verfressen und eigentlich nicht zum Schwimmen hier. Ihren neuen Job mochte Lina trotzdem. Es gab wunderbare Gäste, ein paar Rentner, die jeden Morgen als Erstes ins Bad kamen, ihre Runden schwammen und anschließend zusammen bei Kaffee und Brötchen über die Neuigkeiten des Tages redeten. Nette Mütter, die ihre kleinen Kinder zum Schwimmen brachten und danach noch im Bistro zusammensaßen, und Großeltern, die mit ihren Enkeln die Ferien verbrachten und deren Schwimmkünste von den Liegestühlen am Beckenrand aus mit besorgten, aber auch stolzen Blicken verfolgten.

»Entschuldigung«, die schüchterne Stimme des Jungen holte Lina aus ihren Gedanken. Er war hellblond, schmal und ganz trocken. Das genaue Gegenteil der nassen Pummeligen. Lina lächelte ihn an.

»Ich habe dich gar nicht kommen sehen. Was möchtest du denn?«

»Eine Fanta bitte.«

»Und eine schöne Tasse Kaffee für mich.« Der Mann, der hinter ihm aufgetaucht war, musste der Opa sein. Er hatte einen Bademantel an und sah auch nicht so aus, als wäre er schon im Wasser gewesen. Lina nickte, stellte eine Tasse unter die Kaffeemaschine und brachte schnell die Pommes zur kleinen Dicken. Als sie zurückkam, stand ein zweiter Mann neben dem Jungen, ohne Bademantel, nur in Badehose und mit einem Handtuch, das über seiner Schulter hing. »Walter, wieso trinkst du jetzt Kaffee? Wir wollen doch ins Wasser.«

»Wir sondieren erst mal die Lage«, war die freundliche Antwort. »Und Timmi hatte so einen Durst. Stimmt doch, Timmi, oder?«

Der Junge nickte, griff erleichtert nach der Fanta und sah zu dem Bademantelmann hoch. »Sollen wir uns an einen Tisch setzen?«

»Ja, natürlich. Alles in Ruhe. Hier wird nicht im Stehen getrunken.«

Die beiden setzten sich hin, während der andere Mann sein Handtuch ordentlich faltete, es auf einen Liegestuhl legte und zu einer der Duschen am Beckenrand ging.

Vom Tresen aus warf Lina ab und zu einen Blick auf das Duo. Der Junge war süß, fand sie, auch wenn sie selten jemanden gesehen hatte, der so lange brauchte, um ein Glas Fanta auszutrinken. Wobei sein Opa auch nicht schneller war, in aller Ruhe rührte er in seiner Tasse und beobachtete dabei die anderen Badegäste.

Die nächste Traube Kinder stand vor ihrem Tresen, Lina konzentrierte sich auf Pommes, Eis und Getränke und hatte alle Hände voll zu tun. Als der Ansturm vorbei war, fiel ihr Blick wieder auf den Tisch der beiden. Sie saßen immer noch da, redeten nicht miteinander, sondern starrten nur gedankenverloren zum Becken. Lina fragte sich, was mit ihnen los war.

Mit einem feuchten Lappen in der Hand ging sie zu ihnen und begann, die Tische in ihrer Umgebung abzuwischen, bis sie endlich vor ihnen stehen blieb. »Möchtet ihr noch etwas?«

»Nein, danke«, der Junge zeigte auf sein noch fast volles Glas. »Ich habe noch.«

Sie hatten jetzt über eine halbe Stunde hier gesessen, und Lina fragte sich, warum die beiden überhaupt ins Schwimmbad gekommen waren. Das fragte sich auch der andere Mann, der jetzt gerade in sein Handtuch gewickelt dazukam. »Walter, Timmi, ihr sitzt da ja immer noch. Jetzt mal zack, zack ins Wasser, oder soll ich die ganze Zeit alleine schwimmen? Ich habe schon vier Bahnen zurückgelegt und ihr seid noch nicht mal nass. Wir haben nur noch eine halbe Stunde. Dann müssen wir nachzahlen. Also, auf jetzt.«

Er griff nach der Hand des Jungen, der zuckte ängstlich zusammen und zog seine Hand schnell zurück. Lina trat einen Schritt näher, irgendetwas stimmte hier nicht, der Junge saß da wie ein Häufchen Elend. Bei Lina gingen die Alarmglocken los, es gab genug Geschichten über Kinder, die gequält oder entführt wurden, man sollte aufmerksamer sein. Als sie die Tränen bemerkte, die ihm plötzlich über die Wangen rollten, beschloss sie einzugreifen. »Ist das eigentlich Ihr Enkel?«, fragte sie, allerdings bekam sie keine Antwort, der Mann in Badehose war sofort in die Hocke gegangen und sah Timmi erschrocken ins Gesicht. »Ach Gott, was ist denn los? Tut dir was weh?«

»Ich kann nicht schwimmen«, vor lauter Schluchzen konnte man Timmis Antwort kaum verstehen. Lina ging noch näher heran.

»Und ich muss … Abzeichen … nach den Ferien … Papa denkt, dass ich mit Mama … aber Mama habe ich gesagt, dass Papa … gelogen …«

»Ich verstehe kein Wort«, Hilfe suchend sah der Mann hoch. »Walter, weißt du, was er meint? Timmi, sollen wir zu Oma fahren?«

»Er kann nicht schwimmen«, mischte sich jetzt Lina ein, der weinende Junge ging ihr ans Herz. »Und anscheinend ist das für ihn ein großes Problem. Ist das Ihr Enkelsohn?«

»Was?« Erst jetzt hatten die beiden Männer sie bemerkt. Der Bademantelmann stand auf. »Nein. Er ist der Enkel einer Freundin. Und mein Schwager Heinz und ich sind mit ihm hier, weil seine Oma nicht schwimmen kann.«

Auch Heinz war aus seiner unbequemen Haltung hochgekommen und gab Lina jetzt aus einem Impuls heraus die Hand. »Heinz Schmidt, angenehm. Herrje, was machen wir denn jetzt? Kinder müssen doch in dem Alter schwimmen können?«

»Es ihm beibringen?« Lina warf einen Blick auf den verzweifelten Timmi und legte ihm die Hand auf die Schulter. »Hey, schwimmen ist gar nicht so schwer. Es gibt Kurse, in denen man das lernen kann. Du kannst …«

»Hallo? Bedient hier denn keiner?« Die laute Stimme kam vom Tresen und gehörte einer Frau mit zwei Kindern, die sich ungeduldig umsah. Lina drehte sich um. »Ich komme«, rief sie zurück, bevor sie sich an Heinz wandte. »Es gibt hier auch Schwimmkurse. Vielleicht ist ja noch ein Platz frei.« Sie ging zum Tresen und Heinz sah erst ihr nach und dann Walter und Timmi an.

»Schwimmkurse«, wiederholte er mit einem Kopfschütteln. »Jetzt mal ehrlich, Walter, wir haben doch unseren Kindern das Schwimmen auch beigebracht. Was meinst du, Timmi? Masterplan? Walter und ich machen dich zum Superschwimmer? Ist das nicht besser als so ein Kurs mit lauter kleinen, lauten Kindern?«

Immer noch mit Tränen in den Augen hob Timmi den Kopf. Dann nickte er ganz langsam und antwortete mit ängstlicher Stimme: »Ich habe aber Angst im Tiefen.«

»Das, mein Freund«, Walter legte ihm kumpelhaft die Hand auf die schmale Schulter, »das kriegen wir zusammen hin.«

»Was machst du da?« Irritiert blieb Inge am nächsten Morgen an der Tür des Arbeitszimmers stehen und sah Walter zu, der einen Stapel ausgedruckter Seiten auf dem Boden sortierte. Die Hälfte des Fußbodens war bereits mit Papier bedeckt.

»Ich bereite mich auf ein Projekt vor«, war die Antwort. »Schwimmtraining in Theorie und Praxis. Im Internet habe ich mehrere Trainingsanweisungen gefunden und ausgedruckt. Hier, sieh mal, es sind Schaubilder dabei, alles über die richtigen Übungseinheiten, Vorbereitungen und Zielsetzungen. Ich bringe das nur noch in die richtige Reihenfolge. Ich glaube, die Kapitel mit den Belastungstests bezüglich Pulsfrequenzen und Muskelaufbau kann ich erst mal vernachlässigen, das wäre vielleicht der zweite Schritt.«

Stirnrunzelnd hob Inge ein Blatt auf und überflog es. »Bringt dem Kind doch einfach Schwimmen bei«, sagte sie und legte es wieder zurück. »Du musst doch nicht so ein …«

»Bring mir die Reihenfolge nicht durcheinander«, Walter nahm das Blatt sofort wieder hoch. »Das ist alles durchdacht. Hast du die Klarsichtfolien gesehen? Sie sind nicht in der Schreibtischschublade, die hast du irgendwohin geräumt. Nicht, dass die Bögen in der Schwimmhalle feucht werden.«

Eine halbe Stunde später kam Heinz, um ihn abzuholen. Timmi saß bereits im Auto, seine ängstliche Aufregung war ihm anzusehen. Als Walter sich auf die Beifahrerseite setzte, drehte er sich kurz zu ihm um. »Keine Angst, Kumpel«, sagte er. »Ich habe eine todsichere Methode gefunden, schwimmen zu lernen. Das wäre ja gelacht, wenn wir das nicht zusammen hinbekommen. Ich mache mit dir die Theorie und Heinz die Praxis. Du sollst mal sehen, wie schnell aus einem Nichtschwimmer ein Wettkämpfer wird. Mark Spitz, sage ich nur.«

»Was?« Timmi sah ihn fragend an.

»Der kennt doch Mark Spitz nicht mehr«, Heinz startete den Motor und sah in den Rückspiegel. »Das war ein Weltklasseschwimmer. Alle olympischen Medaillen abgeräumt. Hatte aber einen blöden Schnauzbart. Musst du dir nicht merken, lass dich nicht von Walter durcheinanderbringen.«

Es waren nur wenige Schwimmer im Becken, Walter sah das mit Erleichterung und war zufrieden mit der Entscheidung, schon so früh loszufahren.

Während Heinz unter der Dusche stand, setzte er sich im Bademantel auf einen der Liegestühle und sortierte seine Blätter. Dann sah er Timmi an. »Wir beginnen mal mit dem Aufwärmen«, erklärte er. »Bitte mit den Armen kreisen, erst mit dem rechten, dann mit dem linken, dann beide zusammen.« Als Heinz dazukam, stand Timmi breitbeinig vor Walter und ließ beide Arme rotieren, als wollte er gleich abheben. Heinz sah einen Moment zu, bis er sich erkundigte: »Wie lange geht dein Aufwärmprogramm?«

»Zehn Minuten«, Walter sah wieder auf das Blatt.

»Okay, dann besorge ich uns mal ein paar Gerätschaften.«

Lina schlug am Beckenrand an und sah auf die Uhr. Drei Sekunden unter ihrer Bestzeit, sie ballte siegreich die Faust. Und heute Nacht hatte sie zum ersten Mal nicht von Marcus geträumt, sondern von ihrem wunderbaren Sommer als Rettungsschwimmerin. Und von einem Rettungsschwimmer mit blauen Augen, der so gut küssen konnte.

Sie zog sich langsam aus dem Becken und blieb noch einen Moment mit gesenktem Kopf schwer atmend am Rand sitzen. In einer halben Stunde begann ihr Dienst. Dass sie hier jeden Morgen schwimmen konnte, fand sie großartig. Der Job war wirklich ein Glücksgriff. Sie schwang ihre Beine aus dem Wasser und schlüpfte in die Flipflops, die sie an den Beckenrand gestellt hatte. Im Gehen rubbelte sie mit dem Handtuch ihr Haar trocken und blieb bei dem Anblick, der sich ihr bot, abrupt stehen. Im Nichtschwimmerbecken ließ Heinz sich auf einer rosafarbenen Poolnudel treiben, während Timmi auf dem Trocknen bäuchlings Schwimmbewegungen machte, die Walter korrigierte. »Wie schwimmt ein Frosch? Ja, genau so, Timmi, aber größere Kreise mit den Armen. Ja. Es wird, es wird.«

Der arme Timmi hatte bereits einen hochroten Kopf, während Walter einen Ordner mit lauter Klarsichtfolien in der Hand hielt, in dem er vor der nächsten Anweisung hektisch blätterte. »So, und jetzt machen wir eine Übung in Rückenlage.«

Neben ihm lagen Schwimmflügel, ein Korkbrett, eine Schwimmbrille und Taucherflossen. »Guten Morgen. Ist das hier ein Schwimmkurs?« Lina war stehen geblieben und betrachtete die Ausrüstung.

Walter blickte sie über seine Brille hinweg gut gelaunt an: »Guten Morgen … ach, Sie sind das, ich habe Sie nicht sofort erkannt. Sie sehen ja sportlich aus.«

Lina nickte und sah Timmi an. »Und? Hast du es auch schon im Wasser versucht?«

Erschöpft setzte er sich auf. »Nein, noch nicht. Walter macht mit mir die Theorie und danach versuche ich es dann in echt. Aber erst mal im Nichtschwimmerbecken. Weil ich da Grund habe. Und mit Schwimmflügeln. Und mit Korkbrett. Dann kann ich ja nicht untergehen, oder?«

»Nein«, Lina grinste. »Das schafft niemand. Dann viel Erfolg. Und falls du hinterher eine Fanta willst, ich habe gleich Dienst.«

»Danke«, langsam stand er auf und sah unschlüssig zu Heinz. »Und jetzt muss ich da rein?«

»Ja, ja«, Heinz umklammerte die Poolnudel, als er zum Beckenrand watete. Das Wasser ging ihm gerade mal bis zum Bauch. »Walter soll dir die Schwimmflügel aufpusten.«

Liebe Paulina,
vielen Dank für deine Antwort. Du hast geschrieben, ich soll meiner Oma alles erzählen, aber jetzt ist schon was anderes passiert. Opa Onno, das ist der zweite Mann von Oma, habe ich dir aber, glaube ich, schon erzählt, also Opa Onno und Oma haben zwei Freunde, die heißen Heinz und Walter. Die sind auch schon so alt wie Oma und Opa Onno, aber nett. Jedenfalls habe ich das denen gesagt, also alles, mit dem Schwimmen und dem Lügen und so. Als wir das erste Mal im Schwimmbad gewesen sind. Ich habe nämlich gesagt, ich habe Durst, und bin mit Walter, der hatte auch Durst, was trinken gegangen. Walter wollte nämlich auch nicht unbedingt ins Wasser. Heinz ist dann alleine geschwommen und wir haben so langsam getrunken, dass wir es fast bis zum Ende der Zeit geschafft haben. Wir mussten ja um zwölf wieder raus, sonst muss man nachzahlen, und das wollte Walter nicht. Aber kurz bevor die Zeit um war, ist Heinz dann doch noch gekommen und wollte mich holen. Und da war ich so erschrocken, jedenfalls habe ich, ach, ist egal, ich habe es dann erzählt. Da war noch eine Frau dabei, sie heißt Lina und sie arbeitet da und verkauft Pommes und so, die ist total nett und sie kann gut schwimmen und ist ganz hübsch und sie hat gesagt, es gibt hier Schwimm-

kurse. Aber genau vor denen habe ich ja Angst, das mochte ich nur nicht sagen. Und dann hat Heinz gesagt, dass er und Walter das mit mir machen. Sie bringen mir das Schwimmen bei, das haben sie versprochen.

Heute war jetzt der erste Tag, und das war eigentlich ganz lustig. Walter hat mir alles erst im Trockenen gezeigt, ich soll tun, als wäre ich ein Frosch, und die Luft aus dem Mund pusten und die Knie immer zusammenhalten und ganz viele andere Sachen machen. Er hat mir die Zeichnungen mitgegeben, alle in Folie, die soll ich mir heute Abend vorm Einschlafen noch mal angucken. Und unters Kissen legen, ich weiß nur nicht genau, warum. Jedenfalls bin ich dann danach mit Heinz ins Wasser gegangen. Walter hat vom Beckenrand immer die Kommandos gerufen, ich lag auf einem Korkbrett, hatte Schwimmflügel an den Armen und habe mich an so einer Poolnudel festgehalten, die Heinz gezogen hat. Das Wasser war schön warm, außer uns war gar keiner da, es hat sogar Spaß gemacht. Ich konnte nur nicht so gut die Kommandos befolgen, weil meine Beine und Arme gar nicht richtig unter Wasser waren. Wegen der Poolnudel und dem Korkbrett und den Schwimmflügeln, ich bin mehr so übers Wasser geschwebt. Aber Walter hat mich trotzdem gelobt und Heinz hat gesagt, wir üben jetzt Schritt für Schritt. Morgen geht es weiter. Also drück mir die Daumen, dass ich das hinbekomme.

PS: Ich habe die hübsche Lina gefragt, ob es hier auch Kinder gibt, die das Seepferdchen oder die anderen Abzeichen machen, sie hat Ja gesagt. Das wollte ich schon mal zur Sicherheit wissen. Bis bald und viele Grüße, Tim

Drei Tage später stieß Lina beinahe mit Timmi zusammen. Sie war nach dem Schwimmen zu den Umkleidekabinen gegangen und hatte Timmi nicht gesehen, der ihr langsam entgegenkam.

»Hallo«, sagte sie sofort und blieb stehen. »Was macht das Schwimmtraining?«

Unschlüssig hob er die schmalen Schultern. »Ich soll heute das erste Mal ins tiefe Becken«, antwortete er leise. »Aber Heinz und Walter streiten sich gerade, weil Walter noch nicht mit seinen Trockenübungen durch ist. Und ich soll mit beiden ins Wasser gehen. Aber Walter sagt, er ist heute unpässlich, es würde doch reichen, wenn Heinz im Wasser ist. Aber der meint, er hat da jemanden gesehen, den er von früher kennt, und deshalb schwimmt er jetzt nicht wie eine lahme Ente neben mir. Das soll Walter machen, Heinz schwimmt vor und nimmt mich dann in Empfang. Oder so ähnlich.« Er sah treuherzig zu ihr auf. »Ich bin schon mal vorgegangen. Ich setze mich noch einen Moment in den Whirlpool, der ist so schön warm.«

»Mach das mal.« Lina sah über ihn hinweg in den Gang, in dem gerade die beiden Streithähne auftauchten. Männer konnten so albern sein.

»Guten Morgen, junge Frau«, Heinz strahlte sie an. »Na, wieder einen Rekord gebrochen? Ich habe Ihnen ein paar Mal zugeschaut, das sieht ja richtig professionell aus.«

»Ja, danke«, Lina lächelte ihn an. »Ich mache das auch schon ein paar Jahre. Und war lange im Verein. Und? Wie weit kann Timmi schon schwimmen?«

Etwas betreten sah Walter sie an. »Was heißt, wie weit? Wir sind ja noch mitten in der Vorbereitung. Es geht ja auch um Taktik und Trainingstechniken. Das kann man nicht so übers Knie brechen.«

»Müsste er nicht langsam mal ins Becken?«, bemerkte Lina vorsichtig. »Ich schaue mir das schon ein paar Tage an, und Trockenübungen sind ja schön und gut. Aber er sollte schon mal nass werden …«

»Er war doch im Wasser«, Walter zeigte auf das Nichtschwimmerbecken. »Da ist er doch schon geschwommen wie ein Fisch. Nach optimaler Vorbereitung.«

»Er lag auf einem Korkbrett und hing an einer Poolnudel«, korrigierte Lina ihn. »Und an den Armen hatte er Schwimmflügel. Da können Sie ihn auch auf eine Luftmatratze legen, so lernt er das nicht.«

»Aber er bekommt ein Gefühl fürs Wasser«, Walter deutete auf den Whirlpool. »Da sitzt er doch schon wieder drin. Die reinste Wasserratte.«

Lina folgte seinem Blick. »Er sitzt da drin, weil er friert«, sagte sie lakonisch. »Wenn Sie möchten, übe ich morgen früh ein bisschen mit ihm. Gleich beginnt leider mein Dienst.«

»Das ist nett, aber wir bringen es ihm schon bei«, Heinz hob energisch das Kinn. »Und jetzt ziehe ich ein paar Bahnen, bis ihr so weit seid. Außerdem muss ich Hans-Gerd begrüßen. Das ist dieser Angeber, der auf der Außenbahn krault. Der hat sogar gerade eine Rollwende gemacht, nur weil alle gucken.«

Er ließ Lina und Walter stehen, ging mit langen Schritten zum Beckenrand, stieg auf einen Startblock und machte einen Kopfsprung, bei dem er nur um zehn Zentimeter den Angeber Hans-Gerd verfehlte.

»Das war knapp«, sagte Walter bewundernd. »Und jetzt zeigt er es ihm richtig.«

Tatsächlich pflügte Heinz wie der junge Jonny Weißmüller durchs Wasser, während Hans-Gerd sich am Beckenrand festklammerte und nach Luft schnappte. Anscheinend erholte er sich noch von dem Schock, dass Heinz ihm fast auf den Kopf gesprungen wäre. Lina schüttelte den Kopf und ging zum Umziehen zu den Kabinen.

Sie hatte gerade zwei Kaffee, drei Cola und eine große Pommes an einen Tisch gebracht, als ihr Blick auf das Schwimmbecken fiel. Heinz lieferte sich ein Wettrennen mit diesem Hans-Gerd, bei dem er knapp führte. Die beiden waren so in ihrem Ehrgeiz gefangen, dass sie kaum bemerkten, dass die anderen Schwimmer erschrocken auseinanderstoben. Eine Frau beschwerte sich lautstark, und Lina sah, wie einer der Bademeister langsam zum Beckenrand ging und sich auf einen der Startblöcke setzte. Die beiden Herren würden sich gleich eine Predigt über rücksichtsvolles Verhalten im Schwimmbad anhören müssen. Sobald sie angeschlagen hatten, würde der Spaß vorbei sein. Lina konnte sich kaum ein Lächeln verkneifen. Das verging ihr allerdings im nächsten Moment, als sie mit dem Tablett in der Hand zurück zum Tresen ging und dabei zum anderen Beckenrand hinübersah. Dort stand Timmi, der zitternd wie ein hypnotisiertes Kaninchen ins Wasser starrte. Lina blieb stehen, war aber beruhigt, als sie Walter hinter ihm entdeckte, der sich endlich mal den Bademantel ausgezogen hatte. Anscheinend hatte ihr Gespräch gefruchtet, Walter würde jetzt mit Timmi im tiefen Becken üben. Und das ohne Hilfsmittel. Allerdings schien der Junge wirklich Angst zu haben. Und dann ging alles sehr schnell. Ob Timmi auf dem nassen Boden ausgerutscht war oder ob er einem der vorbeirennenden Kinder ausweichen wollte, konnte Lina nicht erkennen. Was sie aber sah, war, dass Timmi plötzlich im Wasser war, wild mit den Armen ruderte und panisch wurde. Und nur eine Zehntelsekunde später Walter, der wie ein nasser Sack ins Wasser plumpste, kurz auftauchte, wieder unterging, strampelnd nach Luft schnappte, sich Timmi irgendwie näherte und wieder unterging. Ohne zu überlegen, ließ Lina ihr Tablett fallen, rannte los und sprang hinterher.

»Sie haben mir das Leben gerettet«, Walter saß in seinen Bademantel gehüllt, immer noch etwas blass um die Nase am Tisch in der hintersten Ecke des Bistros. Timmi sah Lina immer noch mit großen Augen an, während sie Walter tadelnd fragte: »Warum haben Sie denn nie gesagt, dass Sie nicht schwimmen können?«

»Es hat mich niemand gefragt«, war die kleinlaute Antwort.

»Sehr gute Aktion, Frau Kollegin«, einer der Bademeister war zu ihrem Tisch gekommen, um Lina die Hand zu schütteln. »Ich habe schon gehört, dass Sie ausgebildete Rettungsschwimmerin sind. Respekt.«

»Der Junge hat es ja selbst zurück an den Rand geschafft«, Lina wurde diese geballte Aufmerksamkeit langsam peinlich. »Das hast du gut gemacht, Timmi.«

Der Junge nickte schüchtern. »Ich wollte Walter helfen. Aber du warst ja schneller. Ich hatte Angst, dass er untergeht. Weil er ja nicht schwimmen kann. Das habe ich mir schon gedacht, er trinkt ja genauso langsam wie ich, wenn er ins Wasser muss.«

»Aha.« Heinz sah seinen Schwager kopfschüttelnd an. »Wir kennen uns seit fast fünfzig Jahren und du hast nie was gesagt. Ich hätte dir das ruck, zuck beigebracht. Stattdessen säufst du hier unter den Augen von diesem Angeber Hans-Gerd ab. Mann, Mann.«

»Entschuldige, dass die Gelegenheit unpassend war.« Walter funkelte ihn böse an. »Aber weil du hier den wilden Mann markierst und dir mit Hans-Gerd einen Wettkampf lieferst, lässt du deinen Schützling fast ertrinken.«

»Meinst du damit dich oder Timmi?«

»Jetzt ist es aber gut«, energisch unterbrach Lina die Kabbelei. »Timmi, ich gehe hier jeden Morgen um acht Uhr schwimmen. Wenn die Herren oder deine Oma dich herbringen, dann üben wir zusammen und nächste Woche kannst du es. Was hältst du von der Idee?«

Statt zu antworten, lächelte er sie an.

»Wir können dich fahren«, war Heinz' prompte Antwort.

»Ich habe durch das Schwimmen schon ein Kilo abgenommen«, er klopfte sich stolz auf seinen Bauch. »Ich werde noch etwas weitertrainieren. Und du, Walter, könntest währenddessen einen Kursus in Aquagymnastik belegen. Man steht dabei im Wasser, da musst du gar nicht schwimmen können. Und es ist hervorragend für die Gelenke. Ja, das sollten wir genauso machen.«

»Also«, Lina hielt Timmi die Hand hin. »Abgemacht?« Er klatschte ab.

Eine Woche später.

»Wie seid ihr bloß auf diese Idee gekommen?« Inge rutschte mit ihrem Stuhl ein Stück zur Seite, damit Charlotte mehr Platz hatte. »Also, hier im Bistro Kaffee zu trinken und dabei auf die Schwimmbecken zu gucken. Ich war ja noch nie hier drin, wir gehen immer nur zum Strand, nie in eine Badeanstalt.«

»Kein Mensch sagt mehr Badeanstalt«, antwortete

Charlotte und warf der gegenübersitzenden Helga einen belustigten Blick zu.

Die neigte sich zu Inge. »Seid ihr denn im Winter nie schwimmen gegangen?«

Inge schüttelte den Kopf. »Nein. Komisch, jetzt wo du das sagst, wirklich nie. Ich wollte immer mal, aber Walter hatte nie Lust. Er geht immer nur in die Sauna, und das bekommt mir leider nicht.«

Charlotte verschränkte die Arme vor der Brust und lächelte. »Walter kann nicht schwimmen. Deshalb hatte er keine Lust.«

»Unsinn«, Inge sah sie skeptisch an. »Wie kommst du denn darauf?«

»Hast du ihn jemals schwimmen sehen?« Charlotte hielt Inges Blick stand. »Am Strand steht er immer nur im flachen Wasser. All die Jahre. Er ist nie ins Tiefe gegangen. Und jetzt hat er das gebeichtet. Weil er letzte Woche hier fast ertrunken wäre.«

»Was?«, entsetzt hielt Inge sich die Hand vor den Mund. »Das ist nicht dein Ernst. Davon hat er mir nichts gesagt. Woher weißt du das denn?«

»Das hat Heinz mir erzählt. Unter dem Siegel der Verschwiegenheit.«

»Und warum erzählst du es mir jetzt? Und ausgerechnet hier?«

»Weil …« Die Ankunft eines großen, gut aussehenden Mannes, der plötzlich an ihrem Tisch auftauchte und sich etwas atemlos zu Helga runterbeugte, unterbrach Charlottes Antwort.

»Hallo, Mama«, er küsste Helga auf die Wange. »Ich habe es geschafft. Hat es schon angefangen?«

»Ach, wie schön«, sofort sprang sie auf und fiel ihm in die Arme. »Tobias, mein Schatz, dass das geklappt hat. Und nein, sie haben noch nicht angefangen, aber gleich geht's los.«

Lächelnd löste er sich von ihr und begrüßte Charlotte und Inge. »Hallo, die Damen, ich …«

»Sie kommen.« Helga deutete aufgeregt in Richtung Schwimmbecken. »Es geht los.« Es ähnelte dem Aufmarsch vor einem Boxkampf. Zuerst kam ein Bademeister, danach eine sehr hübsche, langbeinige Frau im Badeanzug, die einen schmalen, blonden Jungen in Badehose an der Hand hielt. Zwei ältere Männer in Bademänteln folgten, von denen einer seine Kapuze tief ins Gesicht gezogen hatte. Er tänzelte noch nicht, sah aber aus, als würde er gleich damit anfangen.

»Walter«, Inge starrte entgeistert auf die Truppe. »Wieso hat der seine Kapuze auf?«

Niemand antwortete, dafür beobachteten sie gebannt, wie die junge Frau mit einem gekonnten Kopfsprung ins Wasser sprang, der Junge sich vorsichtig vom Beckenrand gleiten ließ und in ihre Richtung schwamm und die beiden Männer ihre Bademäntel abwarfen. Als die Frau und der Junge langsam losschwammen, sprang Heinz vom Startblock und wartete am Beckenrand, bis Walter rückwärts die Treppe runtergeklettert war und im Wasser die ersten unsicheren Züge machte. Auch sie schwammen langsam los. Sehr langsam.

»Er kann ja doch schwimmen«, bemerkte Inge unsicher, während Tobias die Augen zusammenkniff und sich langsam nach vorn beugte. »Wer ist denn die Frau?« Helga sah zu ihr hin. »Sie heißt Lina Schröder und hat deinem Sohn in den letzten Tagen mit einer Engelsgeduld das Schwimmen beigebracht.«

»Aber wieso schwimmt …« Inge wollte noch etwas sagen, aber Helga legte den Finger auf die Lippen. »Passt auf. Er muss die ganze Bahn schwimmen.«

Der Bademeister ging langsam am Beckenrand entlang, den Blick auf die vier Schwimmer gerichtet. Lina schwamm dicht neben Timmi, sagte ab und zu etwas, während Walter mit hochrotem Kopf und sehr konzentriert neben Heinz paddelte. Als Lina und Timmi den Beckenrand fast erreicht hatten, rief sie ihm etwas zu, drehte um und schwamm zurück, Timmi folgte ihr. Auch der Bademeister wandte sich um und schlenderte wieder zurück, immer parallel zu Timmi.

»Walter geht raus«, Charlotte deutete zum anderen Ende der Bahn. »Aber er hat eine ganze Bahnlänge geschafft.«

Irritiert beobachtete Inge ihren Mann, der sich die Treppe hochhangelte, erschöpft am Beckenrand sitzen blieb, aber von Heinz beglückwünscht wurde, als hätte er soeben den Iron Man gewonnen.

»Das muss er mir mal in Ruhe erklären«, sagte sie leise. »Aber ich finde, er sieht ziemlich durchtrainiert aus. Oder?«

»Heinz auch«, antwortete Charlotte stolz. »Die neue Sommerhose müsste ihm eigentlich schon passen.«

»Herzlichen Glückwunsch«, der Bademeister überreichte dem strahlenden Timmi zwei Urkunden. »Ich gratuliere zum bestandenen Seepferdchen und darüber hinaus zum Freischwimmer. Gut gemacht.«

Timmis Augen glänzten, als er vorsichtig die Urkunden in die Hand nahm. Er sah zu Lina hoch, die genauso stolz neben ihm stand. »Du hast geschummelt«, sagte er aufgeregt. »Du hast gesagt, ich muss weiterschwimmen, dabei hatte ich das Seepferdchen schon lange.«

Lina lachte. »Ich wusste, dass du beides schaffst. Hat ja auch geklappt.«

»Und als Zweites«, der Bademeister wedelte mit einer weiteren Urkunde, »habe ich hier noch eine Seepferdchen-Urkunde für Walter Müller.«

Jetzt sah Timmi voller Stolz zu Walter, der langsam zum Bademeister ging und seine Urkunde in Empfang nahm. »Danke«, sagte er und verbeugte sich. »Vielen Dank.«

Die Arme ausgebreitet wandte er sich Timmi zu, der ihm mit Anlauf in den Arm sprang. »Wir sind Superhelden, Walter, und nächste Woche machst du dann auch noch deinen Freischwimmer!«

Über Walters Schulter konnte er ins Bistro sehen. »Papa«, rief er plötzlich und schlug Walter aufgeregt auf den Arm. »Da ist mein Papa.«

Auch Walter drehte sich um und sah erstaunt Inge, Charlotte, Helga und Tobias an einem Tisch sitzen. Er ließ Timmi runter und sah Heinz ein bisschen verlegen an. »Haben die etwa zugesehen?«

»Ja«, Heinz nickte. »Sie sind alle Zeugen eures Sieges geworden. Und jetzt gebe ich einen aus. Los, Bademäntel anziehen, Haare trocken rubbeln, Sie auch, Lina, jetzt wird gefeiert.«

»Ich komme gleich nach. Ich muss mich schnell anziehen, um Sandra abzulösen. Sie hat mich netterweise vertreten, und ich muss sie fragen, ob sie noch eine halbe Stunde länger bleibt.«

Als Lina kurz danach ins Bistro kam, stand Walter auf und fing an zu applaudieren. »Da ist sie«, rief er laut. »Die weltbeste Schwimmlehrerin der Welt! Danke, Lina.«

Die drei Frauen, die mit am Tisch saßen, lächelten sie an. Timmi saß auf dem Schoß eines Mannes, dessen Gesicht sie erst sah, als der Junge sich zur Seite beugte. Abrupt blieb sie stehen und starrte ihn an. Diese blauen Augen. Der schönste Sommer ihres Lebens.

»Tobias?« Ihre Stimme war vor Überraschung heiser. Langsam schob er Timmi von seinem Schoß und erhob sich. »Lina«, sagte er leise. »Du bist es tatsächlich. Wie schön.«

Liebe Paulina,
gestern ist der schönste Tag in meinem Leben gewesen. Ich habe nämlich nicht nur das Seepferdchen, sondern auch noch das Freischwimmer-Abzeichen gemacht. Aus Versehen, stell dir das mal vor. Lina ist neben mir geschwommen und hat gesagt, wir sollten sicherheitshalber noch ein Stück weiter und dann noch eines und plötzlich hatte ich den Freischwimmer. Ich habe zwei Abzeichen, die hat Oma mir auf meine Badehose genäht, sieht super aus.
Mein Papa ist jetzt auch hier, den hat Oma angerufen, weil Heinz ihr alles erzählt hat. Und deshalb

wollte er zusehen, wie ich das Abzeichen mache. Er war sozusagen Überraschungsgast. Und überrascht war dann auch Lina. Stell dir mal vor, die kennen sich nämlich. Papa und Lina waren ganz früher am Strand zusammen Rettungsschwimmer und jetzt haben sie sich wiedergetroffen. Lina hat ganz komisch geguckt, Papa auch. Und Oma hat sich ganz doll gefreut. Jedenfalls fahren wir jetzt nicht mehr nach Dänemark, sondern bleiben den ganzen Rest der Ferien hier. Walter muss noch ein bisschen schwimmen üben, der hat ja nur das Seepferdchen geschafft, aber er will das Abzeichen nicht an seiner Badehose haben, sondern hat es sich eingerahmt. Und wenn wir genug geübt haben, dann wollen wir im Meer schwimmen. Papa hat ein Wellenbrett gekauft, damit gehen wir dann an den Strand. Ich habe nämlich keine Angst mehr vorm Tiefen. Und Walter auch nicht. Und wenn, dann sind ja Papa und Lina dabei, die sind ja Rettungsschwimmer. Das wird toll, glaube ich. Und hier scheint die ganze Zeit die Sonne. Das sind die schönsten Ferien meines Lebens.
Viele Grüße von deinem Freischwimmer Timmi

PS: Und das Beste ist, dass Lina auch in Hamburg wohnt, gar nicht weit von Papa und mir entfernt. Und deshalb haben wir verabredet, dass Papa und ich auch zu Hause mit ihr zum Schwimmen gehen. Ich glaube, ich werde noch richtig gut. Und dann mache ich alle Abzeichen nacheinander. Was meinst du, wie dann meine Badehose aussieht! Bestimmt cool. Bis bald.

Rafik Schami

Eine deutsche Leidenschaft namens Nudelsalat

In Damaskus fühlt sich ein Gastgeber beleidigt, wenn seine Gäste etwas zu essen mitbringen. Und kein Araber käme auf die Idee, selbst zu kochen oder zu backen, wenn er eingeladen ist. Die Deutschen sind anders. Wenn man sie einlädt, bringen sie stets etwas mit: Eingekochtes vielleicht oder Eingelegtes, manchmal auch selbstgebackenen Kuchen und in der Regel Nudelsalat. Man sagt, wenn man zehn Deutsche einlädt, sollte man mit drei Nudelsalaten rechnen. Warum Nudelsalat, mit Erbsen und Würstchen und Mayonnaise? Wahrscheinlich deshalb, weil man Nudelsalat mit der einen Hand zubereiten kann, während man sich mit der anderen zurechtmacht.

Auch nach dreißig Jahren in Deutschland finde ich Nudelsalat noch immer schrecklich.

In Damaskus hungert ein Gast am Tag der Einladung, weil er weiß, dass ihm eine Prüfung bevorsteht. Er kann nicht bloß einfach behaupten, dass er das Essen köstlich findet, er muss es beweisen, indem er eine Unmenge davon verdrückt. Das grenzt oft an Körperverletzung, denn keine Ausrede hilft. Gegen die Argumente schüchterner, satter oder auch magenkranker Gäste halten Araber immer entwaffnende, in Reime gefasste Erpressungen bereit.

Das kommt vom Einfluss der Wüste auf das Leben der Araber. Die arabische Kultur hat dort ihren Ursprung, und wenn man einen Fremden mit Essen versorgte, rettete man nicht selten ein Leben.

Ein Nomade bewirtet den Fremden, weil er in ihm sich selbst sieht, eine Sicht, die bei Städtern getrübt oder völlig verschwunden ist. Ein Nomade weiß von Kind auf, dass er nur durch Zufall heute der Gastgeber ist, dass aber vielleicht bereits morgen ein Sandsturm ihn zum durstigen Fremden werden lässt, der im Augenblick seiner Ankunft bei dem, der ihm Schutz geben kann, kein Verhör, sondern Wasser, Brot und Ruhe braucht. Deshalb verbietet es die Moral der arabischen Nomaden, den Fremden in den ersten drei Tagen nach dem Woher und Wohin zu fragen. Diese freundliche Bewirtung des Gastes, mittels derer er zu Kräften kommt, hat in Arabien einen Namen: Gastrecht.

Die Araber der Wüste identifizierten sich mit dem Fremden so sehr, dass manche Stämme das Feuer die ganze Nacht besonders hell lodern ließen, damit der Schein dem irrenden Fremden den Weg zeigte, und wenn es stürmte, banden sie ihre Hunde draußen vor dem Zelt an, damit ihr Bellen dem Fremden Orientierung bot.

Aber auch wenn die Araber in Städten leben, tragen sie noch immer ein Stück Wüste in ihrem Herzen. Den Ruf eines großzügigen Gastgebers zu haben freut einen Araber wie sonst nichts auf der Welt.

Deutsche einzuladen ist angenehm. Sie kommen pünktlich. Sagen sie um vier, dann kommen sie um vier, manchmal sogar Viertel vor. »Wir haben mit Stau gerechnet«, erklären sie dem verlegenen Gastgeber.

Im Gegensatz zu Italienern, Arabern, Spaniern und Griechen, deren mediterrane üppige Küche sie zu hochnäsig und zu feige macht, um sich auf andere Speisen einzulassen, sind die Deutschen sehr mutig, ihre eher bescheidene Küche zu verlassen und andere, exotische Gerichte zu probieren. Sie scheuen weder vor japanischen, chinesischen, afrikanischen oder afghanischen Kochkünsten zurück. Und wenn es ihnen schmeckt, sagen sie nach genau neunzig Sekunden: »Lecker, kannst du mir das Rezept geben?«

Ein arabischer Koch aber kann die Entstehung eines

Gerichts, das er gezaubert hat, gar nicht knapp und verständlich beschreiben. Er fängt bei seiner Großmutter an und endet bei lauter Gewürzen, die kein Mensch kennt, weil sie nur in seinem Dorf wachsen, und deren Name noch kein Botaniker ins Deutsche übersetzt hat. Die Kochzeit folgt Gewohnheiten aus dem Mittelalter, als man noch keine Armbanduhr hatte und die Stunden genüsslich vergeudete. Ein unscheinbarer Brei braucht nicht selten zwei Tage Vorbereitung, und das völlig unbeeindruckt von aller modernen Hektik.

Auch wenn den Deutschen das Essen gar nicht schmeckt, bleiben sie sehr höflich. Sie lächeln und sagen knapp: »Interessant.« Ich habe mich jahrelang gefragt, warum die Deutschen, Enkel der Dichter und Philosophen, ein Essen interessant finden. Ein Essen kann nicht interessant sein. Es ist weder eine mathematische Gleichung noch eine Naturerscheinung. Es schmeckt oder es schmeckt nicht. Ich hielt den Ausdruck für unpräzise, unbeholfen. Erst vor kurzem konnte ich diese höchst verschlüsselte Aussage dechiffrieren. Meine Güte! Die heutigen Deutschen machen ihren Vorfahren alle Ehre. Interessant – das ist eine geballte, auf ein Wort verdichtete Kritik, die die Verrisse des unbarmherzigsten Literaturkritikers wie süße Limonade wirken lässt. Sie meinen:

Interessant, wie man aus wunderbaren Produkten und Ingredienzien so ein scheußliches Gericht kochen kann. Das alles steckt in diesem einen Wort.

Deutsche Gäste kommen nicht nur pünktlich, sie sind auch präzise in ihren Angaben. Wenn sie sagen, sie kommen zu fünft, dann kommen sie zu fünft. Man kann bereits am Nachmittag den Tisch decken. Und sollten sie wirklich einmal einen sechsten Gast mitbringen wollen, telefonieren sie vorher stundenlang mit dem Gastgeber, entschuldigen sich dafür und loben dabei die zusätzliche Person als einen Engel der guten Laune und des gediegenen Geschmacks.

So großartig Araber als Gastgeber sind, als Gäste sind sie furchtbar. Sie sagen, sie kommen zu dritt um zwölf Uhr zum Mittagessen. Um sieben Uhr abends treffen sie ein. Und vor Begeisterung über die Einladung bringen sie Nachbarn, Cousins, Tanten und Schwiegersöhne mit. Aber das bleibt ihr Geheimnis, bis sie vor der Tür stehen. Sie wollen dem Gastgeber doch eine besondere Überraschung bereiten und dessen Freude durch voreilige Anmeldung nicht schmälern.

Arabische Gäste kommen in der Regel unangemeldet. Und was macht der Gastgeber? Er hört die Klingel an seiner Tür, steht auf, unwillig, weil er gerade einen Krimi anschaut oder ein wenig Ruhe braucht, aber keine Gäste.

Nun öffnet er die Tür und sieht einen Freund mit Anhang (fünf bis zehn Personen) vor sich. Er sagt nicht etwa: »Was gibt's?« oder: »Wen willst du mit diesem Trupp überfallen?« oder: »Kannst du dich nicht vorher anmelden, wo du mich doch auch sonst täglich mit deinen Anrufen traktierst?«

Nein, das sagt er nicht. Er lächelt, um sein Gesicht zu wahren und nicht als Geizkragen zu gelten, und bittet die Gäste feierlich herein, als hätte er auf sie gewartet. Und nun improvisiert er, spannt die ganze Familie und nicht selten auch noch die halbe Nachbarschaft für seine Blitzaktion ein, um den Gästen aus dem Nichts ein üppiges Mahl auf den sich biegenden Tisch zu zaubern. Am Ende sind der Gastgeber und seine Familie zwar restlos erschöpft, die Gäste aber sind zufrieden. Und der Gastgeber ist gerettet, er hat sein Gesicht gewahrt.

Einmal zählten wir in Damaskus eine Prozession von neunundzwanzig Menschen vor unserer Tür, als meine Mutter ihre Schwester eingeladen hatte, um mit ihr nach dem Essen in Ruhe zu reden.

Gastfreundschaft ist aber nicht angeboren. Das wissen die Araber und erziehen ihre Kinder deshalb von klein auf zur Liebe und Achtung gegenüber Gästen. »Der Gast ist ein Heiliger«, sagte meine Mutter, »wenn er sich bei dir wohlfühlt, segnet er dein Haus.«

Wir waren Kinder. »Und was, wenn er ein Teufel ist?«, fragten wir naiv und vorwitzig.

»Dann vergisst er die Stunden bei euch nicht, und wenn ihr bei ihm landet, schont er euch ein bisschen«, antwortete meine Mutter weise.

Ein arabisches Sprichwort sagt: Wer vierzig Tage mit Leuten zusammenlebt, wird wie sie. Seit fast vierzig Jahren lebe ich inzwischen mit den Deutschen zusammen, und ich erkenne Veränderungen an mir. Ein Fremder muss nicht Blutwurst und Saumagen essen, um angepasst zu sein. Spätestens wenn er anfängt, pünktlich zur Bushaltestelle und zum Bahnhof zu gehen, weil Busse und Züge nicht anhalten, wenn er ihnen winkt, ist er es. Und was ist mit den Mitbringseln der Gäste? Wein und Käse kann ich inzwischen annehmen, aber Nudelsalat – niemals.

Lars Simon

Aristoteles

»Ja, du bist mir in der Tat lieb und teuer geworden, aber du strapazierst meine Nerven über Gebühr«, stöhnte Sir Isaac Newton und sah auf Aristoteles hinab, der schnurrend um seine Beine strich.

Der Wissenschaftler gab schließlich nach.

Er konnte dem Kater einfach nicht böse sein, auch wenn dieser ihn fortwährend von der Arbeit abhielt. Er hob ihn sanft zu sich auf den Schoß und begann ihn zu kraulen. Aristoteles vergrub sich sofort unter wohligem Brummen und Schnurren im Stoffgebirge von Newtons Jacke. Dessen Labor war Aristoteles' neues Zuhause geworden, seit er dem Wissenschaftler vor zwei Jahren zugelaufen war. Wahrscheinlich war es überhaupt das erste Zuhause dieser Straßenkatze, die sich sicher schon von Geburt an in den Gassen Londons hatte herumtreiben müssen, um zu überleben. Ein geschlitztes Ohr und ein vernarbtes Auge zeugten von erbitterten Kämpfen um Abfall und Reviere. Doch derlei Gefechte brauchte Aristoteles nun nicht mehr auszutragen, stattdessen krallte er sich verspielt in Newtons Hände, der ihn daraufhin, unter einem zischenden Schmerzenslaut, wieder auf den Boden setzte.

»Weißt du eigentlich, warum ich dir deinen Namen gegeben habe?«

Newton sah den braun gestromten Kater an, als warte er auf eine Antwort. Doch Aristoteles legte nur den Kopf schief, erwiderte Newtons Blick und ließ den buschigen Schwanz in einem eleganten Reigen über den Dielenboden gleiten.

»Nein, das kannst du nicht wissen«, beantwortete Newton sich selbst diese Frage. »Aber ich will es dir sagen. Zum einen ist Aristoteles ein wohlklingender Name, und ...«, Newton hob den Zeigefinger, und die dichten Haare seiner Perücke, die ihre braunen Locken bis weit über seine Schultern warf, bebten, »... zum anderen ist dieser Name auch ein Auftrag, eine Mahnung an mich, das Werk dieses genialen Denkers zu würdigen. Vor allem aber, es zu falsifizieren«, fügte er hinzu. »Denn dein Namensgeber, war er auch ein Genius in vielerlei Dingen, behauptete, dass hier auf Erden andere Gesetze gälten als dort oben im Himmel. Das ist natürlich grober Unfug!« Newton streckte den noch immer erhobenen Zeigefinger theatralisch fast bis unter die Decke des niedrigen Raumes.

Aristoteles selbst schien davon wenig beeindruckt und begann, sich seine Pfoten zu lecken – Katzenwäsche statt Himmelskräfte. Isaac Newton bemerkte die geistige Abwesenheit seines Gesprächspartners, ließ den Arm sinken und schüttelte lächelnd den Kopf. Der Kater war sicher ein netter Zeitgenosse, doch tiefsinnige Dialoge mit ihm waren schwer möglich.

Dennoch waren diese Gespräche, die Newton mit Aristoteles von Zeit zu Zeit führte, eine hervorragende Prüfung, die Gedanken und Modelle, die er in seinem Hirn ersann, die er mit diversen Versuchen zu untermauern oder zu widerlegen suchte, auszuformulieren.

Und auch wenn die Einwände, die Aristoteles zu Newtons Theorien und Axiomen machte, eher von äußerst stiller Natur waren (von dem einen oder anderen Schnurren einmal abgesehen), so schienen Wortgebilde, die in ihrem Kern die Wahrheit oder Unwahrheit einer Behauptung in sich trugen, von ihm in das Labor reflektiert zu werden. Und waren sie danach erst zurück ins Ohr des Wissenschaftlers gedrungen, so hatte sich ihr Klang verändert, ihr Aussehen, ihre Richtigkeit. Allein der kurze Weg von Newtons Mund über den Kater und zurück zu Newtons Ohr hatte bereits des Öfteren genügt, um eine Behauptung in einem anderen Licht erscheinen zu lassen und Schlussfolgerungen möglich zu machen.

Vielleicht würde sich diese Praxis auch als wirkungsvoll erweisen, wäre der Kater gar nicht vorhanden. Wahrscheinlich sogar. Dann aber, davon war Newton überzeugt, wäre der Wahnsinn nicht mehr weit.

Der Unterschied eines Monologes mit und ohne Anwesenheit einer Katze namens Aristoteles war in etwa genauso groß wie der zwischen der bloßen Schrulligkeit eines alten Gelehrten und der tatsächlichen Verrücktheit eines schwachsinnigen Mannes.

Aristoteles, weiterhin wenig berührt von den tiefgreifenden Überlegungen Isaac Newtons, hatte sich mittlerweile an die Tür des Labors gesetzt, die ihm den Weg auf die Straßen Londons versperrte, und gab missmutige Laute von sich. Er starrte konzentriert auf das Holz und wünschte sich diese Barriere offensichtlich entfernt.

»Ja, ja, ist schon gut. Ich frage mich zwar mittlerweile, wer hier der Herr von uns beiden ist, aber du sollst deinen Willen haben.«

Newton schritt zur Tür, drehte den wuchtigen Eisenschlüssel im Schloss herum und drückte auf die Klinke. Kaum war die Tür nur einen Spaltbreit geöffnet worden, schlängelte sich der Kater geschmeidig hindurch und stolzierte hinaus in den Nachmittag. Newton sah ihm nach, bis Aristoteles zwischen den Auslagen eines Krämerladens verschwunden war.

»Deine Sorgen sind gewiss anderer Natur«, sagte Newton amüsiert und leise zu sich selbst. »Vielleicht die Beschaffung eines Fisches oder die Befriedigung deiner Triebe, doch keinesfalls die Problematik von Keplers Gesetzen. Du Glückspilz.« Damit schloss Newton die Tür und ging zu seinem Arbeitstisch, wo er sich in die ledernen Polster des abgesessenen Stuhles fallen ließ.

Keplers Planetenbahnen waren elliptisch.

Newton war auch dieser Ansicht.

Er hatte es schließlich bewiesen.

Auch Kopernikus und Galilei lagen größtenteils richtig.

Aber es fehlte etwas. Etwas, das diese Modelle verband, was sie zusammenhielt, ihnen die Essenz gab. Es fehlte eine Kraft. Diese Kraft musste so gewaltig sein, dass sie den Fliehkräften standhielt, die an bewegten Körpern zerrte. Wie sonst wäre es zu erklären, dass die Erde um die Sonne kreiste, ohne haltlos und für alle Ewigkeit in den Äther geschleudert zu werden?

Besagte Kraft musste dem Strick gleichen, der den an ihm befestigten Körper in der Bahn hielt, wenn man diesen wie eine Steinschleuder immer schneller rotieren ließ, während man selbst im Zentrum dieser Bewegung ruhte. Das alles wäre vielleicht noch zu erklären, aber ebendiese Kraft musste auf Erden wie im Himmel Gültigkeit haben, denn Aristoteles lag genauso falsch wie Leibniz und Descartes mit ihrem ominösen *Fluidum*, welches die Planeten angeblich auf ihren Bahnen halten sollte. Das war grober Unfug.

Newton gähnte. Heute, am Freitag, merkte er Geist und Körper die langen Tage und Nächte der vergangenen Wochen an, die voller Laborversuche und Gedankenexperimente gewesen waren. Er rieb sich zuerst den Nacken und dann die geröteten Augen.

Da miaute es vor der Tür.

Newton atmete hörbar aus. Dieser Kater war ihm ans Herz gewachsen, aber so ging es nicht mehr weiter. Mehrmals am Tag die Arbeit allein wegen den Grillen dieses starrsinnigen, vierpfötigen Schlitzohres unterbrechen zu müssen störte die geistige Produktivität doch erheblich. Schien auch eine gigantische, unsichtbare Kraft zu existieren, die selbst mächtige Planeten in Sonnenellipsen hielt, so genügte allein dieser, im Vergleich dazu eher kleine Kater, um Newtons Konzentration aus der Bahn zu werfen.

Er ging zur Tür und ließ Aristoteles herein.

Plötzlich kam ihm eine Idee. Natürlich, das war es: die Tür in der Tür. Eine kleine Öffnung für diese Katze. Diese Klappe müsste so beschaffen sein, dass sie von beiden Seiten von Aristoteles zu öffnen wäre, aber ohne die Möglichkeit, frei schwingen zu können, denn sonst würde kalte Luft die Wärme des Kohleofens zu sehr fordern.

Eine Tür in der Tür, mit einer Klappe in der Klappe – das wäre die Lösung.

Newton rieb sich die Hände. Keine hohe Physikerkunst, aber ein wenig handwerkliche Tätigkeit immerhin. Sie würde ihn vielleicht entspannen und wieder Raum in seinem Kopf für das Ersinnen von Zusammenhängen mit geistigerem Gehalt schaffen. Newton griff nach seinem Stock und warf sich den Mantel über. Der Schreiner hatte seine Werkstatt nur drei Häuser weiter und viel Material brauchte es für diese Katzentür wahrlich nicht.

Als Newton am nächsten Morgen das Labor betrat, war er zufrieden. Die Klappe funktionierte vortrefflich. Zwar hatte er den ganzen gestrigen Nachmittag mit ihrem Bau verbracht und den gesamten Abend damit, dem Kater mithilfe von bereits leicht stinkenden Fischresten ihre Funktionsweise näherzubringen, aber Aristoteles hatte seinem Namen alle Ehre gemacht und die Systematik der neuen Konstruktion bemerkenswert schnell begriffen, brauchte man doch bei den meisten seiner Artgenossen viel länger, um erheblich einfachere Dinge zu trainieren, wenn diese das überhaupt zuließen.

Newton begab sich an seinen Labortisch und nahm Platz. Diese Kraft. Er konnte nicht davon lassen. Selbst in seinen Träumen suchte er nach einer Antwort. Es ließ ihm keine Ruhe.

Da schlug die »Katzenklappe« – so hatte Newton seine Erfindung kurzerhand getauft – und Aristoteles trat ein.

Mit einem Mal war es Newton, als habe ihn Gott erleuchtet. Er sprang hoch und jubelte. Der Stuhl kippte um. Wie einfach, wie profan und wie genial!

Er hüpfte wie ein junger Knabe zur Tür, hob die Klappe an und ließ sie fallen. Immer wieder. *Das* war die Kraft. Die Kraft, die Objekte an ihrer eigenen Schwere zu Boden zog.

Die Kraft der Schwere. Die Schwerkraft. Gravitation.

Nun ergab alles einen Sinn: Fliehkraft versus Schwerkraft. Diese beiden hielten sich die Waage. Natürlich. Gravitation musste im Verhältnis zu Bahngeschwindigkeit, Masse und Radius des um die Sonne kreisenden Planeten stehen. Der wichtigste Teil war erdacht. Ein mathematischer Beweis musste her, doch den würde er finden. Da war sich Newton jetzt sicher.

Er war außer sich vor Freude und hob den sichtlich verdutzten Kater, dem dieser ungewohnte Gefühlsausbruch des ansonsten stets beherrschten Newton höchstwahrscheinlich ziemlich suspekt vorkommen musste, auf seine Arme und erklärte zufrieden lächelnd: »Weißt du was, mein geschätzter Katerfreund? Ich werde den Leuten am besten erzählen, mir sei ein Apfel auf den Kopf gefallen, als mir dieser Gedanke mit der Gravitation gekommen ist, denn dass Aristoteles posthum seine eigene Theorie widerlegt und mir das auch noch mittelbar und im Körper einer Katze mitgeteilt habe, brächte mir eher eine Einweisung ins Sanatorium ein als den Ruhm der Royal Society.«

Schlussbemerkungen

Wegen seiner hervorragenden Leistungen, vor allem auf den Gebieten der Physik und Mathematik, gilt Sir Isaac Newton als einer der bedeutendsten Wissenschaftler, die bisher gelebt haben. Neben vielen bahnbrechenden Erfindungen und Entdeckungen, darunter zum binomisches Theorem, zeitgleich mit Gottfried Wilhelm Leibniz die Entdeckung der Infinitesimalrechnung, seine Gesetze zur Optik und zur Teilchentheorie des Lichtes sowie die Erklärung des Lichtspektrums u.v.m., hat Newton in seiner ›*Philosophiae Naturalis Principia Mathematica* – Die mathematischen Grundlagen der Naturphilosophie‹ das Gravitationsgesetz und die universelle Gravitation beschrieben und zusammen mit den Formulierungen der Bewegungsgesetze den Grundstein für die klassische Mechanik gelegt.

Newton gilt aber tatsächlich auch als Erfinder der Katzenklappe. Dass diese ihn auf den Nachweis und die Quantifizierung der Gravitation gebracht hat, ist zwar vom Autor frei erfunden, ist allerdings als wahrscheinlicher anzusehen als die Anekdote des fallenden Apfels, die von Newton nie bestätigt wurde.

Ulrike Herwig

Osterhasi

»Oh, mein Gott, kein Zucker im ersten Lebensjahr!« Vanessa zieht den Teller so rabiat zurück, als hätte ich ihr eine Dose Katzenfutter daraufgekippt. Oliver, ihr neun Monate alter Sohn, kräht wütend, als der Butterkeks wieder aus seinem Grabschradius verschwindet.

»Sind selbst gemacht«, versichere ich rasch. »Alles nur Bio, Rezept von meiner Mutter.«

»Ja, mir kannst du welche geben, aber heimlich«, erklärt Vanessa. »Sonst will die ganze Meute was, und dann hab ich den Salat und kriege sie heute Abend nicht ins Bett, weil sie im Zuckerrausch sind.« Die ganze Meute – das sind ihre zweijährigen Zwillinge, die draußen in unserem kleinen Garten mit meiner ebenfalls fast zweijährigen Tochter Leonie spielen.

»Deine gehen doch eh nie vor Mitternacht ins Bett, Zucker oder nicht«, meint Hannah, während sie eine winzige Ecke von einem Keks abbricht und zaghaft wie eine lungenkranke Maus daran nagt. Sie ist die Dritte in unserem Bunde und die Einzige, die ihre Figur wieder zurückhat. Wir drei haben uns beim Geburtsvorbereitungskurs kennengelernt, ein vereinter Hass auf die nervende Kursleiterin hat uns damals zusammengeschweißt. Gemeinsam saßen wir immer nach dem Kurs in einem Café in der Nähe, berichteten uns gegenseitig detailliert vom Verlauf unserer Schwangerschaft, verglichen Symptome, legten erschöpft die Hände auf unsere prallen Bäuche, horchten in uns hinein und äfften die Kursleiterin mit ihrer Eiapopeia-Stimme nach. Unsere Kinder wurden alle innerhalb einer Woche geboren, und ich war glücklich, dass ich zwei neue Freundinnen gefunden hatte, die im selben unberechenbar schwankenden Boot der Mutterschaft saßen wie ich.

Nach zwei Jahren bin ich mir nicht mehr ganz so sicher, ob sie wirklich meine Freundinnen sind, denn unsere Meinungen über Kindererziehung driften mittlerweile komplett auseinander. Vanessa hat – mehr oder weniger nebenbei – noch ein weiteres Baby bekommen und ist voll auf dem Öko-Waldorf-Bio-Trip. Sie ist komplett aus dem Leim gegangen, was ihr scheißegal ist, ihren Mann aber offenbar antörnt, wenn man ihren freizügigen Berichten Glauben schenken kann. Sie trägt nur noch wallende Baumwollgewänder, wurstet die Haare oben auf dem Kopf zu einem Vogelnest zusammen und riecht immer leicht nach Teebaumöl, gekochter Milch und nach irgendetwas Säuerlichem, das ich nicht einordnen kann.

Hannah hingegen hat nach ihrem ersten Sohn entschieden, dass Schwangerschaften eine Zumutung und endgültiger Beweis für den schwarzen Humor von Mutter Natur sind, und verzichtet auf weitere Kinder. Sie hat ja auch tagtäglich alle Hände voll damit zu tun, an ihrem Projekt »Phillip« herumzubasteln.

»Phillip kann jetzt zählen«, teilt sie uns auch schon prompt mit. »Gestern Abend hat er auf einmal bis zwanzig gezählt. Ist doch der Hammer, oder? Ich weiß echt nicht, woher er das hat.«

»Sag bloß.« Vanessa und ich lächeln höflich, sehen Hannah dabei aber nicht in die Augen. Stattdessen tauschen wir einen kurzen, aber vielsagenden Blick. Phillip, das Wunderkind, aber sicher doch.

»Zähl doch mal, Schatzi«, wendet Hannah sich an ihren Sohn, der neben ihr steht, das Gesicht in ihre Bluse gräbt und am Daumen nuckelt. Phillip schüttelt trotzig den Kopf.

»Eins, zwei, drei«, macht Hannah es vor und erregt damit Phillips Zorn so dermaßen, dass er rot anläuft und anfängt zu brüllen. Das ist das Signal für Hannah, ihm wie ein fahrender Handelsvertreter unterschiedliche Angebote und Optionen zu unterbreiten.

»Möchtest einen Saft? Deine Kuscheldecke? Mit Mami spielen? Ein Buch ansehen? Einen Apfel essen? Ein Brötchen?« Sie reicht ihm ein Brötchen, welches er sofort wie ein launischer Delfin aus ihrer Hand fegt.

»Also, gestern mochte er Brötchen noch total, ich verstehe das nicht.« Hannah zuckt ratlos mit den Schultern.

»Zu viel Gluten«, steuert Vanessa bei. »Vielleicht ist er allergisch. Kinder haben manchmal einen siebten Sinn für so was.«

»Möchtest du vielleicht draußen zu den anderen Kindern in den Garten gehen? Die spielen da was ganz Tolles«, lockt Hannah.

Phillip hebt kurz den Blick, Rotzkristalle glitzern an seiner Nase, dann schreit er noch lauter und schmiert sein Gesicht an Hannahs Designerhandtasche.

»Mann, Phillip, nicht meine Tasche!« Einen Moment lang ist nichts mehr von Hannahs Engelsgeduld zu spüren, und sie schiebt Phillip wütend weg. Der schmeißt sich auf den Boden.

Diskret räume ich die Kekse vom Tisch, aber Vanessa hält mich fest.

»Gib mal ein paar her«, sagte sie und schielt schnell in den Garten hinaus. Leonie und ihre Zwillinge quieken dort fröhlich.

»Osterhasi«, ruft Leonie. »Osterhasi!«

»Das ist ein neues Wort. Ich hab Leonie gestern erst erzählt, dass der Osterhase bald kommt und im Garten bunte Eier versteckt.« Endlich kann ich auch mal angeben. »Wahrscheinlich suchen sie ihn, wie süß.«

»Schweres Wort«, lobt Vanessa mich mit vollem Mund. Sie verrenkt sich nach allen Seiten, damit ihr Baby nicht an den Keks in ihrer Hand kommt.

»Willst du mit Mami kuscheln? Oder aufs Töpfchen gehen?«, macht Hannah inzwischen ihrem quengelnden Nachwuchs weitere Vorschläge. Ein Angebot davon zieht. Phillip steht schwer atmend vom Fußboden auf und nickt. Hannah führt ihn zur Toilette, während Vanessa und ich ihr neidisch hinterhersehen. Phillip ist das einzige von unseren Kindern, das bereits aufs Töpfchen gehen kann.

»Wir üben noch«, sage ich seufzend. »Aber Leonie hat keinen Bock auf das Töpfchen. Es interessiert sie null.«

»Das entscheidest ja auch nicht du, sondern das Kind«, belehrt Vanessa mich. »Der Wunsch, die Windel loszuwerden, muss als tiefstes inneres Bedürfnis aus dem Kind selbst kommen«, zitiert sie eine unbekannte Quelle. »Könnte mich totfressen an deinen leckeren Keksen«, fügt sie dann übergangslos hinzu. »Das machen die Hormone, die sind bei mir seit Oliver komplett durcheinander.« Sie reicht ihrem Baby eine Reiswaffel, die aussieht wie aus Wellpappe gestanzt. »Hier, das darf der Oliver essen.«

Hannah kommt zurück und Phillip steuert nun mit unsicheren Schritten auf die Tür zum Garten zu. Eine Weile lang lungert er dort herum, dann tappt er hinaus zu den anderen.

»Na, endlich.« Hannah lässt sich erschöpft in den Stuhl fallen. »Ist noch Kaffee da?«

Ich gieße ihr nach und eine Weile lang sitzen wir friedlich vereint an meinem Küchentisch, nur das Schmatzen und Kauen von Oliver ist zu hören.

»Osterhasi!«, ruft nun auch Phillip glücklich von draußen.

»Wie schnell er das aufgeschnappt hat.« Hannah lächelt stolz. Diesmal spricht Vanessa kein Lob für das schwere Wort aus.

»Was die Kinder da nur spielen?«, frage ich in den Raum hinein.

»Egal.« Vanessa beißt von der matschigen Reiswaffel ihres Babys ab. »Hauptsache, sie sind an der frischen Luft.«

»Da draußen ist doch nichts Scharfes oder Gefährliches oder Giftiges?« Hannah richtet sich mit einem Ruck auf.

»Nein, nein«, beruhige ich sie. »Nur ein paar Spielsachen von Leonie. Der Schuppen ist zu.«

»Neulich waren wir nämlich bei Kathleen«, berichtet Hannah jetzt. Kathleen ist eine Frau, die Hannah nicht ausstehen kann und die sie dennoch immer wieder besuchen muss, weil Kathleens Mann der Chef von Hannahs Mann ist. Vanessa und ich haben das Gefühl, wir kennen Kathleen in- und auswendig, obwohl wir sie noch nie getroffen haben.

»Und mein Phillip läuft da herum und macht ein Fach in Kathleens Küche auf und zieht auf einmal lauter Putzmittel und Chlorreiniger raus. Eines davon hatte nur so einen losen Deckel drauf. Ich hab bald einen Herzinfarkt bekommen. So was ist bei mir komplett weggesperrt, und zwar mit Kindersicherung!«

Wir murmeln zustimmend.

»So eine dreckige Chemiescheiße benutze ich sowieso nicht«, sagt Vanessa. »Ist doch hochgiftig. Ich mache immer alles mit Apfelessig sauber.«

Das ist der Geruch an ihr! Jetzt weiß ich es endlich! Beinahe hätte ich es triumphierend laut herausgerufen.

»Und dann hat Kathleen das einfach alles wieder in

den Schrank geramscht und hat behauptet, dass das die Schuld der Putzfrau wäre«, fährt Hannah fort. »Damit wollte sie mir natürlich nur hintenrum verklickern, dass sie eine Putzfrau haben und wir nicht. Frage mich nur, warum ihre Küche dann so verkeimt aussah. Total unhygienisch, ich sag's euch.«

»Ach, so ein paar Keime, das macht doch nichts.« Vanessa winkt ab. »Ist gut für das Immunsystem.«

»Osterhasi!«, rufen nun auch die Zwillinge aus dem Garten. Helles Kinderlachen ertönt.

»Süß, wie die spielen. Was die da nur haben?«, sage ich, aber dann ändert sich irgendwas im Zimmer, als ob die Luft sich statisch auflädt. Hannahs Augen weiten sich, sie schraubt sich wie in Zeitlupe aus dem Sitz hoch.

»Ist das …?«, krächzt sie, dann schlägt sie die Hände vor den Mund. »Oh, mein Gott.«

»Mama, wir haben den Osterhasi gefunden«, ruft das Wunderkind Phillip in einem vollständigen Satz. Aber was er sonst noch sagt, geht in einem spitzen Schrei seiner Mutter unter, und ich springe auf und drehe mich um. Da, in Phillips Arme geschmiegt, von ihm zärtlich gedrückt und von Leonie und den Zwillingen liebevoll gestreichelt, liegt eine tote Ratte.

»Lass das los!«, kreischt Hannah wie von Sinnen.

»Osterhasi«, wiederholt Phillip glücklich und

schafft es noch, dem toten Nagetier einen Kuss auf den Kopf zu pressen, bevor seine hysterische Mutter ihm das Vieh mit einem Besenstiel aus den Armen stößt.

Ich schätze mal, der Zuckerrausch wird heute Abend für Hannah das geringste Problem sein.

Dietmar Bittrich

Mein Name ist Bittrich, ich hüte hier ein

Letzte Taschen werden ins Auto gestopft. Letzte Küsschen getauscht. »Und falls es Probleme gibt, du hast ja unsere Nummer!« Türenschlagen, Lachen, Winken. Das Auto rollt die Straße hinunter, hupend, der Hund bellt ihm nach. Nun biegt es um die Ecke, die Familie ist verschwunden. Wir sind allein, er und ich.

Also dann. »Wir werden uns super verstehen, okay?«

Meine Freunde sind glücklich, dass ich bereit war, ihn während ihres Urlaubs zu hüten. Insgeheim habe ich nur zugesagt, um in dieser opulenten Villa zu wohnen. Mag auch ein Hund darin leben, das nehme ich mal in Kauf. Kann sein, dass er mal bellt. Das ist seine Natur. Akzeptiert.

Natürlich muss ich ihn füttern. Mache ich. Ansonsten hat er seinen Schlafplatz, seinen liebenswerten Gummiknochen, im Garten einen Rasen zum Zerkratzen, ein paar Rabatten zum Aufbuddeln und eine Sandkiste zum Entspannen. Einmal am Tag werde ich mit ihm spazieren gehen.

Und das ist es auch schon. Na, bitte! So hütet der Experte Haus und Hund!

Erst mal die Zimmer erforschen. Der Hund – er heißt Donald – läuft chefmäßig voran. Als ich die Weinvorräte sichte, legt er den Kopf schief. »Doch, doch, mein Lieber, ich darf hier auch mal eine Flasche Wein trinken«, lasse ich ihn wissen. Wird er später sein Herrchen zu der Stelle zerren, wo der Grand Cru fehlt?

»Dass du mir keinen Ärger machst!« Wenn es sein muss, kann ich streng sein.

Manisch rutscht er auf dem Sisalteppich im Arbeitszimmer herum. Rituale aus seiner unvergessenen großen Zeit als Wolf; gut, genehmigt. Im Wohnzimmer springt er aufs Sofa.

»Hallo? Sag mal, darfst du das überhaupt?« Er wühlt in den Kissen mit den Seidenbezügen. Hmm. Muss ich das verbieten? Oder ist das eine Art Deal: Wenn ich die teuren Weine trinke, darf er ein bisschen auf Orgie machen?

Er rennt in die Küche und kläfft das Regal an. Ah ja. Da stehen die Dosen; eine halbe soll reichen. Er mag kaum abwarten, dass ich den Napf fülle. Hechel, schlabber, sabber, würg. Innerhalb von Sekunden hat er den eigentümlichen Inhalt verschlungen. Nun schaut er fragend hoch. Etwa noch mehr von dem Zeug? Wirklich? Darfst du das? Na gut. Aber nur, weil es der erste Tag ist! Er soll mich ja mögen. Dann darf er den Rest auch noch wegputzen. Soll ihn die Familie später auf Diät setzen.

»Und jetzt machst du dein Nickerchen«, erkläre ich ihm. »In deinem Alter brauchst du das.« Er flitzt zur Tür und fiept. Hat er den Briefträger gehört? Oder hat ein Kaninchen geklopft? Nein, er will raus. Einfach so. Will mal rumlaufen. Frische Luft schnappen. Unbeaufsichtigt darf er das nicht. Na, dann holen wir mal die Leine. Er fängt an zu tanzen.

»Mo-ment! Mo-ment!«

Wie legt man einem Irren ein Halsband um? Er heult, er jault, er wirft sich gegen die Tür, er kratzt den Lack ab. Waren diese Schrammen schon vorher da? Hoffentlich.

»Aber wir gehen ganz gemächlich, ja?« Er hechelt wie auf Speed. »Ganz ruhig jetzt, okay? Hektik kann ich nicht leiden, das kapierst du, ja?«

Drückt dieser Hundeblick nun Zustimmung aus? Einsicht? Vernunft? Vermutlich. Viele Hunde sind ja sehr klug.

Aber nicht dieser. Kaum ist die Tür geöffnet, schießt er davon. Ich krampfe mich um die Leine. Waagerecht fliege ich durch den Garten, mit einem halben Meter Luft unter mir. Am Tor erstarrt der Nachbar.

»Mein Name ist Bittrich, ich hüte hier ein!«, rufe ich im Vorüberrauschen, während ich um Bodenhaftung kämpfe. Endlich graben meine Schuhe eine Bremsspur in den Sand. So ähnlich muss sich Wasserski anfühlen. Oder Pflügen, auf die biodynamische Art.

»Jetzt aber mal langsam!«

Unmittelbar vor dem Laternenpfahl fällt ihm ein, die Seite zu wechseln. Ich schaffe es nicht, ihm zu folgen. Schon spannt die Leine sich um den Pfahl. Er zerrt auf der einen Seite, ich auf der anderen. Spaziergänger bleiben fasziniert stehen. Die ersten zücken ihr Smartphone, um die Szene zu filmen, für YouTube oder die Pannenshow. Für jeden Clip bekommen sie fünfzig Euro. Das hilflose Opfer geht leer aus; meist erlebt es nicht mal mehr die Ausstrahlung.

»Kommst du zurück?«, rufe ich mit militärischem Schneid. »Willst du wohl herkommen?«

Nein. Will er nicht. Tut er nicht. Immerhin, stehengeblieben ist er. Interessiert sieht er zu, wie ich um den Pfosten herumkrieche, unter der straff gespannten Leine hindurch. Ja, ja, ich bin der Depp. Nun zerstreut euch, Leute. Cut. Hier gibt es nichts mehr zu sehen.

Und weiter. Ich bin ins Schwitzen gekommen. Wahrscheinlich ist ein Hund gut für die Kondition seines Halters. Halt, Moment! Müsste er an der Querstraße nicht anhalten? Von sich aus?

»Stopp! Aus! Platz! Sitz!«

Düstere Erinnerungen an einen frühen Winter steigen auf. Damals sollte ich den Hund meiner Großmutter hüten; sie verbrachte die Jahreswende traditionell im Krankenhaus. Ich wusste nicht, was Silvester für Hunde bedeutet. Ich dachte, sie haben Spaß, stoßen kurz auf und bebellen begeistert das neue Jahr.

Gegen Mitternacht ging ich also mit Omas Liebling auf einen nahen Hügel, um ihm das Feuerwerk zu zeigen. Beim ersten schlappen Böller jaulte er auf. Beim nächsten riss er sich los. Nicht mehr zu bändigen, auf niemanden achtend, jagte er hysterisch jedem Knallfrosch nach, jedem Pyrocracker, umtanzte jaulend knatternde Salven, kämpfte mit bengalischen Geistern und sprang heiser bellend jeder sprühenden Rakete hinterher.

Am Ende roch er angebrannt. Zwei Tage lang lag er traumatisiert unter der Küchenbank, und mich beschlich das Gefühl, seine Lebenserwartung um ein paar Jahre verkürzt zu haben. Zum Glück starb wenig später zuerst meine Großmutter. Es war besser so, für alle.

Dieser Kumpel hier ist tougher. Was gräbt er jetzt in der Blumenrabatte? Ist das instinktives Knochensuchen? Oder war er mal bei der Mordkommission? Es gab doch mal diesen Hundedetektiv, der für die dumme Polizei die wichtigsten Beweisstücke sicherte.

»Ist das Ihr Hund?«, ruft die Gartenbesitzerin und eilt rotköpfig herbei, die Hände sehr energisch am Kittel abwischend.

»Nein, nein«, stottere ich wahrheitsgemäß und reiße ihn fliehend mit fort.

Und was ist das? Worauf kaut er jetzt? »Was hast du gefressen!?«

Plastik aus China? Eine entseelte Maus? Einen vergifteten Köder? Wird er gleich gurgelnd und ächzend zur Seite sinken? Muss ich den Notarzt rufen? Gibt es überhaupt einen speziellen für Tiere? Oder reicht die herkömmliche Mund-zu-Maul-Beatmung?

Erleichterung. Er läuft weiter. Nein, er bleibt stehen. Er hockt sich hin. Oh, kapiere. Pardon. Mitten auf den Weg also. Nein, das ist nicht mehr mit dem Strafgesetzbuch vereinbar. Also: »Geh an den Rand! An den Rand!« Und wie war das jetzt, mit einer Schaufel? Die habe ich nicht dabei. Und diese schwarzen Plastiktüten? Hängen hier welche am Zaun oder am Laternenpfahl? Nicht direkt …

»Das ist strafbar, du Töle!«, zische ich. »Du wartest, bis wir um die Ecke sind.« Er schaut begriffsstutzig.

Ich wiederhole mit unmissverständlicher Schärfe: »Bis wir um die Ecke sind!«

Nichts zu machen. »Denk wenigstens an das Klima, du – du –!«, zische ich. Bilde ich mir das ein, oder werden wir mittlerweile in gemessener Entfernung von einem Pulk ökologisch engagierter Zuschauer begleitet?

Ihr Liebinnen und Lieben, wenn ihr einen Augenblick mal woanders hinseht, da drüben zum Beispiel, wie herrlich der Jasmin blüht! Da summen sogar echte Bienen!

Und drückt sich in dieser Szene nicht eigentlich der unmittelbare Bezug der Natur aus, den wir alle erstreben? Was hier passiert, geschieht es nicht in lebendiger Harmonie mit dem Kosmos? Allerdings! Und zur Krönung wird er gleich Staub und Erde drüberkratzen, mit den Hinterpfoten, nach der unverfälschten Tradition seiner uralten Rasse oder vielmehr Ethnie. Oder tut er das nicht? Nein, sonderbar, tut er nicht. Muss eine andere Ethnie gewesen sein. Und was jetzt? Soll ich das für ihn tun? Würde ich gern, passt nur im Augenblick nicht in die Planung.

Lieber rasch weiter. Ein paar Tropfen. Oh, und Regen. Also doch. Bei den tiefhängenden Wolken war das nicht völlig auszuschließen. Ich habe eine wasserdichte, selbstständig atmende Outdoorjacke.

Er hat nur sein Fell. Gehört es etwa zu meinen Pflichten, das später im Haus trocken zu reiben? Oder reicht es, wenn er sich schüttelt, wie damals in unverdorbener freier Wildbahn, nur eben jetzt neben dem Bücherregal?

Im Eingang komme ich gerade noch dazu, ihm eine Pfote abzuwischen – oder zumindest damit zu drohen. Schon ist er entsprungen. Die anderen Pfoten wischt er auf dem Sofa ab. Warum müssen die Leute heutzutage so helle Stoffe haben? Bei meiner Großmutter war alles dunkel. Man sah die Spuren des Hundes nicht, man roch sie nur.

Am Abend hüpft er aufs Bett. Dass er das nicht darf, steht außer Frage. Aber wie kriege ich ihn wieder herunter? Meinem Zugriff entwindet er sich. Er schlüpft durch die Arme. Soll ich ihn samt Überdecke in einem überfallartigen Schwung herunterzerren? Vielleicht wäre es gut, wenn er mal merkt, dass ich nicht nur nett bin. Ich kann nämlich auch anders. Ich kann sehr streng sein! Oh ja! Oder beißt er dann?

Das Telefon klingelt. Er jagt kläffend ins Arbeitszimmer. Japsend wälzt er sich auf dem Sisalteppich.

»Ist ja gut, ist ja gut! Das sind sicher Herrchen und Frauchen und Bübilein!«

Ja, sind sie. Wie es ihm geht, wollen sie wissen.

»Oh, super, würde ich sagen! Wir sind schon viel

spazieren gegangen, müssen uns vielleicht noch ein bisschen aneinander gewöhnen, aber es geht schon sehr, sehr gut. Im Augenblick freut er sich riesig über euren Anruf! Er rutscht hier ganz ausgelassen auf dem Sisalteppich rum!«

Was denn, staunen sie, auf den harten Fasern? Ja, genau.

»Rutscht er etwa mit dem Po darauf herum?«, forschen sie.

»Kann man sagen, ja, doch, stimmt, sieht im Augenblick so aus.«

»Ach, dann sind die Würmer doch noch nicht weg!« Ich höre das tausend Kilometer entfernte tiefe Empfinden mit der leidenden Kreatur.

Würmer?

»Dann musst du ihm Möhren ins Futter reiben«, fordern sie.

Möhren. Alles klar. Ein paar davon esse ich dann wohl besser auch.

»Würmer sind hartnäckig«, fällt ihnen noch ein. Na, wunderbar.

»Aber sonst kommt ihr gut miteinander aus, und du kriegst deine Ruhe?«

»Oh ja, doch, der Anfang war vielversprechend«, sage ich entkräftet. »Und wenn es so weitergeht, wird es bestimmt eine superschöne Zeit.«

Für ihn jedenfalls. Er wird mich ausnutzen. Er wird abends mit mir fernsehen, also auf einer Schleife der Fußbodenheizung liegen, ungefähr zehn Minuten lang, dann gähnen, sich strecken, auf eine kältere Stelle wechseln, nach einer Zeit wieder in die Wärmezone zurückkehren, und so weiter, wie der verantwortungsbewusste Nutzer eines Solariums. Und zwischendurch wird er auf dem Sisalteppich herumrutschen, während ich Möhren reibe.

Er wird es genießen, wenn ich ihm mit drahtiger Bürste ein Peeling gewähre. Er wird sich auf den Rücken legen und signalisieren, dass auch der Bauch gestriegelt werden soll, auch die Weichteile. Anschließend werde ich Kletten und Haarbüschel aus den Borsten klauben. Ich werde mir die Hände waschen, vielleicht sogar mit einer Tendenz zum Zwanghaften.

Er wird mich mögen und freudig schwanzwedelnd meine ausgedruckten Skripte zerfleddern und die Maus des Netbooks beiseitefegen, sie anschließend anbellen und, falls sie sich nicht wehrt, kraftvoll zerbeißen. Darf ich mich gelegentlich dadurch rächen, dass ich ihn auf den Parkettboden des Hinterzimmers locke? Der ist so glatt, dass die Pfoten keinen Halt finden und er klackernd zur Seite wegrutscht.

Nachts werde ich von seinem Bellen wach, weil er Einbrecher gehört hat. Oder war es nur ein Kaninchen? Hoffentlich! Er zittert am ganzen Leib. Ich ebenfalls. Er beruhigt sich später wieder, ich nicht. Dann, in der unheimlichen Stunde vor dem Morgengrauen, erwache ich in Alarmstimmung. Er steht als großer bebender Schatten vor meinem Bett.

Was will er mir sagen? Was ist los? Ist ein Sturm im Anzug? Ein Komet? Schmelzen die Polkappen? Gewisse Rassehunde sind berühmt für ihre seismographische Sensibilität. Sie spüren Erdbeben zwanzig Minuten im Voraus. Gehört er dazu? Die tektonischen Plattenverschiebungen gefährden inzwischen auch Deutschland. Wird gleich das Dach einstürzen? Oder, ganz anders, verwandelt er sich um diese Stunde in einen Werwolf?

Einer von uns, das sagt mir meine Intuition, wird überleben. Ich wünsche es ihm von ganzem Herzen.

Alex Capus

In der Zeitmaschine

Auf der Donau treiben Eisschollen so groß wie Tennisplätze; darauf sitzen keine Pinguine, sondern Möwen. Die Budapester Brücken werfen mit ihrer Beleuchtung zahllose leuchtende Streifen auf das Wasser. Ich verabschiede mich vom Fluss und biege in eine dunkle Straße ein. Vor einer gewöhnlichen schmutzig grünen Fassade bleibe ich stehen; hier muß es sein. Neben der Eingangstür hängt ein kleines Marmorschild, auf dem in ungarischer Sprache etwas geschrieben steht. Ich mache die Tür auf; es ist eine ganz gewöhnliche Eingangstür, etwas schwerer als andere vielleicht, aber dennoch ganz unauffällig.

Die Frau im Kassahäuschen sieht mich kurz an, sagt auf Deutsch »Thermalbad?«, und ich nicke. Die Frau deutet mit dem Finger auf eine Preisliste, von der ich nichts als die arabischen Zahlen verstehe. Ich schaue genau auf die Stelle, auf die ihr Finger deutet, und erfahre, dass ich tausend Forint bezahlen muss.

Ich gehe weiter. Ein Gang, der breiteste, führt geradeaus, einer geht links ab, und rechts führt eine Wendeltreppe in die Höhe. Grünliche Marmorplatten mit Pfeilen erklären, was wo zu finden ist. Auf Ungarisch. Ich verlasse mich auf meine Erfahrungswerte und wähle den breiten Weg geradeaus.

Ein kräftiger, ganz in Weiß gekleideter Mann kommt mir entgegen und sagt etwas auf Ungarisch. Ich lächle blöde. Der Mann sagt auf Deutsch »Thermalbad?«, und ich nicke. Der Mann deutet auf die Treppe, und ich steige hinauf.

Im Obergeschoss erwartet mich ein zweiter kräftiger, ganz in Weiß gekleideter Mann. Er könnte der Bruder des anderen sein. Er führt mich einen langen Gang entlang, an dem an der linken Seite eine hölzerne blau-weiß gestrichene Kabine neben der anderen steht. Endlich weist er mir eine Kabine zu. Keine Ahnung, warum ausgerechnet diese hier und nicht eine der vielen, die leer an uns vorbeigezogen sind. Der Mann übergibt mir einen Schlüssel für die Kabine und ein rechteckiges Stück Sacktuch, dem an zwei Ecken je ein Bändel angenäht wurde. Ich schließe mich ein in die Kabine und ziehe die Kleider aus. Es ist angenehm warm hier im Obergeschoss, und es riecht nach Männern; heute ist Männertag. Gestern war Frauentag, da hätte es nach Frauen gerochen, aber heute ist Männertag. Frauentag ist morgen wieder.

Nackt stehe ich da. Ich ziehe meine knallbunte Badehose an. Typisch westeuropäische Badehose, kein Ost-Design. Dann gerät mir das Stück Sacktuch mit den zwei Bändeln wieder in die Hände. Ich bin ratlos: Was soll ich damit? Aha. Ich halte das Sacktuch vor mein Geschlecht und führe die Bändel beidseits der Lenden auf den Rücken. Das wäre möglich, denke ich mir; aber dann macht die Badehose keinen Sinn. Ich setze alles auf eine Karte und ziehe meine Badehose wieder aus. An ihrer Stelle versuche ich das Sacktuch zu montieren. Ich habe Schwierigkeiten, die Bändel blind auf dem Rücken zu verknoten. Dann erinnere ich mich, wie manche Frauen den Verschluss ihres Büstenhalters nach vorne auf die Brust verschieben, wenn sie daran herumnesteln. Ich mache es genauso. Das Sacktuch hängt mir jetzt über den Hintern, aber mit dem Verknoten habe ich keine Schwierigkeiten mehr. Dann drehe ich das Ganze wieder, bis das Sacktuch vorne hängt und der Knoten hinten.

Ich atme tief durch und öffne die Kabinentür. Ich trete hinaus auf den Gang. Weit und breit ist niemand. Dieser Fetzen an meinen Lenden – jetzt erst weiß ich, wie schlecht angezogen Gottes Sohn am Kreuz hing. Ich mache ein paar Schritte im Gang. Von hinten sind meine Arschbacken gut sichtbar an der frischen Luft. Das weiß ich und kann es auch fühlen. Wenn mir jetzt einer in Badehosen entgegenkommt und sich ins Sacktuch beispielsweise schneuzt, will ich sofort tot umfallen. Dann ist mir auch egal, ob er Ost- oder West-Design trägt. Aber vorläufig bin ich immer noch alleine unterwegs.

Am Ende des Ganges führt eine Treppe nach unten. Als erstes menschliches Wesen begegnet mir dort der in Weiß gekleidete kräftige Mann, der Bruder des anderen. Ich beobachte ihn scharf – der Mann lässt sich nichts anmerken. Entweder ist er ganz unglaublich höflich gegenüber Ausländern oder meine Tracht ist in Ordnung.

Je weiter die Treppe nach unten führt, desto lauter wird das Geräusch tröpfelnden und plätschernden und rauschenden Wassers. Einzelne Dampfschwaden steigen an mir vorbei. Unten führt ein Gang geradeaus.

Rechts kommt eine Öffnung in der Wand. Ich sehe drei Männer beim Duschen. Sie tragen zwar kein Sacktuch wie ich, aber immerhin auch keine Badehose. Also weiter. Nach ein paar Schritten kommt links die Erlösung: Durch eine große Glaswand, auf der in fetten Zahlen »50–60°« steht, sehe ich, wie vier Männer auf Holzstühlen sitzen und schwitzen – und alle vier tragen sie dieselben Sacktücher wie ich, und zwar an derselben Körperstelle. Bin ich froh.

Der Gang wird enger, ich wate durch ein heißes Fußbad, und plötzlich stehe ich in einem düster beleuchteten, von Dampf erfüllten Raum, dessen Tiefe ich nicht erahnen kann. Ich bleibe stehen. Meine Augen gewöhnen sich an die Dunkelheit. Vor mir liegt ein achteckiges Becken von vielleicht zehn Metern Durchmesser. Darin liegen etwa zwanzig Männer. Sie schwimmen nicht, sie waschen sich nicht, sie tun gar nichts, sondern dümpeln einfach am Rand des Beckens. Darüber liegt Dampf, und die gelblich warme Luft wird zusammengehalten von einer Kuppel, deren Rundung sich bis zum Fußboden hinunterzieht. Das Becken, die Kuppel und überhaupt alles hier wurde vor über 400 Jahren zur Zeit der Türkenherrschaft gebaut; das habe ich im Fremdenführer gelesen. Das Ganze sieht nicht so aus, wie wenn seither etwas verändert worden wäre. Außer den zwei müden Glühbirnen vielleicht, die irgendwo hängen.

Über die Stufen, die sich rings um den Beckenrand ziehen, steige ich in das urinwarme Wasser. Es steht mir bis zu den Hüften. Das Sacktuch schwimmt leicht vor mir her. Einen langen Moment habe ich noch Bedenken wegen all der Hämorrhoiden und Geschlechtskrankheiten, die hier ohne textile Filterung gewässert werden; dann lasse ich es gut sein und tauche bis zum Hals ein. Ich fläze mich auf den Stiegen hin, lasse die Wärme durch meine steifgefrorenen Glieder fließen und atme den merkwürdigen Schwefelgeruch ein.

Immer tiefer gleite ich ins Wasser, bis die kleinen Wellen mein Kinn umspielen. Das Gemurmel der Männer schläfert mich ein; ich verstehe kein Wort und werde in hundert Jahren keines verstehen, da brauche ich mich gar nicht anzustrengen. Ungarisch ist zu fremd. Wunderbar.

Durch halbgeschlossene Augenlider beobachte ich ein putziges Kerlchen, das in der Mitte des Beckens Wassernixe spielt, unablässig das Bein für Spagatübungen zum Kopf hochreißt und sorgfältig darauf achtgibt, dass sein knackiges Popöchen immer wieder aus dem Wasser lugt. Es schaut erwartungsvoll um sich. Ich möchte ihm zuliebe etwas applaudieren, aber meine Arme liegen zu schwer im Wasser.

Ich bin so schläfrig, mir ist so wohlig, ich möchte die Augen für eine Weile schließen. Plötzlich entdecke ich etwas Merkwürdiges: Jemand hat die zwei elektrischen Glühbirnen durch brennende Pechfakkeln ersetzt. Merkwürdig. Soll ich der Sache nachgehen? Nein – ob das bisschen Licht von Glühbirnen ausgeht oder von Fackeln, kann mir ja wirklich egal sein.

Das putzige Kerlchen ist durch das Wasser zu mir

herübergeflattert und hat sich neben mir niedergelassen. Es macht andauernd Dehnungsübungen, und hin und wieder streift sein Beinchen wie zufällig mein Bein. Ich lasse es geschehen; ich bin zu müde. Nach einer Weile wird das Kerlchen ungeduldig und flattert davon.

Ich schaue die Männer an, die mit mir hier im Kreis sitzen mit nichts anderem als einem Sacktüchlein am Körper. Ich sehe Männer, nichts als Männer. Manche sind dick, manche dünn, jung oder alt, hässlich oder schön – jeder ist, was er ist, und sonst gar nichts. Hier sitzen Männer netto; die Tara liegt oben in der Kabine. Und erklären wollen muss mir hier keiner was. Ich höre nur Stimmen, aber keine Worte, tut mir leid. Wenn mir einer sagen wollte, dass er jenseits der Kabinen Staatsanwalt sei oder Straßenbahnschaffner oder verheiratet oder steinreich oder ein Kindsmörder – ich würde es nicht verstehen. Und auch wenn sich einer hier dafür interessieren würde, dass ich das Periodensystem der chemischen Elemente auswendig kann, so könnte ich es ihm doch nicht mitteilen. Wir sind alle, was wir sind, namenlos, ohne Brandzeichen und Gradabzeichen. Was bleibt, ist der Körper und die sprachlose Seele.

Wir sitzen alle nackt in diesem Gemäuer, das sich seit Generationen nicht verändert hat. Kein Bild und kein Ton dringen von außen in die Kuppel, um uns an das 20. Jahrhundert zu gemahnen. Es ist, wie wenn wir aus der Zeit gefallen wären. Und jetzt komme ich noch einmal mit dem Zeitmaschinen-Trick: Genauso wie wir saßen die Männer doch schon immer hier, oder nicht? Ich laufe durch die langen Korridore der Jahrhunderte. Die zwei Dicken dort mir gegenüber beispielsweise, die ihre Köpfe einander zuneigen und abwechselnd etwas murmeln: Das könnten doch gut und gerne zwei habsburgische Konsuln sein, die gerade ein Konzert des jungen Mozart gehört haben. Oder der muskulöse, behaarte Schnauzbart da – welche Uniform hängt in seiner Kabine? Jene eines Hauptmanns im napoleonischen Heer, der sich nach kurzer Rast an der Donau in der unendlichen Weite Russlands abschlachten lassen wird? Und der Blonde – ein SS-Leutnant, kurz nach dem Einmarsch in die Stadt? Das putzige Kerlchen: Lustknabe eines türkischen Gewürzhändlers? Und ich? Wer oder was bin ich, könnte ich gewesen sein und allenfalls noch werden?

Irgendwann wird die Haut an Fingern und Zehen schrumpelig, und dann ist es genug. Einer nach dem anderen werfen wir unser Sacktüchlein in einen Korb und gehen duschen, während Neuankömmlinge die frei gewordenen Plätze besetzen, um sie dann ihrerseits wieder den Nachfolgenden zu überlassen. Hinter dem Duschraum geht eine Treppe steil nach oben in einen geräumigen Ruhesaal. Wer den inneren Frieden hat, legt sich hin und schläft einen kurzen, aber tiefen und erholsamen Schlaf. Und kommt, vielleicht, schon bald wieder.

Karen Duve

Die Strumpfhose

Als ich fünf Jahre alt war, habe ich einmal bei Breisigs auf den Teppich gepinkelt. Heute fällt es mir nicht mehr schwer, davon zu erzählen. Aber in dem Augenblick, als es passierte, als mir der Urin nass und heiß die Beine herunterlief, da war es überhaupt kein Trost, erst fünf Jahre alt zu sein. Dieser Vorfall hat mir mein ganzes Leben bis zum Ende der Grundschulzeit vergällt. Noch in der vierten Klasse, wenn ich einfach bloß so auf dem Pausenhof stand und an meinem Schulbrot kaute oder mit Marina Hase und Gundula Driest Gummitwist sprang, kam plötzlich meine ältere Schwester vorbei, sagte unvermittelt: »Weißt du noch, wie du bei Breisigs auf den Teppich gepinkelt hast?«, und schlenderte weiter. Der Tag war dann natürlich gelaufen.

Meine Schwester hatte mich damals mitgenommen zu Breisigs. Das muss eine absolute Ausnahme gewesen sein. Eigentlich hasste mich meine Schwester. Bloß wenn sie mit Steffi von Ackeren Prinzessin spielte, durfte ich dabei sein. Einmal hat uns jemand in unseren Kostümen fotografiert. Auf dem Foto trägt Steffi von Ackeren einen mit einer Schärpe gerafften Rock und eine um den Kopf gewickelte Gardine. Meine Schwester trägt ein Kleid meiner Mutter, das bis auf den Boden schleppt. Als Schleier hat sie einen Unterrock genommen, dessen Gummizug sich um ihre Stirn spannt. Ich stehe zwischen ihnen und habe so eine Art Kittel an. Ein Herrenoberhemd. Ich war der Sklave. Meistens spielten wir in Steffis Kinderzimmer. Wenn meine Schwester nach Hause ging, behielt Steffi von Ackeren mich noch eine halbe Stunde da, um mich mit einer Hundeleine zu fesseln und mir Stecknadeln in die Hand zu stechen. Meine Aufgabe dabei war es, nicht das Gesicht zu verziehen und nicht zu weinen. Darin wurde ich mit der Zeit richtig gut.

Meine Schwester hatte mich also mitgenommen zu Sabine Breisig, wo noch einige andere Kinder waren, alle schon sieben oder acht Jahre alt. Wenn du fünf bist, sind Siebenjährige so etwas wie der Hochadel. Wahnsinnig interessante Leute. Die gingen ja schon zur Schule. Vor lauter Ehrfurcht wagte ich nicht, nach der Toilette zu fragen. Ich kreuzte die Knie und litt und wartete auf den Moment, wo meine Schwester mich zufällig ansehen und es merken würde. Aber meine Schwester hasste es, mich anzusehen. Und dann war ich nicht mehr imstande, es zurückzuhalten, und sagte schnell:

»Ich glaube, ich muss mal aufs Klo.«

»Ich glaube, das ist wohl schon zu spät«, sagte jemand, und alle sahen dorthin, wo es unter meinem kurzen Faltenrock heraustropfte. Ich trug eine Wollstrumpfhose. Sie war weiß und kratzig. Diese Strumpfhosen waren wirklich die Pest. Ständig rutschten sie auf halb acht, und der Schritt saß in der Höhe der Kniekehlen. Wenn ich mit meiner Mutter unterwegs war, hob sie mir in regelmäßigen Abständen den Rock über die Hüften – völlig egal, wo wir gerade waren –, klappte den Rock hoch, raffte mit beiden Händen den Wollstoff und zerrte mir die Strumpfhose bis unter die Achseln. Und dann waren die Dinger auch noch teuer, und man durfte auf keinen Fall ein Loch hineinmachen.

Ich erinnere mich, wie ich einmal mit meiner Schwester und Andreas Lohmeyer, das war der Nachbarssohn, unten an der Alster spielte. Noch so eine Ausnahmesituation. Vermutlich musste meine Schwester auf mich aufpassen. Die Strumpfhose, die ich anhatte, war ganz neu. Ich war entsprechend instruiert worden, und ich hatte mich wirklich vorgesehen. Aber einmal hatte ich mich durch ein Brombeergebüsch schlagen müssen, und einmal hatte ich mich einen Abhang hinuntergerollt, und schon war ein Loch in der Hose gewesen.

»Du gehst sofort nach Hause und zeigst es Mama!«, sagte meine Schwester.

Während ich nach Hause ging, überlegte ich, wie ich noch aus der Geschichte herauskommen könnte, und als meine Mutter mir die Tür öffnete, sagte ich:

»Andreas Lohmeyer hat mir mit der Nagelschere ein Loch in die Strumpfhose geschnitten.«

Meine Mutter fragte mich zweimal, ob das auch wirklich wahr sei. Ich nickte jedes Mal heftig mit dem Kopf. Ja, ganz genau so hatte es sich abgespielt. Meine Mutter glaubte mir nicht und sperrte mich in mein Zimmer, wo ich warten musste, bis Andreas Lohmeyer und meine Schwester vom Spielen heimkehrten, um meine Aussage zu bestätigen. Oder auch nicht. Mir war ganz schön mulmig. Ich setzte mich auf mein Schaukelpferd, galoppierte ein bisschen vor mich hin und hoffte die ganze Zeit inständig, Andreas Lohmeyer würde zugeben, dass er die Strumpfhose zerschnitten hatte.

»Ja«, würde er sagen, »ja, ich wollte ausprobieren, wie das aussieht.«

Ich hielt es tatsächlich für möglich, dass er das sagen würde, einfach weil ich es mir so sehr wünschte.

Solchen Denkfehlern gab ich mich auch später immer wieder hin, selbst dann noch, als ich schon viel zu alt dafür war. Zum Beispiel füllte ich eine Zeitlang Lottoscheine aus. Ich spielte immer nur, wenn meine finanzielle Lage so katastrophal war, dass ich nicht mehr aus und ein wusste oder wenn der Jackpot über zehn Millionen lag. Aber so funktioniert das nicht. Du gewinnst nicht im Lotto, bloß weil das deine letzte Chance ist, und du kriegst auch kein Pony zum Geburtstag, bloß weil du dir das so sehr gewünscht hast, und du wirst auch nicht wiedergeliebt, bloß weil du selbst so sehr liebst, und du wirst auch nicht verlegt, bloß weil du drei Jahre lang nichts anderes getan hast, als dieses eine Buch zu schreiben, und Andreas Lohmeyer sagte natürlich, dass er meine Strumpfhose überhaupt nicht angerührt hätte. Das war dann die zweitgrößte Tracht Prügel, die ich als Kind kassierte.

Andreas Lohmeyer ging ich danach zehn Jahre lang aus dem Weg. Das war eigentlich schade, weil ich ihn ungeheuer bewunderte, seit er einmal von zu Hause weggelaufen war, um König der Tiere zu werden. Er blieb bloß einen halben Tag lang verschwunden, aber die Idee hatte mich damals ziemlich beeindruckt.

Als ich bei Breisigs auf den Teppich pinkelte, hing mir die Strumpfhose natürlich gerade wieder in den

Kniekehlen, und der Urin lief mir teilweise die Beine herunter, und teilweise sammelte er sich in dem eingewebten Keilstück im Schritt und tropfte von dort gelb auf den Fusselteppich. Meine Schwester und die Freunde meiner Schwester starrten schweigend auf diese Lache, und ich wäre am liebsten tot oder gar nicht geboren gewesen, als ein Junge sagte: »Wir müssen sie nach Hause bringen, damit sie sich nicht erkältet. Ich kann sie hinten auf meinem Gepäckträger mitnehmen.«

Das vergess ich ihm nie. Ich weiß nicht mehr, wie er hieß. Er kann nicht älter als acht oder höchstens neun Jahre gewesen sein, aber in meiner Erinnerung ist er einen Meter neunzig groß, und sein Mund ist von Ernst und Entschlossenheit geprägt.

Jedenfalls saß ich dann auf seinem Gepäckträger, was wegen der verrutschten Strumpfhose nicht ganz einfach war, und hielt mich an seinen Hüften fest. Ich verliebte mich, fünfjährig, natürlich in diesen Achtjährigen, verliebte mich in den Glanz von Märchen und Männlichkeit, der ihn umgab.

Doch während ich diese Geschichte aufschreibe, mich zu erinnern bemühe und meine Fahrt auf dem Gepäckträger noch einmal vor mein inneres Auge rufe, da sehe ich den Jungen und mich allerdings durch eine Straße fahren, die eindeutig nicht auf dem direkten Weg zu meinem nur fünfhundert Meter entfernten Elternhaus liegt. Er hätte linksrum fahren müssen, durch den Weidenredder; er ist die Olendeelskoppel aber rechtsrum gefahren und dann durch den Bargweg und den ganzen Treudelberg hinunter. Jetzt, nach dreißig Jahren, fällt mir das auf. Der Junge ist einen riesigen Umweg gefahren. Nimmt ihm das etwas von seinem Glanz? Wohl kaum.

Astrid Ruppert

Tischgespräch

»Und woher kommst du?«

Sie war klein, zierlich, dunkelhaarig und irgendwie elegant, obwohl er nicht hätte sagen können, warum er sie elegant fand. Sie trug Outdoorkleidung wie alle anderen auch, aber sie trug sie wie ein teures Kostüm. Er hatte sich schon ein paar Mal gefragt, was eine Frau um die Mitte vierzig, denn so alt schätzte er sie, hier alleine auf dem Schiff machte. Warum sie wohl hier war? Die Alleinreisenden waren alle eher jünger. Unter oder um die dreißig und ungebunden. So wie er. So wie dieser traurige Italiener oder die unscheinbare Holländerin. Die, die über vierzig waren, reisten eher als Paare.

Er war ganz überrascht gewesen, als sie sich beim Abendessen plötzlich auf den freien Platz neben ihn gesetzt hatte und ihn ansprach. Er hatte noch nie zu den Interessanten gehört, neben die man sich freiwillig setzte, solange man noch die Wahl hatte, woanders zu sitzen.

»England. Devon. Und du?«

»Australien.«

»Das ist aber eine lange Anreise, oder?«

Was für ein intelligenter Beitrag, bestimmt bereute sie es schon, sich neben ihn gesetzt zu haben.

»Länger als deine, das ist eindeutig euer Vorteil als Europäer.«

Sie lächelte ihn freundlich an und er sah ihre perfekten Zähne. »Und, wo warst du schon überall?«

Jetzt schaute er sie fragend an.

»Meinst du, äh, hier, also, auf dem Schiff?«

»Oh, nein! Nein, ich meine, welche Länder hast du schon bereist?«

»Ach so, klar.« Der intelligente Beitrag Nummer zwei. Bestimmt hielt sie schon nach einem neuen Gesprächspartner am Tisch Ausschau. Er musste jetzt sofort etwas Interessantes sagen, und natürlich fielen ihm genau jetzt die Länder nicht ein, in denen er schon gewesen war. »Also, hmm, ich war in Italien, Spanien, lass mich nachdenken, in Frankreich natürlich, das ist ja nur über den Kanal.«

Sie lächelte ihn sehr freundlich an, während er versuchte, die Länder aufzuzählen, die er bereist hatte. In Österreich war er auch gewesen, und in Griechenland, auch wenn das lange her war. Er hatte das Gefühl, dass sie sich wirklich für ihn interessierte. So etwas nannte man wohl ›verbindlich‹, glaubte er. Sie lächelte ihn verbindlich an, und er fühlte sich immer besser. Gerade als er die beiden Länder – Österreich und Griechenland – noch nachschieben wollte, stellte sie die nächste Frage: »Und außerhalb von Europa?«

»In den USA war ich, stimmt ja, da habe ich in Chicago Freunde besucht, also, nicht direkt in Chicago, aber ganz in der Nähe.« Warum war ihm das nicht gleich als Erstes eingefallen?

Sie schaute ihn überrascht an. »In der Nähe von Chicago? Nicht an der Westküste? Oder in den Rockys? Yosemite?«

Er schüttelte den Kopf. »Ich habe nur meine Freunde besucht. Es ging eher um das Wiedersehen als um …«

»Ach! Und andere Kontinente?«, unterbrach sie ihn. »Afrika? Asien? Australien?«

Er schüttelte wieder den Kopf. Bis zu diesem Augenblick hatte er es großartig gefunden, hier an Bord zu sein und die Arktis zu bereisen. Absolut großartig. Niemand, den er kannte, war in der Arktis gewesen. In seinem Freundeskreis, in der Familie, im gesamten Kollegenkreis galt er jetzt als der absolute Exot. Aus ihm, dem Langeweiler, war ein abenteuerlicher, ungewöhnlicher Typ geworden. Sogar Linda hatte sich in der Kantine ein paar Mal neben ihn gesetzt, seit er ihr von der Arktisreise erzählt hatte. Er hatte sich ziemlich einzigartig gefühlt. Bis eben.

»Ich wandere sonst sehr gerne«, fügte er erklärend hinzu. »Das ist sehr entspannend. Es gibt wirklich großartige Wandergebiete in England, der Lake District ist zum Beispiel sehr schön …«

»Wie interessant! Ich war letzten Monat in Neuseeland, faszinierendes Land. Wenn du das nächste Mal verreisen willst, denk mal über Neuseeland nach, es wird dir bestimmt sehr, sehr gut gefallen. Man kann da hervorragend wandern.«

Er lächelte verlegen. »Bestimmt.«

Wandern in Neuseeland. Klar. Seine Reisekasse war jetzt erst einmal erschöpft. Bis er wieder eine größere Reise planen konnte, würden ein paar Jahre vergehen. Und warum überhaupt sollte er in Neuseeland wandern gehen, wenn er noch nicht mal den Lake District komplett kannte?

Sie wandte sich einem der anderen Tischnachbarn zu. Der Mann, der ihnen gegenübersaß, war Amerikaner, soviel er wusste. Der hatte, seit sie am Tisch saßen, schon das zweite Glas Wein geleert. Der Wein zum Essen war inklusive, und er selbst hatte jetzt auch nicht vor, bescheiden damit umzugehen. Die ganze Sache hier war schließlich teuer genug. Aber bei dem Tempo, das der Amerikaner hier vorlegte, konnte er nicht mithalten.

»Und du?«, fragte sie den Amerikaner: »Bist du viel gereist? Wo warst du schon überall?«

Der Amerikaner nickte, kaute in Ruhe fertig und spülte alles mit einem weiteren halben Glas Wein hinunter.

»Überall«, sagte er schließlich und stellte das Glas wieder ab.

»Oh, wirklich?«

Sie sah den Amerikaner interessiert an.

»Neuseeland hat mir auch gut gefallen. Besser als Australien, wenn ich ehrlich bin.« Der Amerikaner nahm die Karaffe, um sein Glas wieder zu füllen, und bemerkte dann, dass er die Karaffe für ihren Tisch dadurch geleert hatte. Er sah sich nach einem Kellner um und signalisierte einem der vorbeieilenden jungen Männer, dass sie neuen Wein brauchten, und nickte in die Tischrunde.

»Das war nicht sehr höflich, sorry. Nachschub kommt.«

»Mein Glas ist noch fast voll. Kein Problem.« Sie lächelte mild. »Übrigens geht es mir selbst als Australierin so, dass ich Neuseeland sehr mag! Welches asiatische Land ist denn dein absoluter Favorit?«

»Hm, lass mich nachdenken. Myanmar fand ich

beeindruckend, aber vielleicht auch Vietnam. Also ich schwanke. Vietnam oder Myanmar. Kulturell interessanter ist Myanmar, oder?«

»Oh ja, absolut.«

Er schaute zwischen den beiden hin und her. Irgendwie war er raus aus dem Gespräch. Frau Weitgereist und der Amerikaner verstanden sich ja prächtig. Aber er versuchte es trotzdem noch einmal: »Schwärmen nicht alle immer von Thailand?«

»Natürlich«, antwortete Frau Weitgereist ein wenig gönnerhaft. »Thailand ist das Asien für Anfänger. Natürlich ist es auch faszinierend, aber wenn man das wahre Asien erleben will … oder?«

Sie zuckte die Achseln und schaute den Amerikaner an. Die beiden nickten sich zu, waren ganz einer Meinung, und der Amerikaner runzelte die Stirn. »Wenn schon, dann Bali. Bali ist toll. Das wirst du lieben.«

Und woher wollten die beiden das wissen, was er liebte? Neuseeland, Bali, vielleicht würde er es dort ja auch furchtbar finden? Er wusste natürlich genau, dass er es überhaupt kein bisschen furchtbar finden würde. Liebend gerne würde er auch mal dahin reisen. Aber das würde er hier ganz bestimmt nicht zugeben – da mischte sich die blonde Frau vom oberen Tischende ein.

»Ich verstehe diese ganze Faszination mit Asien

nicht, das ist doch so ein Hype, oder? Es ist immer so wahnsinnig lässig, von seinen Asienreisen zu erzählen.«

Cool. So, wie sie das sagte, einfach cool, er wünschte, ihm würde auch mal so etwas einfallen. Das musste er sich merken. Dass sie Asien offensichtlich nicht bereist hatte, klang auch noch souverän. Er nickte ihr erleichtert zu und lächelte sie voller Zustimmung an. Endlich mal ein Mensch, mit dem man vernünftig reden konnte.

»Südamerika ist da ganz anders«, fuhr sie fort. »Da erlebt man wirklich Un-ge-ahn-tes, sehr ursprünglich. Und die Anden. Also das ist so eine eigene Welt. Unglaublich, was man da sieht! Diese Kontraste! Und die Farben.«

Vielleicht war sie doch kein Mensch, mit dem man vernünftig reden konnte. Die beiden anderen lauschten andächtig, und Frau Weitgereist nickte: »Das stimmt. Wobei Indien wirklich das farbenprächtigste Land ist, das ich gesehen habe. Wer Farben sehen will, der muss nach Indien.«

Er gab auf und konzentrierte sich auf sein Essen. Nach und nach schob er seine Erbsen über den Teller, formte mit ihnen eine Linie, eine Perlenschnur aus Erbsen, die sich über seinen Teller schlängelte, während er nur noch mit halbem Ohr zuhörte. In dieses

Gespräch würde er sowieso nicht mehr einsteigen können.

Der Amerikaner kaute jetzt einfach weiter, während er sprach, er schien von einem Hunger getrieben, der sich durch Essen allein nicht stillen ließ, während Frau Weitgereist neben ihm an ihrem Essen herumpickte wie ein Vogel.

»Ich werde nächstes Jahr auf jeden Fall noch einmal nach Südamerika fliegen. Vor zwei Jahren habe ich eine Rundreise gemacht, um mir einen ersten Überblick zu verschaffen, Chile und Peru, Bolivien, Paraguay, Argentinien. Und Brasilien natürlich. Faszinierende Länder.«

»Ecuador ist aber auch interessant, oder? Und Kolumbien. Mochte ich. Mochte ich sehr.«

Der Amerikaner leerte schon wieder sein Glas in einem Zug, während Frau Weitgereist sinnierend an ihrem Glas nippte. »Der Wein ist gar nicht so schlecht für einen Schiffswein, oder?«

Natürlich, das musste ja so sein, dass sie sich auch noch mit Wein auskannte. Sie stellte das Glas wieder ab und setzte eine kleine Pause, bevor sie weitersprach: »Die Osterinseln waren für mich der beeindruckendste Zwischenstopp auf dem Weg in die Antarktis.«

»Ach …« Der hungrige Amerikaner vergaß, die

Gabel zum Mund zu führen, sie verharrte in der Luft, so erstaunt war er. Er starrte sie an: »Du warst in der Antarktis?«

»Ja, ich wollte es eigentlich lieber andersherum machen, erst die Arktis, dann die Antarktis, weil die ja viel beeindruckender ist, wegen der Steigerung, aber es hat sich nun mal anders gefügt.«

Alle schauten sie jetzt mit großen Augen an, fühlten sich ein bisschen verraten: Sie war in der Antarktis gewesen.

»Und? Hast du Pinguine gesehen? Erzähl, wie war es?« Der Amerikaner schob sich die Gabel wieder in den Mund und kaute, während er sie neugierig betrachtete.

»Also, die See ist wesentlich unruhiger, wenn ihr leicht seekrank werdet, dann wird es eine Tortur. Eine absolute Tortur.« Sie schüttelte den Kopf. »Ich lag vier Tage nur in meiner Kabine! Entsetzlich. Aber die Eisberge entschädigen einen ja für alles. Was man da sieht, also unglaublich faszinierend. Und die Pinguine! Natürlich habe ich sie gesehen. Millionen von ihnen. Herrlich, die Pinguine! Ein unglaubliches Erlebnis. Sie können einen so richtig heiter stimmen.«

Der hungrige Amerikaner schaute sie mit einem seltsamen Blick an und schüttete das nächste Glas Wein hinunter wie Wasser.

Wenn er selbst schon solche Mengen Wein getrunken hätte, wäre er gar nicht mehr in der Lage, sich am Gespräch zu beteiligen. Aber das war er sowieso nicht. Er war weder nüchtern noch betrunken in der Lage, sich an diesem Gespräch zu beteiligen. Er seufzte. An diesen Tisch, zu diesen Leuten würde er sich bestimmt nicht mehr setzen. Warum hatte ausgerechnet er solche Idioten auf seinem Schiff? Er dachte, hier wären lauter Abenteurer, stattdessen war er umzingelt von Angebern. Sogar die Blonde mit den blauen Augen vom oberen Tischende mit ihrem blöden Südamerika. Dabei hatte er sie wirklich ganz nett gefunden, Antarktis, Myanmar, Indien. Sollten sie doch.

»Gehen wir noch an die Bar?«

Der wie immer verbindliche Blick von Frau Weitgereist traf auch ihn, als sie die Frage in die Runde stellte. Aber er verneinte, nein, davon musste er sich wirklich nicht noch mehr anhören, er wollte nur noch weg. Er erhob sich schnell und nuschelte ein kurzes »Schönen Abend noch«, während seine Nachbarin jetzt die blonde Südamerikareisende ansprach.

»Aber du kommst mit, oder? Ich muss unbedingt alles darüber hören, wo es dir in Südamerika am besten gefallen hat.«

Die Blonde lächelte. Sie sah schwedisch aus. Bestimmt war sie Schwedin. »Vielleicht komme ich nach«, sagte Miss Schweden. »Ich gehe erst noch mal raus aufs Deck, das Licht ist so schön.«

Während er ging, verfolgte ihn das perlende, weitgereiste Lachen: »Mach das, und komm unbedingt noch in die Bar später! Es ist immer so anregend, die Geschichten von Orten zu hören, die man kennt, und dann zu erfahren, wie andere Menschen sie erlebt haben. Das liebe ich am Reisen, man trifft so faszinierende Menschen.«

Das liiiiiiiebe ich am Reisen … er trat hinaus aufs Deck, ging ganz nach vorne an die Bugspitze und atmete tief durch. Das liiiebe ich …, äffte er sie innerlich nach. Das liiiiiiebe ich am Reisen …

»Das liiiiiiiiiebe ich am Reisen …!«, tönte es leise hinter ihm.

Er fuhr erschrocken herum. Hatte er am Ende laut gedacht eben? Da stand die blonde Südamerika-Schwedin, grinste ihn mit ihren blauen Augen an und lehnte sich neben ihn an die Reling. Zusammen schauten sie übers Meer.

»Du bist ja wenigstens gereist«, sagte er düster.

»Ich war jedenfalls noch nicht in der Nähe von Chicago«, sagte sie.

»Nein, du warst stattdessen *nur* in Südamerika.«

»Meinst du?«, sie schaute ihn von der Seite an und grinste: »Dann hat es ja funktioniert!«

»Was hat funktioniert?«

Er drehte sich zu ihr und sah, dass sie übers ganze Gesicht lachte.

»Aber du hast doch …«, er stutzte und sah sie verwundert an.

»Genau!«

»Du hast von den Farben dort erzählt?«

Sie zuckte die Achseln und lächelte ihn mit ihren blauen Miss-Schweden-Augen an.

»Und du hast …«, er brach ab.

»… die Namen der Länder richtig ausgesprochen?«, ergänzte sie den Satz.

Er schüttelte ungläubig den Kopf.

Sie grinste und sah übers Meer. Er begann ebenfalls zu grinsen. Schüttelte den Kopf und sah sie noch einmal von der Seite an. Und dann begann er, schallend zu lachen.

Wladimir Kaminer

Der wahre Zweck der sogenannten Pyramiden

Noch heute sind sich Wissenschaftler uneinig, wozu Ägypter ihre Pyramiden gebaut haben: Was hat sie zu diesem ungeheuerlichen Arbeitsaufwand veranlasst? Historiker bieten je nach Temperament und Weltanschauung vier unterschiedliche Antworten auf diese Frage an.

Romantische Historiker mutmaßen, die Ägypter hätten die Nähe zu den Göttern gesucht und eine Treppe in den Himmel bauen wollen, damit ihre Götter und ihre Pharaonen jederzeit beisammensitzen konnten. Deswegen sei bei den ägyptischen Pyramiden die Höhe am wichtigsten: Je höher die Pyramide, desto göttlicher fühlte sich der für ihren Bau zuständige Pharao.

Pragmatische Historiker behaupten dagegen, Ägypter hätten ihre Pyramiden gebaut, um sich im Falle eines Dauerregens vor Überschwemmungen zu retten. Deswegen sei bei den Pyramiden das Wichtigste ihre Breite. Je breiter die Pyramide, desto fürsorglicher der für den Bau zuständige Pharao.

Die merkantil denkenden Historiker behaupten, die Ägypter hätten ihre Pyramiden gebaut, um Touristen anzulocken und abzuzocken.

Und die Spaßvögel unter den Historikern behaupten, die Ägypter hätten sie einfach so, ohne jeden Grund, gebaut. Aus Langweile, und weil sie nichts Besseres zu tun hatten.

Ich denke, alle diese Versionen könnten richtig sein. Es passiert oft bei der Verwirklichung großer Projekte, dass Menschen aus den unterschiedlichsten Gründen zur selben Tat schreiten. Und so war es wahrscheinlich auch bei den Pyramiden. Der eine suchte die Nähe zu den Göttern, der andere hatte Angst vor Überschwemmungen, der dritte langweilte sich, und der vierte wollte Touristentussis anmachen. Alle fassten mit an, und so entstanden die Pyramiden, ein Denkmal menschlicher Überheblichkeit.

Den wahren Zweck der Pyramiden haben jedoch weder die Ägypter noch die Historiker und Archäologen herausbekommen. Bis zum heutigen Tag ist er ihnen allen verborgen geblieben. Auch dies ist verständlich. Der wahre Zweck der Dinge um uns herum ist niemals der vordergründige Zweck, zu dem man sie erschaffen hat. Er ist immer ein unerwarteter, ein zufälliger und bleibt dem Menschen in der Regel für immer verborgen. Man kann ihn nur zufällig erraten.

Rein zufällig bin ich über den wahren Zweck der ägyptischen Pyramiden gestolpert und möchte nun dieses Wissen anderen Menschen nicht vorenthalten: Der wahre Zweck des Baus der ägyptischen Pyramiden war der, dass mein Freund Frank Grünberg endlich eine Frau kennenlernte. Frank ist einen Meter neunundneunzig groß, war der beste Stürmer in der Basketballmannschaft seiner Schule und ist zurzeit der wahrscheinlich dienstälteste Taxifahrer von Berlin. Sein Leben lang hatte er unter Einsamkeit gelitten. Ihm gefielen kleine, zierliche Frauen, aber wegen seiner extremen Schüchternheit und seiner Körpergröße war es ihm nie gelungen, eine solche näher kennenzulernen. Er hätte sich hinknien, gar auf alle viere gehen müssen, um so eine Frau in Augenschein zu nehmen. Daher wäre Frank wahrscheinlich für immer Single geblieben, hätten ihm seine Eltern nicht als Geschenk zu seinem 33. Geburtstag eine Pauschalreise nach Ägypten gebucht.

Ägypten war in jenem Jahr ein echtes Schnäppchen. Kurz zuvor war ein Bus mit Touristen von Einheimischen in die Luft gesprengt und eine Gruppe

Engländer in einem Hotel massakriert worden. Sofort gingen die Preise für Ägyptenreisen in den Keller. Frank hatte sich eigentlich nie für Ägypten interessiert, auch mochte er Pauschal- und Fernreisen nicht. Aber gebucht ist gebucht.

In Ägypten angekommen langweilte sich Frank zu Tode. Er wollte an den angebotenen touristischen Aktivitäten nicht teilnehmen. Das Hotel war hermetisch abgeriegelt, und alle Ausflüge wurden streng überwacht. Aber es machte keinen Spaß, sich unter ständiger Bewachung zu sonnen. Aus diesem Grund ging Frank nicht zur Tauchschule, er nahm nicht an der Kamelsafari teil und wollte sich auch nicht am Tischtenniswettbewerb beteiligen, obwohl er gut Tischtennis spielte. Nur für den Ausflug zu den Pyramiden hat er sich dann doch eingeschrieben. Es war eine gute Gelegenheit, das Hotel mindestens für einen Tag zu verlassen.

Nach einer vierstündigen Busfahrt wurde ihre Gruppe in der Nähe der Pyramide ausgeladen. Vor dem Bauwerk standen bereits mehrere Touristengruppen in einer Schlange. Der Eingang in das Pyramideninnere hat Frank überhaupt nicht gefallen. Ein klitzekleines Türchen, wie für Zwerge gebaut, führte in ihr Inneres, obwohl die Pyramide an sich riesengroß war. Da drin, erklärte ihnen der einheimische

Reiseführer, würden die Überreste einer Mumie liegen, die mehrere tausend Jahre alt sei. Deswegen müssten alle jetzt da hineinkriechen, um sich diese Reste anzuschauen.

Der Weg zur Mumie war beschwerlich. Anfangs konnte sich Frank noch gebückt nach vorne bewegen, doch mit jedem Schritt wurde der Durchgang enger. Und egal wie sehr er sich bückte, die Decke hing immer tiefer über seinem Kopf. Bereits nach fünfzig Metern mussten die Touristen auf Knien in der Dunkelheit weiterkrabbeln. Frank kroch mutig in die Pyramide, doch je länger er kroch, desto klarer wurde ihm die prekäre Lage seiner Touristengruppe. Die Menschen schlüpften nacheinander in einen sehr engen Gang, es waren Touristen aus verschiedenen Ländern, die sich in keiner gemeinsamen Sprache verständigen konnten.

»Wenn auch nur einem von ihnen schlecht wird, wenn jemand zum Beispiel Platzangst hat oder einen Schlaganfall bekommt, dann stecken wir alle für die nächsten tausend Jahre in der Pyramide fest«, dachte Frank.

Kaum hatte er das gedacht, kam es zum Stau. Seine Gruppe war auf eine andere Touristengruppe gestoßen, die bereits von der Mumie kam und gerade zurückkroch, also in der entgegengesetzten Richtung unterwegs war, während hinter Franks Kolonne bereits die nächste in die Pyramide vorrückte. Es war aussichtslos. Die Reiseführer beschimpften einander auf Ägyptisch und mussten anscheinend erst einmal herausfinden, wer von ihnen der größere Blödmann war. Frank steckte die ganze Zeit mit dem Kopf im Hintern einer Deutschen, die, anders als die meisten Frauen in der Gruppe, einen kurzen Rock statt Jeans trug. Die Menschen konnten trotz der Enge nicht ruhig stehen, sie taumelten ständig hin und her. Dadurch bekam Frank immer wieder einen Tritt von hinten und stieß ungewollt mit dem Kopf an den Hintern der Deutschen. Sie sagte immer »Wau!« und: »Passen Sie doch auf, Sie Trottel.« Frank sagte nur immer wieder »Tut mir leid«. Für einen längeren Satz hatte er nicht genug Luft.

So haben sie sich kennengelernt. Es war das sexistischste Abenteuer seines Lebens. Nach und nach zerrten die Ägypter die Touristen aus der Pyramide wieder an die frische Luft. Und mittlerweile hatten die Deutsche – sie hieß Yvonne-Undine – und Frank das Gefühl, sie hätten bereits das halbe Leben zusammen verbracht. Frank schaute Undine von vorne an und stellte fest, dass sie auch von der anderen Seite eine sehr attraktive Erscheinung war. Sie verabredeten sich zum Frühstück.

Ursula Schröder

Vogelperspektive

Es wurde höchste Zeit, dass ich mal rauskam. Aber ich hatte weder Lust auf eine Kreuzfahrt (Ratschlag meiner Mutter) noch auf eine Woche im Wellness-Hotel (Tipp meiner besten Freundin), und eine Städtereise klang viel zu anstrengend. Obwohl es mir täglich schwerer fiel, zur Arbeit zu gehen, löste bereits der Gedanke an Urlaub bei mir Beklemmungen aus, von denen ich auch so schon genug hatte. Bis mir plötzlich das Bild eines kleinen, verschlafenen Dörfchens wieder in Erinnerung kam: Hier hatte ich als Kind in den großen Ferien immer meine Oma besucht. Vor meinem geistigen Auge tauchten Weizenfelder und Blumengärten auf, eine Kirche mit Zwiebelturm und eine extra für mich aufgehängte Schaukel.

Das war lange her und die Oma längst tot, aber eine kurze Recherche im Internet zeigte mir, dass im Gasthaus von Frau Vosswinkel ein hübsches Zimmer mit großem Balkon und Frühstück zur Verfügung stand. Mit dem Auto waren es keine zwei Stunden. Und so stand ich ein paar Tage später tatsächlich auf besagtem Balkon und ließ den Blick über den Garten mit blühenden Obstbäumen und Gemüsebeeten schweifen.

In einem der Obstbäume sang ein Vogel. Verwundert fragte ich mich, wann ich das zum letzten Mal bewusst wahrgenommen hatte. Vogelgezwitscher war für mich in erster Linie ein literarisches Klischee; durch die Dreifachverglasung des modernen Seminargebäudes, in dem sich unser Lehrstuhl einschließlich meines Büros befand, drangen solche Geräusche vermutlich gar nicht.

»Haben Sie noch einen Wunsch?«, fragte Frau Vosswinkel, die mir gerade das Zimmer gezeigt hatte. »Wenn Sie vielleicht einen Kaffee möchten …«

»Nein, alles gut«, murmelte ich. »Aber können Sie mir sagen, was für ein Vogel da trällert?«

Sie trat an das Geländer und wartete, bis der Ruf wieder ertönte. »Das ist ein Buchfink«, teilte sie mir mit. »Der nistet drüben in der Hecke.«

Dass sie nicht eine Sekunde mit ihrer Antwort gezögert hatte, nötigte mir Respekt ab.

Ich packte rasch meine Sachen aus und fragte mich, ob ich irgendwo etwas essen gehen sollte. Aber ich fühlte mich so erschöpft, dass ich nur meine Schuhe abstreifte und mich auf der Liege niederließ, die Frau Vosswinkel bei der Beschreibung des Balkons extra hervorgehoben hatte. Ich holte meine Sonnenbrille aus der Handtasche und lehnte mich zurück.

Es war ein wunderschöner Frühsommertag, weder zu warm noch zu kalt. Frau Vosswinkels Garten breitete sich vor mir aus wie eine Oase des Friedens. Nur von fern war gelegentlich ein Auto zu hören – und ziemlich nah sang dieser Buchfink. Nach einer Weile hatte ich raus, dass er immer eine Strophe wiederholte, die ich ungefähr als »zizi-zizi-zizi-nänänä-Shakespeare!« transkribieren würde. Kein Witz, es hörte sich wirklich so an. Der kleine Kerl sang es ja oft genug, während ich träge die Augen schloss und ein wenig vor mich hin dämmerte.

Früher mochte ich Shakespeare. Durch bestimmte Ereignisse in meinem Leben wurde er mir allerdings sehr verleidet. Aber der große englische Poet ist nun mal so bekannt, dass ihn offensichtlich zwar nicht die Spatzen von den Dächern, aber die Buchfinken von den Bäumen pfeifen.

Ich musste kurz eingeschlafen sein, weil ich irgendwelchen unzusammenhängenden Blödsinn über verloren gegangene Seminararbeiten und Hörsäle träumte, die unerklärlicherweise auf einmal unbestuhlt waren, so dass sich die Studenten ihre eigenen Sessel mitgebracht hatten. Alle hatten es gewusst, nur ich nicht. Blöder Traum.

Als ich leicht verwirrt um mich schaute, saß der Buchfink auf dem Balkongeländer, schaute mich mit seinen glänzenden Knopfaugen an und sang erneut: »Zizi-zizi-zizi-nänänä-Shakespeare!«

»Wieso Shakespeare?«, fragte ich etwas gereizt.

»Wieso nicht?«, fragte er zurück. »Shakespeare ist einer der ganz Großen. Den kann man gar nicht oft genug nennen.«

So weit war es also mit mir schon gekommen, dass ich mich mit einem heimischen Singvogel unterhielt. Das lag aber vielleicht auch daran, dass meine Kontakte zu anderen Menschen in letzter Zeit nicht besonders erfreulich gewesen waren.

»In der Tat«, stimmte ich ihm zu. »Aber wieso singst du überhaupt über Dichter?«

»Ach, sind wir direkt beim Du?«, versetzte er mit einem Tonfall, dessen Arroganz mich an meinen Kollegen Matthias erinnerte. »Ein bisschen distanzlos, die Dame. Egal, mir soll's recht sein.«

»Tut mir leid, wenn das übergriffig war«, entschuldigte ich mich. Auch unter meinen Studenten gab es immer welche, die sofort beleidigt waren und dann wieder eingefangen werden mussten. »Aber ich war ziemlich überrascht.«

»Warum? Weil ich Shakespeare kenne? Ich bin schließlich ein Buchfink und keine dusselige Blaumeise, die nichts anderes kann als eine Quinte singen. Was sich anhört wie ein ausrangiertes Feuerwehrauto. Tatü-tata! Wie trivial ist das denn!«

»Ich verstehe. Du hast auch deinen Stolz.«

»Natürlich!«, rief er aus. »Du etwa nicht?«

Hatte ich meinen Stolz? Nach der traurigen Geschichte mit Hanjo hatte der auf jeden Fall gelitten.

»Wer ist Hanjo?«, fragte der Buchfink prompt.

Verflixt, der bescheuerte Vogel konnte sogar meine Gedanken lesen?

»Ich bin nicht bescheuert«, betonte der Buchfink. »Aber ich höre halt auch Zwischentöne außerhalb des menschlichen Wahrnehmungsbereichs. Wer ist also Hanjo?«

»Mein Chef«, antwortete ich betrübt. »Ein ausgewiesener Shakespeare-Kenner übrigens. Zuerst war er der Betreuer meiner Masterarbeit und dann mein Doktorvater, und schließlich …«

»Ich ahne es«, nickte er. »Du hattest mit ihm eine Affäre, stimmt's?«

»Stimmt«, musste ich deprimiert zugeben.

»Ihr lernt es einfach nicht«, schimpfte der Vogel. »So eine Dummheit! Es ist unglaublich, dass ihr Menschen dafür ausgerechnet das Wort ›Vögeln‹ verwendet. Dabei ist es damit für uns außerhalb der Balzzeit ganz schlecht bestellt, wenn ich das mal am Rande erwähnen darf.«

»Es gibt schon Unterschiede zwischen reinem Vögeln und einer Affäre«, protestierte ich.

»Ich will es gar nicht genauer wissen«, teilte er mir mit. »Ich vermute, dass er mit dir seine Frau betrogen hat, und das tut man nun mal nicht. Ein Paar ist ein Paar ist ein Paar, so ähnlich wie Gertrude Steins Rose. Wenn man einmal zusammen ein Nest gebaut hat, dann gehört man auch zusammen.«

»Für immer?«, wollte ich wissen. Bei Schwänen zum Beispiel soll das ja angeblich so sein. Wenn sie sich nicht in Tretboote verlieben.

»Zumindest für die Brutzeit«, räumte er ein. »Meine Lebensgefährtin bevorzugt nun mal im Winter das Mittelmeer. Dann fliegt sie immer nach Marokko, und ich bleibe hier. Aber wenn sie zurückkommt, dann ziehen wir jedes Jahr wieder zusammen. War das bei diesem Hanjo und seiner Gattin auch so?«

»Nein, war es nicht. Ich hatte mich gerade bereiterklärt, die Festschrift für sein zwanzigjähriges Jubiläum als Ordinarius unserer Universität herauszugeben, als er ein Erstsemester namens Marie-Theres kennenlernte. Und das war's dann. Ich hatte die Arbeit und sie das Vergnügen.«

»Dann hat er dich also ohne viel Federlesen abserviert?«

»Genau. Einfach ausgeflogen, der Verräter. Für eine Studentin, die im Hauptfach Katholische Theologie studiert und Anglistik nur mal testweise hören wollte. Das Ende vom Lied war, dass er für sie seine Frau tatsächlich verlassen hat. Und ich dumme Kuh darf weiterhin seine Hauptseminare vorbereiten.«

»Wie langweilig«, bemerkte der Buchfink. »Bei Shakespeare wäre jetzt doch mindestens einer gestorben.«

»Soll mir recht sein, solange ich nicht das Opfer bin«, erwiderte ich.

»Aber das bist du doch«, argumentierte dieser seltsame Vogel, »nur eben nicht tot.«

Ich bedachte das und musste zu meinem Erschrecken feststellen, dass er wohl recht hatte.

»Und was heißt das für mich?«

»Das fragst du mich?«, piepste er empört. »Bin ich dein Orakel? Oder dein Therapeut?«

»Ich hatte noch nie eine Konversation mit einem Vogel«, verteidigte ich mich. »Und da du so kommunikativ rüberkommst, dachte ich …«

»Ach ja«, schimpfte er. »Du lebst bestimmt auch mit diesen albernen Vorstellungen à la ›frei wie ein Vogel‹ und ›über den Wolken muss die Freiheit grenzenlos sein‹. Was weißt du schon darüber, wie mühsam es ist, genug Raupen für sechs heranwachsende Küken zu finden? Oder ständig vor dieser fiesen roten Katze auf der Hut sein zu müssen? Kannst du dir eventuell vorstellen, dass ich selbst genug Probleme habe und nicht auch noch deine lösen möchte?«

Er hatte sich inzwischen so aufgeregt, dass er direkt zweimal vom Geländer aus auf Frau Vosswinkels saubere Balkonfliesen kackte.

»Das verlange ich doch gar nicht von dir!«, erwiderte ich, jetzt auch etwas ärgerlich. »Ich kann schon für mich selber sorgen!«

Seine Knopfaugen schauten mich ein wenig skeptisch an.

»Du glaubst mir das nicht?«, fragte ich ihn aufgebracht. »Pass auf, wenn ich den Urlaub hinter mir habe, dann bewerbe ich mich endlich bei diesem College in San Diego, wo ich immer schon hinwollte, und Hanjo kann zusehen, wer zukünftig für ihn die Klausuren korrigiert. Was sagst du dazu?«

Der Buchfink hüpfte einmal nach rechts und dann wieder nach links. Schließlich bequemte er sich dazu, doch noch etwas von sich zu geben: »Zizi-zizi-zizi-nänänä-Shakespeare!«

»Wie bitte?«, fragte ich nach.

»Zizi-zizi-zizi-nänänä-Shakespeare!«

»Ach, halt den Schnabel!«, fauchte ich ihn an und richtete mich auf der Liege auf. »Kannst du nicht besser mal was über Margaret Atwood singen?«

Daraufhin flog er weg, wie jeder normale Vogel das tun würde.

Irritiert stand ich auf und beschloss, erst einmal einen Spaziergang durch den Ort zu machen. Ich wollte schauen, was sich verändert hatte in all den Jahren, seitdem ich das letzte Mal hier gewesen war. An vieles konnte ich mich nicht mehr erinnern, aber manches ging mir schon nahe. Das Lebensmittellädchen, in dem ich fast täglich mit Oma eingekauft hatte, existierte nicht mehr. Dafür gab es auf der anderen Seite der Straße einen Kindergarten mit bunten Gemälden in den Fenstern. Den Friseursalon gab es noch, aber die Metzgerei nebenan war jetzt eine Versicherungsagentur.

Ich fand einen Kiosk und kaufte mir eine Zeitschrift. Dann ging ich zurück zu Frau Vosswinkels Gaststätte und bestellte mir einen Kaffee.

»Wie gefällt Ihnen unser Dörfchen?«, fragte sie freundlich, als sie mir die Tasse hinstellte.

»Es ist … sehr beschaulich«, sagte ich. »Genau das Richtige, wenn man mal zur Ruhe kommen will.«

»Freut mich, wenn es Ihnen zusagt«, meinte sie.

Durch das geöffnete Fenster war Vogelgezwitscher zu vernehmen. Ich drehte den Kopf, um genauer hinzuhören.

»Das ist eine Amsel«, erklärte mir Frau Vosswinkel. »Und gleich hören Sie bestimmt auch den Buchfink wieder. Die nisten gern gemeinsam.«

»Wenn der singt, dann glaube ich immer, das Wort ›Shakespeare‹ zu erkennen«, erzählte ich ihr.

Sie lachte auf. »Ach was! Ich höre daraus eher ›Malzbier‹.« Amüsiert schüttelte sie den Kopf. »Man nimmt vermutlich immer das wahr, was einen persönlich angeht.«

»Mag sein«, sagte ich und warf einen Blick auf den Kirschbaum vor dem Fenster. Vielleicht hatte Frau Vosswinkel ja recht.

Da hatte mir tatsächlich ein Buchfink geholfen, eine wichtige Entscheidung zu treffen. Wenn das nicht den Vogel abschoss.

Siegfried Lenz

Unter Dampf gesetzt

Über die finnische Sauna

Auf dem Schiff gab es keine Sauna. Duschen gab es da, kalte und warme, schlichte Wannenbäder; nie waren sie besetzt, der gestrichene Boden der Wanne trocken, aufgesprungen, die Hähne fest zugeschraubt, keine Tropfen zeugten von frischer oder gar häufiger Benutzung. Gemieden, ja mit hochmütiger Verachtung gestraft, so erschienen die Duschen, erschienen die schlichten Wannenbäder, keinem Körper durften sie zu einfacher Wohltat verhelfen, keinen abgespannten Geist erquicken, der von zehrender Verhandlung nach Hause fuhr, nach Finnland. Traurig ist das Dasein von Badeeinrichtungen auf finnischen Schiffen.

Ja, auf dem Schiff schon, auf dem kleinen, sauberen, uralten Dampfer, merkte ich, lange bevor die finnische Küste in Sicht kam, daß schlichte Bäder ein Schattendasein führen, für den absoluten Finnen nur so viel Bedeutung haben wie auf Kuba die politische Opposition. Nur im Notfall würde er ein gewöhnliches Bad betreten, und das auch nur mit anhaltendem Widerwillen und dauerhaftem Selbstvorwurf: Schon auf dem Schiff erfuhr ich es. Und mit der Verachtung für das schlichte Wannenbad erfuhr ich etwas vom Triumph der Sauna, von ihrer Bedeutung dortzuland.

Oh, sie freuten sich alle schon darauf, meine finnischen Mitpassagiere, Hochstimmung setzte ein, je näher wir der Küste kamen, fröhliche Erwartung. Es ging nach Hause, und das schien nur zu bedeuten: in die schmerzlich entbehrte Sauna.

Mitleid überkam sie, als sie erfuhren, daß ich es mit der traurigen Dusche versucht hatte; ihre Anteilnahme ging so weit, daß sie mich einluden, drei, vier Einladungen zu gleicher Zeit, jedoch nicht, um gemeinsam zu essen, spazierenzugehen oder Pilze zu sammeln, sondern alle luden mich ein, in ihre Sauna zu kommen, mit ihnen zusammen zu saunieren. Ein junger Ingenieur lud mich dazu ein, ein lederhäutiger Greis, selbst eine sehr reife Dame zeigte sich von Mitleid erfüllt und lud mich ein zur gemeinsamen Sauna. Nie, versicherten sie, nie würde ich ein gewöhnliches Bad mehr betreten, wenn ich erst die vielfältige Wohltat der Sauna erfahren hätte. Ihre Versicherungen waren so bestimmt, die Schilderungen des Saunalebens so schwelgerisch, daß ich mir ihre Sauna ungeduldig vorzustellen begann: Ich dachte an die römischen Thermen, sah mich bereits auf lockerem Ruhebett, gesalbt von den strohblonden Töchtern Suomis, von ihrer sportlichen Anmut umgeben. Ich sah mich schon Tage, Wochen, ja vielleicht mein ganzes Leben in der Sauna zubringen; denn fühlte ein Römer sich nicht in den Thermen zu Haus? Entstand die Politik, die Rom zur Weltmacht führte, nicht im Lavendelduft moussierender Bäder? Und wurden die angenehmsten Geschäfte nicht geschlossen, während eine kleine, wohlerfahrene Hand die Stirn frottierte, den Rücken verständig behandelte? Ich nahm die Einladungen an.

Ein höflicher Richter war mein Gastgeber, ein breitwangiger, untersetzter Mann um die Fünfzig, glatthäutig, sehr glatthäutig; liebevoll nahm er sich meiner an, lud mich ein in sein Landhaus, er versprach, mich in das Zeremoniell der Sauna einzuführen, mir die Augen zu öffnen für ihre vielfältige Wohltat.

Als wir dann draußen waren, draußen an einem verfilzten Wald, vor einem flachen, schilfgesäumten See, wo das Landhaus lag, suchte ich sofort nach dem Ort der vollkommenen Erquickung. Ich konnte ihn nicht entdecken. Ich fragte meinen Gastgeber, und er deutete auf ein kleines, braungetünchtes Holzhaus und sagte: »Das ist die Sauna.« – »Das«, fragte ich,

»das«, sagte er höflich und mit versonnenem Blick. Das Holzhaus stand unmittelbar am See, von fettglänzenden Erlen umgeben; harmlos sah es aus, wie ein schmucker Schuppen, eine gepflegte Bude, und es war so klein, daß ich unwillkürlich überlegte, wie die strohblonden Töchter Suomis, die mich salben, verständig massieren sollten, darin Platz finden könnten. Mein Gastgeber hatte zur Saunazeremonie noch einige Freunde mitgebracht, ein Kapitän war darunter, ein Direktor, auch zwei stumme, wohlerzogene Söhne hatte er mitgebracht – auf seine Großmutter mußte er schweren Herzens verzichten, da sie verreist war, sonst wäre auch sie dabeigewesen. Höflich lächelten wir uns zu, rauchten Zigaretten und blickten auf die Stätte vollkommener Erquikkung: Rauch stieg aus der braungetünchten Bude auf, giftgelber Qualm, der kräuselnd durch die Erlen strich; das einzige Fenster war blind. Es war kalt. Ein kalter Wind kam auf. Ich begann zu frieren. Mein Gastgeber kam zu mir und sagte: »Wir haben eine Redensart in Finnland, wir sagen: ›Wenn die Sauna nicht mehr hilft, das Schröpfen und der Schnaps, dann kann man sterben, ohne sich Vorwürfe machen zu müssen, eine Therapie versäumt zu haben.‹ Wenn die Sauna nicht mehr hilft, hilft nichts mehr.« – »Ich werde es mir gut merken«, sagte ich und blickte gespannt auf die schmucke Bude, die soviel Wohltat bereithalten sollte – und nicht nur Wohltat, sondern nebenbei wohl auch das belebendste Elixier der Welt. Wir schnippten nacheinander die Kippen fort, höfliche Blicke trafen mich, Blicke der Aufforderung. Ich sah auf meine Uhr: Es war neun Uhr abends. Um mich herum wurden die Hemden abgestreift, rutschten Hosen zu Boden, die Hose des Kapitäns, die Hose des Direktors und die Hose meines Gastgebers; lächelnd standen die Herren da, in eindrucksvoller Kreatürlichkeit. »Es ist soweit«, sagte mein Gastgeber leise, »der Augenblick ist da.«

Höflich sahen die Herren zu, wie ich mich auszog, sie nickten beifällig, wenn ein Stück nach dem andern fiel, und ihre Gesichter zeigten Genugtuung, als ich nackt und zitternd zwischen ihnen stand. Sie drückten mir die Hand. Sie komplimentierten mich unter Formen weltläufiger Höflichkeit zur Sauna.

Ich hatte den Vortritt. Eine höfliche Hand öffnete die Tür, drückte mich mit sanftem Zwang hinein, und ich dachte – konnte ich überhaupt noch denken, nein reagieren, panisch reagieren? –, das war das einzige, wozu ich noch fähig war: fliehen, raus hier, nur fliehen, das wollte ich. Als ob sie mir einen glühenden Pfahl in die Luftröhre gestoßen hätten, so fühlte ich mich nach dem Eintritt in ihr Heiligtum: Eine heiße, trockene, würgende Luft fiel mich an – zugegeben, sie war auch würzig –, und vor dem Auge wurde es schwarz.

Was hatten sie mit mir vor? Ich sah, soweit es noch möglich war, flehend in ihre Gesichter, hilfesuchend, ich hielt nach einer Lücke zwischen ihnen Ausschau, aber zwischen ihnen war keine Lücke, und alle Gesichter lächelten mir höflich zu. Ihre Höflichkeit zwang mich zu bleiben. Der letzte schloß die Tür. Ein irdener Rundofen in einer Ecke, in der anderen ein Bottich mit Wasser, an der Wand, stufenförmig, drei Holzbänke; war dieser kleine hölzerne Käfig schon der Ort vollkommener Erquickung? Freundlich schubsten sie mich zur Bank, nötigten mich, Platz zu nehmen, und ich setzte mich mit dem glühenden Pfahl in der Brust.

»Sie werden die ganze Zeremonie kennenlernen«, sagte mein Gastgeber, »ich hoffe, es macht Ihnen Freude.« – »Sicher«, stöhnte ich, »es macht mir ungeheure Freude.« Die Herren setzten sich auf die stufenförmige Bank, legten die Hände auf die Knie, beobachteten mich und lächelten mir liebenswürdig zu. Ich versuchte zurückzulächeln mit dem glühenden Pfahl in der Luftröhre. Meine Haut begann sich zu verfärben, Kochwurstfarbe anzunehmen, sie dehnte sich, schwoll und schwoll, gleich, dachte ich, gleich macht es pfffft, irgendwo platzt es, und dann entweicht alles zischend aus dir wie aus einem geöffneten Ventil. Soweit kam es nicht. Zu gegebener Zeit erhob sich mein Gastgeber, schöpfte mit einer Pütz Wasser aus dem Bottich und schleuderte das eiskalte Wasser gegen den irdenen Ofen. Ein Knall, ein Zischen, und in der fauchenden Dampfwolke, die sich löste, glaubte ich Luzifer auffahren zu sehen. Dampf hüllte uns ein, unsichtbar waren die höflichen Gesichter der Herren – stockte der Atem? Verweigerten Herz und Lunge die Arbeit? Etwas bereitete sich in mir vor, etwas staute und sammelte sich, ich spürte es genau, und dann, nachdem der Gastgeber eine zweite Pütz Wasser gegen den Ofen gegossen hatte, brach es von innen aus: Der Hals öffnete sich, die Stirn öffnete sich, alles tat sich auf und gab frei, woraus der Mensch zu über zwei Dritteln besteht – Wasser. Wie viele Durstige können damit getränkt werden; literweise brach es aus, rann kribbelnd in Bächen ab – welch ein Wasser-Reservoir ist der Mensch! Unhörbar quellend trat es hervor, und besorgt blickte ich an mir herab, erwartete zu schrumpfen oder zusammenzufallen. An den Füßen, ja, auf dem gebogenen Zementfußboden, sammelte sich das Wasser, floß sacht in eine Rinne, gewann an Kraft und strömte zu einem Abflußrohr in der Wand. Erschrocken und gelähmt, vor allem aber gelähmt, starrte ich auf das Abflußloch – war das schon Todesangst?

Ich blickte so fasziniert darauf, daß ich nicht merkte, wie mein Gastgeber aufstand – plötzlich aber riß es mich aus melancholischem Sinnen, riß mich auf die Beine, die Hände schlossen sich zu Fäusten, die Fäuste nahmen Abwehrstellung ein: Ah, während ich gebannt dagesessen hatte, schlug mir mein höflicher Gastgeber eine Pütz Wasser um die Ohren, eiskaltes Wasser, forsch gegossen, wie ein Dolch traf es mich, der Schock riß mich hoch. Ich wollte zur Tür stürzen. Doch die Herren auf der Bank lächelten höflich und nickten mir anerkennend zu. Und mein Gastgeber reichte mir die Pütz und bat mich, ihm nun die gleiche Wohltat zu erweisen, »als willkommene Abkühlung«, wie er meinte, und so keuchte ich zum Bottich, füllte die Pütz und – wo waren meine Kräfte geblieben? War die Pütz aus Blei? Zitternd stemmte ich sie über den geröteten Rücken meines Gastgebers, kippte sie langsam um, ein dünner, eiskalter Strahl ergoß sich auf den Richter, und er schaute sich um, erstaunt, ein wenig unwillig, ich goß nicht forsch genug, der Herr vermißte die »willkommene Abkühlung«. »Ist es nicht wunderbar«, fragte er, »es geht einem durch und durch.« – »Zweifellos«, hauchte ich, »zweifellos.« – »Das ist die original Finnische Sauna«, sagte er. »Ich spüre es«, sagte ich mit dem glühenden Pfahl in der Brust. »Die beste Medizin«, sagte er.

Und ich dachte: Überstehen ist alles, und ließ mich auf meine Bank fallen. Als ich vorübergehend bei Atem war, sagte ich – in der Hoffnung, daß nach der willkommenen Abkühlung die Folter beendet sei –: »Darf ich die Handtücher holen? Wenn die Herren wünschen, hole ich sie gern, sehr gern«, und ich erhob mich und wollte zur Tür. »Es beginnt doch erst«, sagte mein Gastgeber. Wieder zischte Wasser gegen den Ofen, fuhr Luzifer aus der fauchenden Dampfwolke, die uns verhüllte, und die Quellen öffneten sich. Gleichmütig, wie die Physik es vorschreibt, sammelte sich das Wasser in der Rinne, gab dem sanften Gefälle nach und wanderte zum Abflußrohr, das in den See führte. Ich blickte mir nach, wie ich davonrieselte, murmelte meinem verflüssigten Teil einen schwachen Gruß zu, bis es mich, unvermutet, wieder hochriß. In meditierender Wehmut klatschte eine neue Pütz Wasser gegen meinen Rücken, ich hob die Fäuste, doch Fäuste öffnen sich vor höflich lächelnden Gesichtern. Erschöpft verhalf ich dem Gastgeber zu der gleichen Abkühlung und fragte schnell: »Werden vielleicht die Handtücher gewünscht?«

Niemand wünschte sie – außer mir. Alle Herren, der Kapitän, der Direktor, mein Gastgeber und die stummen, wohlerzogenen Söhne – alle lächelten, seufzten unter belebender Wohltat, sie drehten ihre Schenkel, kniffen an den Zehen herum, kratzten sich unaufdringlich, für sie war es vollkommene Erquikkung. Und während der Kapitän und der Direktor zu politisieren begannen – ich hörte mehrmals schnell hintereinander: Mao Tse-tung, Mao Tse-tung –, beugte sich mein Gastgeber zu mir und bat mich sehr höflich um Entschuldigung. »Wofür«, fragte ich, »wofür bitten Sie mich um Entschuldigung?« – »Weil wir hier keine Frauen zur Hand haben.« – »Wozu brauchen wir hier Frauen?« fragte ich matt. »Zum Abseifen«, sagte er. »In den größeren Saunen bei uns werden wir von Frauen abgeseift. Leider ist meine Großmutter verreist, sie hätte es übernommen.« – »Schade«, sagte ich, »hoffentlich hat sie eine gute Reise.«

Mein Gastgeber erhob sich, machte eine, wenn auch nur angedeutete Verbeugung der Höflichkeit, und als ich ratlos zu ihm aufsah, sagte er: »Ich bedaure zutiefst, daß keine Frau hier ist; erlauben Sie deshalb, wenn ich Sie nun abseife. Ich werde bemüht sein, mein möglichstes herzugeben. Darf ich bitten?« – »Bitte«, sagte ich. Er führte mich zum Fenster, schlug mir eine Pütz Wasser um die Ohren, worauf ich mir nur mit Mühe meine Besinnung erhalten konnte, und dann begann er sein möglichstes beim Abseifen herzugeben. Meine Stirn ruhte auf dem Fensterkreuz, und ich erschauerte plötzlich, als die Seife mich berührte: Nein, es war keine gewöhnliche Seife, zumindest keine, womit Filmsternchen ihren milchigen Teint erzeugen, ein riesiger Block von Kernseife war es, kiloschwer, in der Größe einer 15-cm-Langrohrgranate, und er stemmte die Seife hoch und gab sein möglichstes her auf meinem Rücken.

Ich schloß die Augen, die Stirn schlug rhythmisch gegen das Fensterkreuz, der Körper schüttelte sich – hatte indes nicht mehr die Kraft, sich aufzubäumen, zu protestieren, und als ich nichts mehr zu spüren glaubte, nur noch Knetmasse in seinen Händen war, da setzte er den Seifenblock auf den Boden und nahm eine Bürste. Ich vermute, er wollte meine Haut als Souvenir behalten, denn die Bürste, die der nahm, war auch keine gewöhnliche Bürste: Ein Piassava-Besen schien es zu sein oder eine solide Drahthaarbürste, mit der man den Rost von Leitungsrohren bürstet.

»Die Handtücher«, keuchte ich.

»Bitte«, sagte mein Gastgeber höflich, »bitte, wir sind erst mitten in der Zeremonie, und zunächst fände ich es ausnehmend liebenswürdig, wenn Sie nun auch mich abseiften, vorausgesetzt natürlich, daß Ihre Güte soweit reicht.« Reichte sie soweit? Ich sammelte Kraft, konzentrierte mich wie ein Hammerwerfer, dann stemmte ich den Block Kernseife hoch, ließ ihn den Rücken meines Gastgebers hinuntergleiten – schlapp, zu schlapp für ihn, der sich umwandte und mich erstaunt und sorgenvoll musterte. Als sein Rücken leidlich mit Seife bedeckt war, nahm ich die Drahtbürste, wedelte erschöpft, vor allem unsystematisch herum, nein, ich brachte die Seife nicht zum Schäumen. Verausgabt, besonders aber verzweifelt, stülpte ich zum Schluß eine Pütz Wasser über den Richter und hauchte: »Jetzt doch aber die Handtücher!« – »Jetzt gehen wir in den See«, sagte er, »wir dürfen das Zeremoniell nicht unterbrechen.«

Die anderen Herren, die sich ebenfalls abgeseift hatten, gingen an uns vorbei zur Tür, sie gingen durch die Erlen, betraten einen Steg und sprangen durchaus elegant ins Wasser. Schwimmend durchquerten sie den Schilfgürtel und schwammen hinaus auf den dunklen See. Wir standen noch auf dem Steg, ich sah zu den Wäldern hinüber – waren es die Wälder, in denen Nurmi trainiert hatte für seine unsterblichen Läufe? Fliehen, jetzt fliehen, mit Nurmis Ausdauer, seiner enormen Schrittweite. »Bitte, nach Ihnen«, sagte mein Gastgeber und zeigte aufs Wasser.

»Oh«, sagte ich, »diesmal wollen wir doch vergessen, daß ich Ihr Gast bin. Ich lasse Ihnen gern den Vortritt!«

»Sie sind mein Gast«, sagte er, »nur zu.«

»Kann man hier springen?« fragte ich.

»Sicher«, sagte er, »es ist tief genug. Im Augenblick treiben ja keine Eisschollen.«

»Nein«, sagte ich, »schade, es ist kein Eis zu sehen.«

»Vor drei Wochen hatten wir noch Eis.«

»Dann hätte ich früher kommen sollen«, sagte ich.

Mein Gastgeber sprang zuerst, verschwand unter Wasser und tauchte prustend im Schilf auf und rief mit einer Stimme, die nichts als Behagen verriet: »Bitte, ich warte auf Sie.« Ich schloß die Augen. Ich sprang. Und in der Zeit, in der ein Schwimmender sich umdreht, stand ich wieder auf dem Steg.

»Kommen Sie nicht mit?« rief mein Gastgeber.

»Ich bin schon wieder zurück«, rief ich, »es war wunderbar, eine willkommene Abkühlung!« Ich stand auf dem Steg, beobachtete die schwimmenden Herren, die noch schwimmend politisierten, immer wieder hörte ich Mao Tse-tung, Mao Tse-tung.

Als sie zurückkehrten, fanden sie das Wasser zu warm, und auch ich fand das Wasser zu warm, und wir gingen durch die Erlen zurück zur Sauna. »Wie war's, meine Herren«, fragte ich, »darf ich jetzt die Handtücher holen?« Sie schüttelten höflich die Köpfe, mein Gastgeber drückte mich mit sanftem Zwang wieder in den Dampfkäfig hinein, eine Pütz voll Wasser zischte gegen den irdenen Ofen, und abermals verabschiedete ich, was aus dem Körper hervorbrach. War es immer noch nicht genug? Wollten sie es auf die Spitze treiben?

Einer der stummen, wohlerzogenen Söhne kam mit einem Arm voller Saunabesen herein, sorgfältig geschnittenen Birkenreisern, die noch Laub trugen. Die Besen waren handlich, nicht länger als der Ellenbogen eines Mannes, und der Sohn verteilte die Besen und kletterte auf die oberste Bank, wo es nicht unbedingt heißer ist als in Luzifers glühender Residenz. Ich roch an dem Besen, er duftete nach frischem Laub. Lächelnd beugte sich mir mein Gastgeber zu und sagte sehr höflich: »Erlauben Sie, daß ich Ihren Rükken bearbeite und vorzugsweise die Stellen, die aus natürlichem Grunde schwer zu erreichen sind. Vorn, denke ich, können Sie es selbst besorgen. Es ist einfach: Man peitscht sich aus.«

Und mit dem letzten Wort zog er mir den ersten Schlag über den Rücken, so daß ich auffuhr und er mich beschwichtigend ansah. Kurz fielen seine Schläge, knapp aus dem Handgelenk; ich geißelte mich vorn, wedelte schlaff über meine Knie, wedelte vor meinem Gesicht, um mir Luft zuzuschanzen.

Dann bot er mir seinen Rücken an, ich schlug ihn beidhändig, klatschend fiel der Besen auf ihn nieder – es war nicht scharf genug, entsprach nicht dem Zeremoniell, und von neuem traf mich der erstaunte und unwillige Blick über die Schulter. Er entschuldigte sich bei mir, winkte seinen Söhnen und schärfte ihnen ein, ihre ganze Jugend in die Schläge zu legen; sie taten es, und mein Gastgeber krümmte sich in wohligen Schauern.

Erschöpft vor mich hin wedelnd, sonderbar angezogen von dem Abflußrohr, ergoß sich wiederum eine eiskalte Pütz Wasser über mich: Diesmal sprang ich nicht auf, keine Faust ballte sich, mein Wille war gebrochen.

Ja, ich lächelte in wortloser Qual. Und als mein Gastgeber sagte: »Nun können wir die Handtücher brauchen«, nickte ich nur langsam, erhob mich zögernd und schwankte zur Tür und hinaus.

Wir frottierten uns gegenseitig zwischen den Erlen. Ich sah auf meine Uhr: Es war eine halbe Stunde vor Mitternacht. Wir rauchten, der Gastgeber verschwand noch einmal in der Sauna, und als er zurückkehrte, brachte er eine riesige Pfanne mit, in der, rötlich gedunsen, zwei armdicke Würste lagen. Der Gastgeber zerschnitt die Würste, verteilte die Stücke und holte einen ganzen Kasten Bier, und wir tranken das Bier und aßen die Würste und unterhielten uns interessant über die Sauna.

Wir standen lange zusammen, die Nacht war auf einmal warm, der Kapitän machte den Vorschlag zu fischen, und als wir das Boot losbanden, merkte ich, daß ich nur meine Turnhose trug und nicht mehr fror. Und ich spürte plötzlich noch mehr: eine vielfältige Wohltat, Leichtigkeit und vollkommene Erquickung und ein unbegreifliches Gefühl von Neugeborensein, wie sie nur eine Institution der Welt gewährt: die Finnische Sauna.

Elke Heidenreich

Hund

Als wir von einem längeren Einkauf zurückkommen, ist unser alter, müder, dicker Hund nicht mehr im Garten. Wir hatten ihn dort gelassen, weil das Wetter schön war und damit er Pipi machen konnte. Das Gartentor war abgeschlossen. Er musste drübergesprungen sein, trotz seines Alters und seiner Pfunde. Unsere Sorge war groß, wir schwärmten aus in verschiedene Richtungen, rufend, suchend, fragend.

Mascha war weg.

Dann wurden reihum die Tierheime angerufen. Beim dritten hatten wir Glück, eines, das wir eigentlich gar nicht anrufen wollten, es lag weit vor der Stadt. Ja, ein dicker brauner Hund sei eingeliefert worden, man habe ihn in der Linie 16 an der Endstation gefunden und von dort ins Tierheim gebracht. Die Linie 16 fuhr zwar in unserer Nähe vorbei, aber wie kam der Hund da hinein? Und die Endstation lag am andern Ende der Stadt?

Ich fuhr sofort. Es war unsere Mascha. Müde lag sie

da, erschöpft. Ich hatte inzwischen rekonstruiert, dass es ein kurzes Gewitter gegeben hatte, sie fürchtete Gewitter, war wohl wirklich über den Gartenzaun gesprungen und so lange gelaufen, bis sie einen geschlossenen Raum fand: eben die Linie 16. Und der Fahrer der Bahn hatte sie dann wohl gefunden und ins Tierheim überwiesen.

»Der Hund kennt Sie nicht«, sagte die Frau vom Tierheim.

Ich heulte. »Doch, es ist unsere Mascha«, versicherte ich. Ob ich Papiere hätte? Hatte ich nicht, in der Eile.

»Dann können wir Ihnen den Hund nicht geben. Da könnte ja jeder kommen. Er kennt Sie nicht.«

»Er ist erschöpft!«, schniefte ich. »Bitte!«

Der Pfleger beugte sich zu der Leiterin des Tierheims. »Gib der den Hund«, sagte er leise. »Wer heult denn freiwillig für so einen hässlichen fetten alten Köter? Das muss ihrer sein.«

Mascha und ich zogen ab. Ich spendete dem Tierheim reichlich, unser nächster Hund kam dann von dort. »Damit Sie ihn kennen, wenn er abhaut«, sagte ich.

Axel Hacke

Peitschen Sie den Käse – oder: Wir kochen selbst

Wer selbst kochen möchte, benötigt zunächst eine entsprechende Ausrüstung. Vor Jahren entdeckte zum Beispiel ein Leser bei *eBay* das sehr schöne Angebot eines gebrauchten Imbisswagens zum Startpreis von 5200 Euro, im Angebot »imbis wagen mit alle gereten« genannt.

In der detaillierten Aufführung des Zubehörs lernt man die deutsche Sprache in ungeahnten Variationen kennen, es war jemand am Werk, der das Deutsche ganz offenbar nur vom Hörensagen kannte und gerade deshalb zu den wundersamsten Formulierungen imstande war: »tüf ist fertig, döner maschine komplet, pizza offen mit unter tisch, gril mit gitern, körie maschine, witrine, külschrank mit glas tühr, fritöze, arbeit plate stahl, schüpühle, wasser bouyler warm und kald, luftung 2 stuck, algemein was ein imbis für wurst döner und pizza braucht, ales komplet.«

Schüpühle, schüpühle… Klingt das nicht wie eine

Zauberformel? Man flüstert sie dem schmutzigen Geschirr zu – und schon steht es sauber wieder im Schrank.

Als Ergänzung zu diesen Gerätschaften empfiehlt sich vielleicht ein »Reißkochautomat«, wie ihn Leserin H. aus München einmal im Internet entdeckte, anscheinend ein Apparat, der sowohl reißen als auch kochen kann, eigentlich ein Reiß-Koch-Automat, so was kann man immer brauchen. Oder handelt es sich um etwas wie einen Reißwolf? Irgendwie stellt man sich einen geradezu gewalttätig in seiner Küche wütenden Mann vor, einen Reißkoch, nicht wahr?

Es könnte aber auch jemand sein, der keine frischen Materialien verwendet, sondern nur Fertiggerichte, deren Packungen er eben aufreißt.

Nun zu den Zutaten. Nicht jedem ist ja bekannt, was Leser G. aus Bad Feilnbach weiß, seit er mit seiner Frau bei einer Winterwanderung in einem Café einkehrte und dort, die Speisekarte studierend, las: »Die Speisen können Inhaltsstoffe enthalten.«

Man beachte das »können«. Es muss also nicht sein. Aber der erfahrene Koch weiß doch, dass sich aus dem Nichts nur schwer etwas zaubern lässt.

Die Welt der Inhaltsstoffe und Zutaten ist groß, sie beginnt bei den »bodenhaltigen Hühnern«, die Herr G. aus Celle an einer Brathähnchen-Verkaufsstelle im

Münchner Westend auftrieb, und dem »Obermoser Camembär«, gesehen von Frau R. auf einem Plakat an der Außenwand eines Supermarktes in Raubling bei Rosenheim.

Aber wo endet sie?

Vielleicht beim Fertigrisotto mit Steinpilzen von *La Gustosa brand*, das Frau S. aus Gröbenzell mal auf dem Münchner Viktualienmarkt kaufte? Es enthielt laut Verpackungsaufschrift nicht nur »Ich öle von sonneblume ingwer« und »Muskat vainvbbaun«, sondern auch »Gewwurmelcen«. Oder ist erst beim »Beessbaren Eibisch« aus Ägypten Schluss, den mein Nachbar B. kaufte und der nicht nur Inhaltsstoffe enthielt, sondern sogar »Tanzen mit Den Neuesten AGYPTISCHEN STANDARDS«.

Was das ist? Keine Ahnung. »Hol's der Derwisch«, schrieb mir B.

Und ab in den Reißkocher damit, sage ich.

Nun zu den Rezepten.

Hier stehen wir natürlich vor der ganzen Fülle des heutigen Internetangebots und müssen uns irgendwie beschränken, weshalb ich im Wesentlichen zwei der schönsten internationalen Rezeptseiten vorstellen möchte.

Wir wenden uns zunächst den Huhn-Gerichten im deutschen Teil der Internetseite *microwavecooking.*

com zu, schon deshalb, weil hier unser Reißkoch mit all seinen Fähigkeiten Anwendung findet (fast jede der geschilderten Speisen verzeichnet in der Zutatenliste »Huhn, enthäutet, entbeint und zerrissen«), aber auch, weil die Zubereitung der Speisen auf einem Niveau erfolgt, das wirklich anspruchsvoll, um nicht zu sagen: allerhöchst ist. Nur solches Niveau interessiert uns, wie jeder Leser dieses Buches längst gemerkt haben muss.

Nehmen wir nur das *Huhn Bombay*. Hier lesen wir schon in den allerersten Anweisungen: »Vorbereitung Zeit 25 Minuten, kochende Zeit 23 Minuten plus stehende Zeit.«

Das heißt, wer ein *Huhn Bombay* auf den Tisch bringen möchte, muss sowohl Zeit zum Kochen als auch zum Stehen bringen können! Jeder, der schon einmal 23 Minuten in einen Topf warf, die Herdplatte auf die höchste Stufe drehte und dann ratlos in der Küche stand, weil keine einzige dieser Minuten auch nur ein bisschen sich erhitzte, weiß, von welchen Schwierigkeiten ich rede. Ganz zu schweigen davon, dass man dann einmal brodelnde Zeit nur sehr schwer mit einem einfachen »Töpfchen steh!« zum Stehen bringen dürfte. Jedenfalls stelle ich mir das nicht leicht vor, ich verfüge über keine Erfahrung.

Das ist aber noch nicht alles an Herausforderungen

auf *microwavecooking.com.* Denn wir müssen, wollen wir nun etwa ein *Huhn Biryani* zubereiten, sehr rasch entdecken, dass wir mit der ganzen schönen, auf *eBay* erworbenen Imbissausrüstung an unsere Grenzen kommen, wenn wir lesen: »Safran und Milch in einer kleinen Schüssel und Hitze des Mähdreschers für 30 Sekunden auf HÖHE«. Da steht man dann in der Küche und kramt in den Schubladen zwischen fritöze und schüpühle, doch nirgends findet sich ein Mähdrescher, ganz zu schweigen von einem heißen Mähdrescher. Vollends am Ende sieht man sich dann, wenn es im Rezept für »Knusperiges Huhn« heißt: »Schmelzen Sie die Butter für 1 Minute auf hohem amerikanischen Nationalstandard … oder benutzen Sie eine begießende Bürste.«

Gott, unsereiner findet ja meistens nicht mal die Knoblauchpresse!

Zuletzt muss aber der Microwavecook wissen, dass von ihm auch persönliche Fitness gefordert ist, wenn er an den Herd tritt. »Rühren Sie sich gelegentlich beim Kochen«, heißt es noch harmlos beim *Butterhuhn*, »rühren Sie sich im Mehl« liest man beim *Huhn Bombay*, ja, »rühren Sie sich gut« und »rühren Sie sich im Joghurt, die Mandeln und die hartgekochten Eier und der Urlaub, um 3–5 Minuten zu stehen, bevor Sie dienen«. Und »rühren Sie sich im Joghurt und in den Acajoubäumen« – so steht es beim *Huhn Korma*.

Abschließend lesen wir über das *Huhn Biryani*: »Nieseln Sie über der Oberseite des Reises und kochen Sie weitere 4–5 Minuten auf HÖHE. Verlassen Sie zum Standplatz für 5 Minuten, bevor Sie dienen. Schmükken Sie mit Korianderblättern, wenn Sie gewünscht werden.«

Ja, gut, aber wer wird schon gewünscht, wenn er gerade über der Oberseite des Reises genieselt hat?! Da kann man sich noch so schön mit Korianderblättern schmücken …

Übrigens wird man ja bei diesen Rezepten nie das Gefühl los, der Verfasser habe uns eigentlich eine ganz andere Geschichte erzählen wollen, unter dem Mantel der Kochanleitung verberge sich etwas, das er uns unverblümt nicht habe sagen können. Oder wie soll man die Anleitung für *Ravioli di melanzane* verstehen, die Herr K. aus Stuttgart entdeckte und mir schickte? Dort wird unter den Zutaten »ich öle Extra Jungfrau von Olive, Um anzumachen« erwähnt; das Ganze endet mit »Ihr dient sofort warm«, und zwischendurch tauchen mittendrin immer wieder Sätze auf wie »Hüllt ihn in eine Serviette ein und ihr lasst pro 30 Minuten ausruhen« oder »du sie und dir sie abtropfen zu lassen, so dass verliert es die Flüssigkeit pro 30 Minuten. Du sie, du sie und sie, stellt sie auf das Löschpapier auf«.

Was geschieht denn da?

Nun aber zum absoluten Höhepunkt des Themas, den Rezepten auf der einerseits türkischen, andererseits irgendwie deutschsprachigen Internetseite *turkiyeninrehberi.com*, auf die mich einst Herr K. aus Mittenwald hingewiesen hat. Schon vor vielen Jahren habe ich in meinem *Wortstoffhof* die unendliche Vielfalt der dort in ihrer Zubereitungsweise ausführlich erläuterten Speisen gepriesen, bitte, darf ich mich einmal selbst zitieren? »KunstiErwürgt Salat, Schenkel der Frau Kofte, Feiger Fischteich, Hühnchen und Gemüse stopften sich voll, Pilaf mit Leber und Wahnsinnigen, Aufregung Kebabi, Auf und Ab Gebäck, Enträtselte Schweiß-Geback sowie, ist es denn die Möglichkeit!?: Atem Mit Pilz.«

Und immer dachte ich in all den Jahren seither: Eines Tages wird dieses Wunder aus dem Internet verschwinden, jemand wird entdecken, dass es so etwas Schönes nicht geben darf, dass uns Menschen dieses kulinarische und sprachliche Mirakel nicht zusteht, dass wir es nicht verdient haben.

Man wird uns *turkiyeninrehberi.com* wieder nehmen, dachte ich.

Aber es geschah nicht, *turkiyeninrehberi.com* blieb

bis heute, und so lesen wir immer wieder von Neuem, mit welch ungewöhnlichen Maßnahmen man solche Gerichte zubereiten muss:

»Hacken Sie die Rakete, bevor alle Zutaten mischen.«

»Breiten Sie sich über den Salat gleichmäßig.«

»Vermischen Sie sich mit Hackfleisch.«

»Füllen Sie sich mit Mischung, Verständigen Sie sich in einem Kochtopf nebeneinander.«

»Kochen Sie Die Salat-Blätter freundlich.«

»Platz-Geback-Bettücher auf Spitze von einem anderen. Schnitt in 4 pcs kreuzweise. Bürsten Sie jeden pc mit Wassermargarine-Mischung. Löffel-Sardelle f y Lling auf jedem pc. Falte entgegengesetzte Ecken über f y Lling an beiden Seite, auf einander wie ein Bündel übergreifend.«

»Verständigen Sie sich auf einem eingefetteten Backen-Bettuch.«

»Beanspruchungsmischung. Hitzebutter-Koch-Mehl 5 Minuten, fügen Sie Knochen-Kapitalmischung gut hinzu.«

»Waschen Sie sich und Blutgeschwür in zwei Schalen des Wassers, bis sie ziemlich weich sind.«

»Peitschen Sie den Käse.«

»Zerquetschen Sie oder schleifen Sie die pistachio Wahnsinnigen.«

»Falte-Ecken von Geback über Zentrum, leicht drückende Ecken, um auf Robbenjagd zu gehen.«

»Waschen Sie sich und trocknen Sie die Auberginen.«

»5 Minuten vor dem Ende der kochenden Zeit, Fügen Sie die Erbsen und den schwarzen Pfeffer, Decke mit einer Serviette hinzu, *und reisen Sie nach 20 Minuten ab.*«

Nach vielen Jahren schrieb mir Herr K. aus Essen: »Man hat die Autoren ja förmlich vor Augen zu und sieht ihnen zu beim Ringen um das passende Substantiv, das überraschende Adjektiv und bei dem Versuch, sich nach der Robbenjagd auf einem eingefetteten Backen-Bettuch zu verständigen … Man möchte auf die Knie sinken und stellt fest: Da ist man schon längst.«

Und es geht weiter und weiter.

»Sprühregen mit pistachionuts. Werfen ein bisschen. Dienen Sie heiß.«

»Vermischen Sie sich und Übermaß-Soße und Strömen darüber. Dienen Sie ihm mit Dill.«

»Gestelltes Hühnchen rollt uns tosts in einer Pfanne. Kochen Sie es eine Zeitlang und dienen Sie ihm.«

Ja, so wollen wir es machen, so wollen wir sein! Wir wollen dem gestellten Hühnchen dienen, wir dienen ihm heiß, wir dienen ihm mit Dill, wir vermischen uns und strömen darüber, wir werfen ein bisschen, wir peitschen den Käse, wir hacken die Rakete, wir enträtseln das Schweiß-Geback, wir nieseln über den Reis und kochen die Zeit, wir tanzen mit den neuesten AGYPTISCHEN STANDARDS, wir schwingen die fritöze.

Ach, herrje, das Leben ist schön!

Frank Goldammer

Stampede

Wissen Sie, was eine Stampede ist? Falls Sie es nicht wissen, haben Sie jetzt die Wahl, zu googeln, sich einen Duden oder ein Lexikon zur Hand zu nehmen oder die Geschichte weiterzulesen.

Sie haben sich für das Weiterlesen entschieden. Danke für Ihr Vertrauen.

Man sagt ja immer, man solle seinem Bauchgefühl trauen. Womit die Leute meinen, dass der Bauch mitdenkt und uns körperlich spüren lässt, was er davon hält. Dagegen ist unser Hirn mit dem Mitdenken offenbar immer öfter überlastet, vergleichbar zum Beispiel mit meinem Computer. Mittlerweile sind sogar die Wissenschaftler davon überzeugt, dass unser Magen wie ein zweites Gehirn funktioniert. Genau wie das Gehirn besitzt er mehrere hundert Millionen Nervenzellen, und auch die Vorgänge innerhalb dieser Zellen ähneln denen im Gehirn. Aber ich will hier nicht ins Detail gehen, denn eigentlich habe ich davon gar keine Ahnung. Ich will damit nur sagen: Wenn also der Bauch im Allgemeinen und der Magen im Besonderen denken können und uns Gefühle senden, sollte man denen auch vertrauen. Wem auch sonst?

So hörte ich also auf mein Bauchgefühl, als es in der neunten Klasse hieß, jetzt wäre es an der Zeit, sich zum Tanzunterricht anzumelden. Tanzen hielt ich für grundsätzlich albern, vor allem die überholten Standardtänze und natürlich die damit verbundenen affigen Benimmregeln. Mein Bauch sagte laut und deutlich Nein, und ich meldete mich natürlich nicht an.

Und dabei hätte ich es belassen sollen. Warum aber habe ich mich dann fünfzehn Jahre später zu einem Tanzkurs angemeldet? Traute ich meinem Bauch nicht mehr? War ich schwach und dumm geworden? Keine Ahnung. Wahrscheinlich wollte ich meiner Exfrau eins auswischen, weil sie immer einen Tanzkurs machen wollte und ich mich immer gedrückt hatte.

Nun standen wir also da, meine neue anspruchsvolle Partnerin und ich und noch neunzehn andere Paare. Da gab es einige ältere Herrschaften, die nichts Besseres zu tun hatten, die Sportlichen, die Tanzen als weitere Sportart, neben Marathonlaufen, Fallschirmspringen, Canyoning und Ähnlichem, auf ihrer Erledigt-Liste streichen wollten, die beiden, die wie ein Juristenpaar aussahen, das Pärchen in mittlerem Alter, bei dem es schien, als hätte die Frau den Mann gezwungen und mit Sexentzug gedroht, die junge Frau und der Mann, die offenbar gar kein Paar waren und extreme Berührungsängste hatten, und schließlich das Paar in meinem Alter, bei dem der Typ dreinblickte, als hätte er eine Wette verloren.

Alle sahen sie einigermaßen gespannt aus, manche freudig erwartend, manche schüchtern und ängstlich. Wir wurden begrüßt, und uns wurde gleich mal gesagt, dass wir vor der Tanzstunde die Schuhe wechseln müssten. Das haben wir auch immer getan, bis uns auffiel, dass die meisten wieder mit denselben Schuhen aus den Umkleidekabinen herauskamen. Das machten wir dann ab dem dritten Mal genauso.

Nach der Begrüßung folgte dann genau das, was ich von Anfang an befürchtet hatte: Man wird gezwungen, sich zum Deppen zu machen. Ob das nun beim Militär ist oder in der Schule, beim Elternabend und auch im Krankenhaus. Zuerst machen sie aus dir einen Idioten. Natürlich sagen sie das nicht, vielmehr behaupten sie, es würde helfen, lockerer zu werden, uns besser kennenzulernen und Berührungsängste abzubauen. Doch wenn sich vierzig Erwachsene an den Händen fassen und im Kreis aufstellen müssen, bleibt es eben nicht aus, dass man sich voll zum Blödi macht.

Nun schwankten alle auf Befehl hin und her, gingen einen Schritt vor und wieder zurück, das kannte ich von den guten alten Gothicpartys, dann drehten wir uns im Kreis und klatschten einmal in die Hände, das kannte ich aus dem Kindergarten. Daraufhin sollten sich die Frauen von den Männern trennen, einen Kreis im Kreis bilden und sich in die entgegengesetzte Richtung drehen. Und obwohl man gebetet hatte zum lieben Gott, stand dann doch das eins neunzig große Frauenmonster mit herber Duftnote vor einem. Man schunkelte, drehte sich und klatschte wieder in die Hände, und es drehte sich wieder alles. Wieder betete man inständig und landete prompt vor einer dieser vor circa sechzig Jahren lebendig gewordenen Parfümwolken, die einen lüstern anstarrte und feuchte Hände hatte.

Die da, dachte man nach nochmaligem Schunkeln, Klatschen und Drehen, die Juristenfrau, die lacht mich immer so nett an. Und wenn man richtig mitgezählt hatte, müsste sie genau vor einem landen. Hoffentlich konnte sie sich Telefonnummern besser merken als ich. Und plötzlich stolperte die Dicke vor ihr, stürzte fast, strauchelte, fing sich und reihte sich am falschen Platz wieder ein. Nämlich genau vor mir. Die Juristenfrau warf mir einen resignierten Blick zu. Die Dicke war knallrot und grinste verlegen, und ich konnte machen, was ich wollte, ihr Monsterbusen berührte mich trotzdem.

Wir lernten dann die Grundschritte von zehn Tänzen, und obwohl ich alle beherrschte, behauptete meine Partnerin stur, ich beherrschte sie nicht. Doch ich war im Recht, schließlich ist das meine Geschichte.

Dann war der Kurs zu Ende, und wir bekamen Freikarten für einen Tanzabend in der Tanzschule. Nach den wochenlangen Quälereien hatten wir auf einmal richtig Lust, uns ins Gewühl zu stürzen und den anderen zu zeigen, wie die Luzie abgeht. Die Ernüchterung kam nach den ersten fünf Minuten. Wir mussten feststellen, dass wir nichts konnten. Wirklich gar nichts. Absolut nichts. Da tanzten Leute … also … die tanzten, verstehen Sie? Die tanzten, als hätten sie ihr Lebtag nichts anderes gemacht. Sie wirbelten und drehten, schwebten und hüpften, unterhielten sich und lachten dabei auch noch und hatten Spaß daran. Ja, sie schienen nicht einmal zu schwitzen, im Gegenteil, es war, als erfrischten sie sich mit dem Tanz, als würden sie bei jedem Tanz zwanzig Jahre jünger. Gerade noch zwei Greise, kaum in der Lage, ohne Gehhilfe die Tanzfläche zu erreichen, blühten sie plötzlich auf, wuchsen zwanzig Zentimeter und trugen eine Aura um sich herum, in der man sich sonnen und das Geld fürs Solarium hätte sparen können.

Wir dagegen wagten uns nicht mehr aufs Parkett, weil wir uns lächerlich und albern vorkamen mit unseren sich ewig wiederholenden Grundschritten.

Sie sehen also, ich hätte meinem Bauchgefühl von damals trauen sollen.

Ach, eines noch. Bestimmt habe ich gerade mehr als deutlich zum Ausdruck gebracht, dass ich keineswegs ein sehr guter Tänzer bin, möglicherweise nicht einmal ein guter, möglicherweise werde ich diese Grundschritte niemals wieder abrufen können. Aber so ist das nun mal. Es gibt Leute, denen das eine mehr und das andere weniger liegt. Keiner kann alles.

Mir ist schon klar, dass die Tanzschule Schüler braucht, doch sollten Tanzlehrer zumindest so viel Ehrlichkeit und Courage haben und jemandem sagen können, wenn er völlig fehl am Platze ist. Im Fernsehen tun sie das ständig, und die Leute können scheinbar nicht genug Abfuhren bekommen. In unserem Tanzkurs wäre das bei mindestens vier Paaren dringend von Nöten gewesen, denn die waren einfach nicht zum Tanzen geboren. Und ich meine jetzt nicht, dass diejenigen sich nicht die Schritte merken konnten oder vergessen haben, ihr Frauchen zu führen, weil sie schon Mühe hatten, sich selbst zu führen. Es geht auch nicht darum, dass jemand dick oder unsportlich oder ungelenk war. Diesen Leuten, von denen ich spreche, ging jegliches Gefühl für Koordination, Motorik und für Musik ab. Die betrachteten den Tanz als etwas, das man hinter sich bringen musste, egal ob der Takt stimmte oder nicht. Sie zählten laut ihre Schritte mit, keuchten und stampften dabei mit raumgreifenden Schritten, als gälte es, Heerscharen von Kakerlaken totzutrampeln. Und obwohl uns die Tanzlehrerin wieder und wieder beschwor, den Tanz als etwas Leichtes zu betrachten, als etwas, das Freude bringen sollte statt Schmerz und Muskelkater, klang es bei Einsatz der Musik, als würde sich eine Kompanie Soldaten in Marsch setzen. Für die Grundschritte des Tangos benötigten solche Leute den kompletten Tanzsaal in seiner Diagonalen, stauten sich dann allerdings in den Ecken, weil sie die Wende nicht hinbekamen. Wer ihnen im Weg stand, wurde gnadenlos umgestoßen und geriet unter die stampfenden Füße. Wer klaustrophobisch veranlagt war, sah zu, dem Gedränge rechtzeitig auszuweichen, auch auf die Gefahr hin, seinen Partner für immer zu verlieren. Kleinere Paare klammerte sich aneinander wie ängstliche Äffchen.

War dann endlich der Tanz zu Ende, standen sie Hand in Hand keuchend nebeneinander und erwarteten sogar noch Lob und wollten einfach nicht verstehen, dass dies kein Wettkampf war und dass erst recht nicht derjenige ein Gewinner war, der alle anderen Paare vom Parkett gestoßen hatte.

Und das wiederum bringt uns zurück zum Anfang meiner Geschichte. Zur Stampede. Im Duden steht: wilde Flucht einer in Panik geratenen Herde von Rindern. Es könnte aber auch heißen: Versuch von vierzig Amateuren, einen Foxtrott zu tanzen.

Tilman Spengler

Die Melone

Warum Alejo noch aufrecht gehen kann, ist uns allen ein Rätsel. Alejo lebt mit seinem Hund in einem dunklen, halbverfallenen Steinhaus in der Talsenke. Dort streicht der Wind vom Meer vorbei, Tag für Tag und immer feucht. Die Nachbarn nennen den Wind in ihrer Sprache launig »Salzstreuer« oder erbittert »Krötenzunge«. Er leckt nämlich beständig am Bettzeug und an der Wäsche und lässt sie vermodern.

Alejo ist Schäfer. Das trägt zum Rätsel bei. Denn die Abhänge in unserem Tal sind steil und steinig. Für die Tiere bedeutet das kein größeres Ungemach, sie klettern, rutschen ab, klettern weiter und verharren in ihrer schrägen Fress- oder Köttelstellung, wie es schon Generationen vor ihnen gemacht haben. Das Schaf kann rebellisch sein, doch Steillagen nimmt es mit Gleichmut.

Für die Gesundheit des Mannes ist dagegen die Steillage eines Geländes ein genauso erbitterter Widersacher wie die Feuchtigkeit von Bettwäsche. Der subtile Muskelapparat, der uns den ungestörten Bewegungsablauf erhalten soll, reagiert äußerst empfindlich auf überraschende Belastungen durch unebenes, steinbepacktes Gelände – und über den fatalen Einfluss von feuchten Laken auf die Motorik des Nacken-Lenden-Bereichs sind schon viele verdienstvolle Abhandlungen zum Druck gelangt.

Vor ein paar Jahren hat sich Alejo von einer kleinen Erbschaft einen alten Motorroller gekauft. Auch Motorroller sind allenfalls dann rückenfreundlich, wenn sie auf plüschig asphaltierten Straßen bewegt werden. Doch in unserer Gegend, im Südosten der Insel, ist ein Weg die kürzeste Verbindung zwischen zwei Schlaglöchern. Von Straßen reden wir nur, wenn das Gespräch auf die nächste Kreisstadt kommt. Als ich den Schäfer zur letztjährigen Weihnacht an die Gefahr erinnerte, welche diese Krater für seine Rumpfmuskulatur bedeuten, wünschte er sich zum Fest nicht etwa neue Stoßdämpfer, sondern einen gepolsterten Sturzhelm.

Damit will ich aber nicht andeuten, dass mein Nachbar Alejo Kreuzleiden gegenüber unempfindlich ist. Als mich im späten Herbst der »Knick« heimsuchte, alarmierte Alejo seine Schwester Isabell, deren Mann Montserrat und beider Tochter Maria. Gemeinsam gruppierten sich die vier um mein Lager. Maria klopfte auf die Bettdecke und zupfte am Kopfkissen, Isabell hielt mir eine halbwarme, mit Knoblauch eingeriebene Hammelkeule unter die Nase, und Montserrat fluchte über das Klima sowie über die sozialistische Regierung in Madrid, die ein solches Klima erst geschaffen habe.

»*Hombre*«, rief er, »wir leben in schwierigen Zeiten, da heißt es, dem Schicksal mit den Zähnen ins Gesicht zu blecken.«

Montserrat sagt immer »*hombre*« zu mir, vielleicht, weil er sich meinen Namen nicht merken kann, vielleicht auch, weil er so viele Stunden vor dem Fernsehapparat verbringt und dabei zu dem Schluss gekommen ist, dass Ausländer diese Anrede besonders schätzen.

Dann befahl er mir aufzustehen, mich mit dem Gesicht zur Wand zu stellen und die Arme so auszustrecken, als würde ich an ein Kreuz geschlagen. Ich folgte ihm willig. Die beiden Frauen betrachteten zunächst interessiert, wie sich mein steifer Torso mühsam aus den Decken zu schälen versuchte, wandten ihren Blick aber plötzlich zur Seite. In diesem Moment wurde mir klar, warum die meisten spanischen Darstellungen unseres leidenden Heilands mit so delikat holzgeschnitzten Tuchwindeln im unteren Lendenbereich versehen sind.

Der Begriff »Rückenhygiene« beschreibt viele Anwendungsbereiche, dem schmerzerfahrenen Patienten sind die wenigsten neu. Uns ist bekannt, was es bedeutet, wenn sich die Großzehe nicht mehr heben lässt, und wie wir darauf zu reagieren haben. Genauso virtuos wissen wir mit einer Störung der Fußsenkermuskeln umzugehen. Bei Strahlen denken wir schon längst nicht mehr an ein freudiges Kindergesicht, dafür aber an die eine unserer Gesäßhälften, in welcher der Schmerz (hoffentlich) seinen Endpunkt findet. Oder gar an beide. Und beten inbrünstig, dass es nicht in Kürze zu einer Operation kommen muss.

Unbekannt ist dafür den meisten von uns das Gefühl, von einem bulligen Mann mit der Schulter einen Stoß in die linke Hüfte versetzt zu bekommen, dem ein ebenso starker Stoß in die rechte Hüfte folgte. Das Pferd eines Picadors muss Ähnliches empfinden, wenn der gepeinigte Stier nicht mehr in der Lage ist, zwischen Ursache und Wirkung zu unterscheiden. Wie Montserrat es übrigens fertigbrachte, bei dieser Aktion nicht mit dem Kopf gegen die Wand zu prallen, ist mir heute noch schleierhaft.

»Danke«, sagte ich, sobald die Lungen nach langem Protest das Ausstoßen von Worten zuließen, und kroch wieder zwischen meine Laken. Ich fühlte mich so steif und gläsern zerbrechlich wie zuvor und war dankbar für das Leinentuch, das mich vor der Welt schützte.

Die Familie betrachtete mich nachdenklich.

»Er liegt falsch«, befand Alejo nach einer Weile. »Die Unterlage ist zu weich, und der Kopf müsste nach Osten blicken. Wir sollten ihn auf den Esstisch vor dem Küchenfenster legen.«

Ich war viel zu schwach für einen Protest. Maria und Isabell breiteten eine Wolldecke auf der Eichenplatte aus, die beiden Männer packten das Bettzeug oberhalb meines Kopfes und unter meinen Füßen und schleppten mich wie ein schweres, frisch erlegtes Stück Wildbret in die Küche. In der neuen Lage schaute ich tatsächlich nach Osten. Vor dem Haus weideten Alejos Schafe, um die Mandelbäume standen junge Männer, die mit langen metallenen Stangen gegen die Äste schlugen, um die Nüsse herabregnen zu lassen. Vielleicht hatte Alejo ja recht, der Anblick der Schafe wirkte beruhigend, und das Bild der fröhlichen Männer, die in der Abendsonne ihre glitzernden Stangen schwenkten, erinnerte mich lebhaft und entspannend an Belastungen aus meiner Vergangenheit, denen ich mich nie mehr würde aussetzen müssen.

Bevor er den Motorradhelm aufsetzte, drückte mir Alejo seinen Schäferstock in die Hand. »Ich komme wieder«, versprach er, »wenn es schlimmer wird, bringe ich dich mit meiner Maschine zum Arzt.«

Die Vorstellung einer Geländefahrt auf dem Hintersitz seines Gefährts löste in meiner Rückenmuskulatur spontane Versteifungen aus. Schweißperlen tropften von meinen Augenbrauen.

»Es wird sicher nicht nötig sein«, antwortete ich schwach und flachatmig, »trotzdem vielen Dank!«

Montserrat stellte die Cognacflasche, aus der er sich bedient hatte, zurück in die Anrichte. »Morgen ist alles vorbei«, lachte er, »zwei Stöße von meinen Schultern, das muss auch für deinen schweren Körper genügt haben. Morgen gibt es bei uns ein großes Abendessen: Schweinebauch, Fischleber und Vogelsuppe, dazu jede Menge Süßigkeiten. Bis dahin fühlst du dich wieder prächtig, und danach bist du so satt, dass dir die Lust am Laufen sowieso vergangen ist. Du musst kommen, für mich, meine Familie und meine Freunde ist das eine Frage der Ehre, das verstehst du doch. Schließlich war ich dein Retter.«

Zum Abschied sagte er noch einmal *»hombre«* zu mir, Isabell spülte sein Cognacglas aus, Maria zupfte an meiner Nackenrolle. Dann endlich schloss sich eine gnädige Tür hinter meinen Besuchern.

Das Feld der Rückenhygiene, ich habe es bereits angedeutet, ist so weit wie die Tundra. Man kann sich darin verlieren, doch es tauchen immer wieder bestimmte Zeichen auf, die dem Herumirrenden wie Wolkenformationen deutliche Warnungen vermitteln. In der einschlägigen Literatur taucht der Begriff »Abendessen«, präzisiert durch die näheren Bestimmungen »Schweinebauch«, »Fischleber« und »Vogelsuppe«, unter diesen Unglücksboten zwar nicht auf, doch ich wusste die Zeichen zu lesen. Zudem erinnerte ich mich überdeutlich, dass mir ein anderer Nachbar, ein architekturvernarrter Holländer, das Haus von Montserrat einmal mit den schwärmerischen Worten »rustikale Aktualität« beschrieben hatte. Es war demnach nicht verfallen wie das seines Schwagers, doch genauso feucht und zugig – und dank der unerbittlichen Gastfreundschaft, die den Bewohnern unseres Tals zu eigen ist, würde sich das Mahl über viele Stunden hinziehen, Stunden, in denen es kein Entkommen von den schmalen Holzbänken gab, auf welchen die Eingeladenen dichtgedrängt sitzen.

Bei der bloßen Vorstellung wurde mir so schwer ums Herz, dass sich eine heftige körperliche Gegenreaktion einstellte, die mich fast auf Genesung hoffen ließ. Gestützt auf Alejos Stock, gelang es mir immerhin, nach mehreren mühsamen Korkenzieherbewegungen das Bad zu erreichen. Als ich mich danach wieder auf dem Lager entkrümmt hatte, war mir klar, ich würde noch am nächsten Tag abreisen müssen.

Der heftige Regen, der bald darauf einsetzte, bestärkte mich in meinem Entschluss.

Am nächsten Tag schien wieder die Sonne. Auf dem Weg zum Flughafen machte ich kurz bei Montserrat halt, um ihm die höfliche Ausrede mit dem überraschenden Anruf, dem Zwang zum sofortigen Aufbruch samt allen Nebenlügen persönlich zu übermitteln. Mit etwas Glück könnte ich ihm die Botschaft sogar durch das geöffnete Seitenfenster meines Autos zurufen. Mein Körper war zwar weniger steif als tags zuvor, doch das mühsame Ein- und Aussteigen erforderte immer noch die gefürchteten Stemm-, Dreh- und Abstützmanöver.

Ich hatte kein Glück. Zwar schlugen die Hunde an, zwar stob das Federvieh auseinander, doch der Rest der Familie blieb im Haus. Also begab ich mich auf den sanft ansteigenden Weg über den Hof, schlitterte durch Schlamm und Hühnerkot und fand Isabell in der Küche. Sie nahm die Nachricht mit artigem Bedauern entgegen, unterbrach dabei das Rühren in ihrem großen Topf bloß einmal, um mir ein Vögelchen zu zeigen, dessen magerer Körper im Fett ihrer Schöpfkelle schwamm. Meinen Abschiedsgruß brachte ich nur mit Anstrengung über die Lippen.

Auf dem Rückweg rief plötzlich eine dröhnende Stimme: »*Hombre*, nimm das zum Abschied!« Montserrat war hinter seinem Schuppen aufgetaucht, in seinem Arm trug er eine große Wassermelone. Mit weit ausgeholtem Schwung warf er sie mir zu. Ich machte einen Schritt nach vorn, fing die Melone, glitt aus, strauchelte und schlug dann hart mit dem Rücken auf jenes Gemisch aus Zement, Schlamm und Entenscheiße, das Montserrat als Parkplatz für seine Gäste nutzt.

Als ich wieder zu mir kam, hielt ich die Melone fest umklammert. In meinem Hirn verkündete eine helle, mir unbekannte Stimme in unablässigen Wiederholungen: »Beim Heben mit krummem Rücken wird die Wirbelsäulenvorderkante punktuell belastet, was zu einer Erhöhung des Flächendrucks um den Faktor zehn führen kann.« Die Bedeutung dieses Satzes war mir schleierhaft.

»Danke«, sagte ich benommen, nachdem Montserrat mich wieder auf die Beine gestellt hatte, »danke, das Flugzeug wartet.«

Erst mehrere Kilometer später wurde mir klar, dass mit oder nach dem Sturz etwas Besonderes geschehen sein musste. Ich war hingefallen, erinnerte ich mich, aufgestanden und eilig in mein Fahrzeug gestiegen. Wieso *eilig*? Seit mehreren Monaten war ich nicht mehr *eilig* vom Stehen ins Sitzen oder vom Sitzen ins Stehen gekommen. An der nächsten Tankstelle hatte ich genug Mut gefasst, um das Experiment zu wiederholen. Und tatsächlich, ich unterschied mich in meinen Bewegungen in nichts von allen anderen Automobilisten, die mühelos Zapfhähne stöpselten, lässig ihre Hinterteile hoch- und niederbewegten.

Die gelbgrüne Melone auf dem Beifahrersitz warf mir einen wissenden Blick zu.

Der Hausarzt sprach von »Spontanremission, vermutlich ausgelöst durch einen traumatischen Schock«. Irgendeine Ausrede haben sie ja alle.

Frieda-Alice Kahro

Here comes the sun

Ich habe Glück: Wenn es ums Aufstehen geht, kann ich mich sogar unter der Woche auf meine innere Uhr verlassen, die irgendwann zwischen halb sieben und sieben sanft Alarm schlägt und mich, nach angemessener Bedenkzeit, die Augen öffnen lässt. So auch gestern. Mein Blick fiel auf den Wecker neben dem Bett. Zehn vor sieben. Passt.

Ein bisschen bleiern fühlte ich mich, als ich aus dem Schlafzimmer tapste – aber so ist das eben in einer Jahreszeit, in der andere Spezies Winterschlaf abhalten, ohne sich um Futtersuche, Nestbau oder Nachwuchs kümmern zu müssen.

Am liebsten wäre ich direkt in die Klamotten geschlüpft. Eigentlich bin ich nämlich eine Abendduscherin. Aus dem Bett unter die Dusche – ein Graus. Aber, fiel mir ein, ich war am Abend mit meiner Freundin Karoline verabredet. Wenigstens die Haare sollten sitzen. Ein Blick in den Spiegel im grellen Badezimmerlicht – ja, eine Dusche würde mir nicht erspart bleiben. Um wach zu werden, sang ich lauthals *Here comes the sun*. Kurz glaubte ich ein dumpfes Klopfen aus der Wohnung nebenan zu hören. Was wollte denn der alte Meier schon wieder? So schlecht sang ich wirklich nicht …

Weiter im Programm: Haare unter den Handtuchturban, im Bademantel in die Küche. Auf dem Weg dorthin öffnete ich den Vorhang einen Spalt und spähte nach draußen. Stockfinstere Nacht. Februar und nasskaltes Wetter noch dazu. Routiniert nahm ich meine Lieblingstasse aus dem Schrank, stellte den Wasserkocher an, löffelte Kaffeepulver in den Filter und schaltete das Radio ein. Klassische Musik, wie angenehm, kein nerviges Gequassel, keine Werbung. Ich drehte das Rädchen ganz nach rechts. Vivaldis *Vier Jahreszeiten*: Winter. Wie passend.

Während ich heißes Wasser über den Kaffee goss, fiel mein Blick auf die Uhr. Kaffeeduft stieg mir in die Nase. Und mein Gehirn wachte auf. Mit einem Ruck ging mein Blick zurück: 01 Uhr 05.

WIE WAR DAS MÖGLICH? Träumte ich? Ich rannte fast ins Schlafzimmer, um die Uhrzeit noch mal auf dem Wecker abzugleichen. Es stimmte. Es war mitten in der Nacht.

Ein Hoch auf meine innere Uhr!

Und jetzt? Zurück ins Bett? Frisch geduscht? Mit

nassen Haaren? Den Schlafanzug, an dem noch der Geruch der Nacht hing, wieder übergezogen?

Sah ganz danach aus. Ich konnte ja schlecht die Nacht zum Tag machen. Ungeduldig wartete ich, bis sich das mühsam aktivierte Adrenalin in meinem Körper wieder abgebaut hatte. Um Viertel nach drei sah ich das letzte Mal auf die Uhr, um schließlich um halb acht (double check – ich schwöre) wieder aufzuwachen.

Ein bisschen bleiern tapste ich aus dem Schlafzimmer.

Ein Blick in den Spiegel im grellen Badezimmerlicht: Mein Haar war platt gelegen.

Eine Dusche würde mir nicht erspart bleiben.

Während ich den Hahn aufdrehte, musste ich an Bill Murray in der Rolle eines arroganten Wetteransagers aus Pittsburgh denken. Wie war das noch mal mit dem Murmeltier?

Wie oft musste Bill Murray seinen Tag beginnen, bis er richtig gut wurde?

Markus Orths

Wir haben immer was zu tun

»Und?«, fragte ich meine Mutter. »Was machst du so den ganzen Tag?«

»Och«, sagte sie, »wir haben immer was zu tun. Die Frau Obschruff, die brauchte ja einen neuen Bademantel, der alte ist verschlissen, der ist so was von speckig, da bin ich fies vor, den kann man nicht mehr anziehen, ich bin heute Morgen schon bei *Adler* gewesen, und da hab ich mir die Bademäntel angeschaut, und die braucht ja einen in Übergröße, 3XL heißt das, und dann muss die auch einen haben, der bis zu den Waden geht, es gibt ja Bademäntel, die gehen bis zu den Knien, und es gibt Bademäntel, die gehen bis zu den Waden, ich hab einen gekauft, der bis zu den Waden geht, sonst wird das ja auch zu kalt an den Beinen, und die Frau Obschruff ist jetzt unter die Dichter gegangen, Martin, in ihrem hohen Alter, und die hat mir ein Gedicht gegeben, das ist herrlich, Martin, ich hab das hier hingelegt, siehst du, neben die Obstschale, das hat alles seine Ordnung bei mir, nicht so wie bei Frau Obschruff, nee, die vergisst immer alles Mögliche, letztens fragt die mich noch, Ilse, fragt die, wie alt bin ich denn eigentlich?, ich sag, Sie sind 87, Frau Obschruff, da guckt die mich an und sagt, ja, sagt die, das hab ich genau gewusst, dass ich zwischen 86 und 88 bin. Und die findet ja auch nichts mehr, kein Stück, Martin, alles verlegt die, furchtbar ist das, und der Papa sagt, die hätte Verleger werden sollen, und letztens hat die Frau Obschruff ihre Brille verlegt, und wir haben jetzt, also seit Neuestem haben wir uns auch so ein Internet gekauft, Martin, zuerst hab ich noch gesagt, wozu brauchen wir denn so ein Internet, das kommt uns nicht ins Haus, so ein Internet, und das ist ja gefährlich, hab ich gehört, die können ja, also das Internet, das kann ja alles abhören, was wir sagen, jetzt stell dir vor, die Leute in dem Internet, die hören alles ab, was der Papa sagt den lieben langen Tag, dann schicken die sofort so weiße Männer mit den Jacken, nee, sag ich, die Leute in dem Internet, denen kann man nicht trauen, die können ja, also die hacken sich, also, ich sag mal, die hecken ja immer was aus, da drinnen, aber der Papa sagt, nein, wir brauchen das Internet, das geht nicht mehr anders heutzutage, jedenfalls, da steht alles drin, im Internet, das weiß wirklich alles, und der Luca von gegenüber, der hat uns das interniert, ruck, zuck ging das, der hat uns so ein läp …, so ein läppisches kleines Ding hat der uns gekauft, mit einem Deckel, den kann man ganz leicht hochklappen, und jetzt sind wir also auch im Netz. Und der Papa sagt, wenn so ein Internet, also wenn das wirklich alles weiß, und wenn das wirklich alles suchen kann, und die haben auch extra Suchmaschinen dafür, dann weiß das Internet doch bestimmt auch, wo Frau Obschruffs Brille liegt, und ich sag, Papa, sag ich, woher soll denn das Internet wissen, wo Frau Obschruffs Brille liegt, aber der Papa lässt sich nicht abbringen, und dann tippt der in die Suchmaschine, ich glaub, die heißt *Juhu* oder so ähnlich, da tippt der ein: Wo liegt denn die Brille von der Frau Obschruff, liebes Internet? Was soll ich sagen, das hätt ich nicht gedacht, aber das ist wunderbar, so ein Internet, das weiß wirklich alles, da kam sofort eine Liste mit Stellen, wo die Leute überall ihre Brillen verlegt haben, und der Papa, der liest die Liste vor, und als Drittes steht da *auf der Fensterbank hinter den Blumentöpfen*, und da klatscht die Frau Obschruff in die Hände und ruft, genau, ganz genau, die hab ich doch abgenommen, die Brille, beim Blumengießen, und die hat dann nachgeguckt, und tatsächlich, da lag die Brille hinter der kleinen Gießkanne auf der Fensterbank, neenee, also das ist schon toll, was so ein Internet alles weiß, Martin. Aber was wollte ich erzählen? Ach so, genau, jetzt ist die tatsächlich unter die Dichter gegangen, die Frau Obschruff, und dass du, Martin, dass du ein richtiger Schriftsteller bist, da kommt die nicht drüber weg. Die sagt: Was macht denn der Martin den ganzen Tag so als Schriftsteller? Ich sag: schreiben. Und die Frau Obschruff sagt, Ilse, sagt die, was dein Sohn kann, das kann ich auch.«

»Mhm«, sagte ich. »Und wie viele Gedichte hat sie schon?«

»Eins!«, sagte meine Mutter. »Die hat auch erst letzten Montag angefangen, aber das ist ein wunderbares Gedicht, Martin, das ist einfach über sie gekommen, sagt Frau Obschruff, also das Gedichteschreiben, das ging ganz von selbst, und das Gedicht ist herrlich, Martin, und man kann das sogar verstehen, das Gedicht, das ist nicht so wie in deinem Buch da, bei dir ist immer alles so richtig wild durcheinandergemixt, Martin, wie wenn ich meinen Kompott mache, so ist das in deinen Büchern, da kommt man ja oft nicht mehr mit, bei dir, sag ich mal, da sieht man von den Äpfeln am Ende nicht mehr viel, die du da reingetan hast, ach so, das wollte ich noch erzählen, Martin, gestern hab ich den ganzen Tag Kompott gemacht, das kannst du dir nicht vorstellen, Martin, der Tellkamp hat mir zehn Kilo Äpfel gebracht, und die musste ich direkt zu Kompott machen, wir haben ja selber Äpfel satt, letztes Jahr hatten wir schon viel zu viele Äpfel, wir haben ja den ganzen Winter haben wir nur Äpfel gegessen, die mussten ja weg, den ganzen Winter hatte ich so Lust auf Bananen, aber wir können ja keine Bananen kaufen, solange wir noch Äpfel haben, wir mussten erst mal die ganzen Äpfel essen, jeden Tag Äpfel, ich konnte keine Äpfel mehr sehen, aber die kann man ja nicht verkommen lassen, die kann man nicht wegschmeißen, das war viel zu schade, man kann doch keine Äpfel wegschmeißen und stattdessen Bananen kaufen, ich hätt so gern mal eine Banane gegessen letzten Winter, aber nein, da kann man nichts machen, die Äpfel mussten weg, und jetzt schleppt mir der Tellkamp zehn Kilo eigene Äpfel an, und ich hätte beinah gesagt, Herr Tellkamp, was sollen wir denn mit den Äpfeln?, aber das kann man ja nicht sagen, also hab ich die Äpfel gleich zu Kompott gemacht, die waren auch nicht so gut wie unsere, die waren so mehlig und mit Wurmlöchern drin, ich hab gedacht, komm, die mach ich gleich zu Kompott, jaja, Martin, wir haben immer was zu tun. Und wenn wir mal nichts zu tun haben, machen wir eine Fahrradtour, und letzte Woche waren wir in Oedt, Martin, und der Weg dahin, der ist ja schön, das ist herrlich, so über die Felder zu fahren, aber in Oedt selber, da ist es richtig langweilig, dahinten in

Oedt, und der Papa sagt immer, die Städte, die heißen genau so, wie es da zugeht, sagt der, das ist kein Zufall mit den Namen, die müssen ja auch irgendwoher kommen, so Namen, und dass es in Oedt öd ist, das stimmt auch, und in Krefeld gibt es immer so viele Krehen auf den Feldern, wenn man da vorbeifährt, und die Leute aus Willich, die tun ja alles, was du denen sagst, Martin, und besonders freundlich sind die Leute in Nettetal, und nach Anrath zu ziehen, sagt man, das kann man auch keinem anraten, und Viersen, ja, Viersen, das wurde damals von vier Senioren gegründet, und das sieht man heute noch, wenn man da durch die Stadt läuft. Und bei manchen Städten, da gibt es auch so richtige Geschichten, wie die Stadt zu dem Namen gekommen ist, das hat der Papa mir erzählt, pass auf, ich weiß nicht, ob der das irgendwo gelesen hat oder woher der das alles weiß, jedenfalls geht das zurück bis ins Mittelalter, und da gab es so einen Benediktinerbruder mit Kutte und Zensur und allem Drum und Dran, und der lief durch den Winterschnee, und es war eisig und bitterkalt, und da musste der ein kleines Flüsschen überqueren, das war aber zugefroren, das Flüsschen, und als er da rüberwollte, da rutschte der Bruder dauernd aus und fiel immer wieder hin, das war auch spiegelglatt war das auf dem Eis, und da kamen jetzt also zufällig die

Stadtgründer vorbei, die an dieser Stelle ihre neue Stadt gründen wollten, und die suchten noch nach einem Namen für die neue Stadt, und da sahen die den Benediktiner, der die ganze Zeit auf dem Eis ausrutschte, und da mussten die auch lachen, das war ja lustig, war das, neenee, rief der eine Stadtgründer, guck mal, der Mönch in dem glatten Bach, und dann haben die den Ort auch so genannt: Mönchengladbach. Aber von wegen glatt, Martin, ich wollte ja das Gedicht vorlesen, pass auf: *Ein jedes Trampeltier, das hat 'nen Rücken, doch der ist nicht glatt. Man kann da drauf zwei Höcker finden, den einen vorn, den andren hinten, worin das Tier sein Wasser speichert, was ihm das Leben sehr erleichtert, vor allem, das ist klar wie Klara, in heißen Wüsten, sprich: Sahara.*«

»Wunderbar«, sagte ich. »Geht das noch weiter?«

»Das war die erste Strophe, Martin«, sagte meine Mutter.

»Und wie viele Strophen hat das Gedicht?«

»Zwei.«

»Das ist gut«, rief ich. »Zwei Strophen. Wie die zwei Höcker. Das ist gut.«

»Hier kommt die zweite Strophe!«, sagte meine Mutter. »*Doch ständig Wasser aus dem Höcker schmeckt wahrlich nicht besonders lecker. Drum gab es mal ein Trampeltier, das trank ganz gerne Weizenbier.*

Und während vorn das Wasser ruhte, gab's hinten drin das Bier, das gute. Es stimmt, ich hab das Tier getroffen, am Morgen schon war es besoffen.«

Claudia Brendler

Es ist dann mal weg

Mein Unbewusstes macht gerade Urlaub in Frankreich.

Ich erfuhr davon, als ich nach einigen traumlosen Nächten bei ihm anfragte, was denn los sei. Wie es sicher wisse, bräuchte ich dringend seine Ansicht zu einigen aktuellen persönlichen Aufwühlungen und Verwerfungen.

Nichts sei los, antwortete mein Unbewusstes, es sei nur an der französischen Riviera und nehme eine Auszeit. Und wie ich sicher wisse, schalte man dabei sein Telefon ab, lese keine Mails und so weiter.

Aber wir telefonieren und mailen doch sowieso nie miteinander, sagte ich.

Das ist ja auch nur eine Analogie, sagte es. Damit du mich verstehst.

Warum denn das jetzt plötzlich? Du willst doch sonst nie, dass ich dich verstehe, ich muss mir alles immer mühsam deuten.

Wie auch immer, erwiderte mein Unbewusstes,

ihm stünde jedenfalls Urlaub zu, wie anderen Arbeitnehmern auch. Mindestens vier Wochen im Jahr.

Vier Wochen sind aber verdammt viel, sagte ich.

Eigentlich seien es sogar sechs, teilte mein Unbewusstes mit, es habe nämlich gegoogelt.

Sechs Wochen? Weißt du eigentlich, wie wenig Urlaub ein Amerikaner im Jahr hat? Jetzt nur zum Beispiel?

Dazu schwieg mein Unbewusstes dezent.

Ich gewähre dir höchstens drei, sagte ich. Das wäre für einen Amerikaner auch noch viel, würde aber reichen für einen Europatrip samt Switzerland with the lovely Matterhorn, Wien, Paris, Venedig, Nordkap, sogar eine kleine Kreuzfahrt ins Baltikum wäre drin.

Schweigen.

Außerdem sind wir selbstständige Künstler, uns steht gar kein Urlaub zu, und das weißt du auch. Zumindest in deinem Unbewussten.

Mein Unbewusstes hätte so höflich sein können, kurz aufzulachen. Stattdessen verschränkte es die Arme.

Und warum, fragte ich in das immer renitentere Schweigen hinein, warum ausgerechnet Frankreich, wir wollten doch eigentlich viel lieber nach Rumänien. Oder mit dem Rad durch Spanien und dann nach Portugal und auf die Kapverden. Oder gleich nach Alaska oder Neufundland. Wir waren schon hundertmal in Frankreich.

Schweigen.

Außerdem finden wir die französische Riviera ziemlich kacke, wenn ich dich daran erinnern darf.

Schweigen.

Hallo! Das war ein Triggerwort: Kaka! Schlammfluten, im Töpfchen rumrühren, dein Gebiet, abgesehen von dem ganzen Ödipussi-Kram. Sag was!

Nö. Hab ja Urlaub.

Und was machst du so an der Riviera? Hockst am Strand und schaust aufs Meer und trinkst überteuerten Café au Lait? Wer bezahlt den eigentlich, ich etwa?

Ich solle mir mal keine Sorgen machen, sagte mein Unbewusstes.

Nett von dir. Hast du dir vielleicht mal überlegt, dass ich hier arbeiten muss?

Du bist ja auch Workaholic. Wir nicht.

Wie, wer, wir?

Hast du ernsthaft geglaubt, ich mach das alles allein? Diese ganzen widersprüchlichen Wünsche, deine komplizierten und aufwändigen Träume …

Moment, Moment. Du meinst die paar wilden Tiere, die mich verfolgen? Die blöden Felswände, an denen ich hänge und nicht weiterkomme? Ich kann ja noch nicht mal fliegen! Und überhaupt, wer seid *ihr* denn eigentlich?

Die Belegschaft der ES-AG, sagte mein Unbewusstes und klang dabei richtig feierlich.

Auf einmal war ich mir sicher, dass das Ganze ein Traum sein musste. Ein absurder, vielleicht, ja, zugegeben, auch ein aufwändiger Traum, aber doch nur …

Nein, das ist eine Tarifverhandlung über Urlaubsregelung, sagte mein Es. Oder eher: der Sprecher der ES-AG.

Ihr habt also auch … eine Gewerkschaft?

Einen Betriebsrat.

Und was ist mit meinem Roman? Ich hab einen Abgabetermin.

Prokrastinier halt ein bisschen, bis wir wieder da sind.

Ich hab aber ein schlechtes Gewissen, sagte ich. Gehört das eigentlich auch zu eurer ES-AG? Und wenn ja, was will es dann dauernd bei mir, warum gammelt es nicht mit euch im Liegestuhl herum oder spielt mit den Schuldgefühlen Strandtennis?

Quatsch, das gehört alles zum Über-Ich. Und die fahren prinzipiell nie in Urlaub.

Das freudianische Modell ist doch mindestens so out wie euer Betriebsrat, sagte ich.

Diese Meinung stünde mir natürlich frei, antwortete mein Unbewusstes. Und dann sagte es ganz freundlich, dass sie nun eine betriebliche kleine Schifffahrt machen würden.

Seitdem habe ich nichts mehr gehört.

Ich warte.

Tag für Tag, Nacht für Nacht.

Auf eine Postkarte voller Unterschriften der Belegschaft.

Auf einen Liebesbrief.

Wenigstens auf verstörende, schwer deutbare Bilder.

Manchmal träume ich von Schiffsunglücken.

Und bin kurz davor, an die französische Riviera zu reisen.

Diana Hillebrand

Mareike genießt die Sonne

Die Nacht ist noch jung, nur ich nicht mehr so ganz, dachte Benno. Dann schob er den Sessel an die Betonwand, strich flüchtig über das Velours. Wie immer beamte ihn die Berührung in eine andere Zeit, an einen anderen Ort. Der Sessel erinnerte ihn an seinen Großvater.

»Das ist ein Ohrensessel, Benno«, hatte der immer gesagt und Benno hatte die Ohren gesucht und nicht gefunden. Bei der Erinnerung daran musste Benno laut lachen. Das hätte seinem Großvater gefallen.

Sein Bett wirkte wie ein am Boden liegendes Schwalbennest, es klebte quasi an der Wand der Wittelsbacherbrücke. Eine Matratze, ein Kissen, ein Schlafsack, ein Ohrensessel und eine umgedrehte Obstkiste, die ihm als Tisch diente. Das war sein Reich. Benno war stolz darauf, dass seine Adresse den Namen eines der ältesten deutschen Adelsgeschlechter in sich trug. Wenn er danach gefragt wurde, betonte er »Wittelsbacher«, die »Brücke« nuschelte er so hinterher. Darauf kam es schließlich nicht an. Das fand übrigens auch Mareike.

Er sah sich um und war zufrieden. Es war Sommer, es war trocken und er vermisste den Regen nicht. Seit fast zwei Jahren war er nun hier und die Brücke bog sich wie eine Kathedrale über seinen Kopf. Er streckte sich und wusste, er würde die Decke niemals berühren können, und darüber lag der endlose Sternenhimmel und deckte ihn jede Nacht zu. Benno hatte keine Angst.

»Dann lass uns mal schlafen, Mareike«, sagte er, verschwand im Schlafsack und knipste die Taschenlampe aus.

Am nächsten Morgen war Mareike wie immer vor ihm wach und sah ihn aus ihren großen blauen Augen fragend an.

»Du brauchst mich gar nicht so anzusehen, ich steh ja schon auf.«

Ihre Antwort: Schweigen. Sie verstanden sich auch ohne viele Worte.

Benno nahm ein Handtuch und schlurfte zur Isar. Der Stadtfluss begrüßte ihn wie einen alten Freund. Heute, zur Feier des Tages, sprang Benno komplett hinein und ließ sich sogar ein paar Meter mittreiben, bis die Frische ihn tief durchdrungen hatte und es in seinen Zehen prickelte. Wieder an Land lief er zu seinem Handtuch, trocknete sich ab und machte sich auf den Rückweg. Mareike stand da, wie er sie verlassen hatte. Natürlich. Sie ging niemals weg.

Am Fußende seines Bettes hatte jemand einen metallglänzenden Thermobecher mit Kaffee abgestellt, und Benno fragte sich zum x-ten Mal, wem er das verdankte. Es hatte ein paar Wochen nach seinem Einzug hier angefangen. Seitdem fand er in unregelmäßigen Abständen morgens einen Kaffee auf seiner Obstkiste vor. Benno setzte sich, nahm einen Schluck und schmeckte Aromen von Schokolade und Karamell. Er kannte sich aus. Früher hatte er oft guten Kaffee getrunken. Dieser hier war gut. Keiner aus dem Supermarkt, sondern einer, der mit Hingabe geröstet und langsam und sorgfältig gebrüht worden war.

Benno sah sich um und erinnerte sich. Damals war er in der Eingewöhnungsphase gewesen. Da kam ihm das Leben unter der Brücke noch seltsam vor. Heute konnte er es sich kaum anders vorstellen. Seine Brücke bot ihm mehr Platz und Freiheit, als er jemals zuvor besessen hatte. Seine Tür war immer offen. Er mochte es, wenn seine Kumpels auf einen Sprung bei ihm vorbeikamen, und immer dieser frische Wind um die Nase. Nur im Winter, da war es manchmal hart. Aber wer dachte im Sommer schon an den Winter?

Früher hatte er in einem richtigen Haus gelebt, mit

einem richtigen Tisch und richtigen Stühlen. Manchmal erzählte er davon, und dann kam es ihm vor, als läse er aus einem Roman vor. Sein Alltag heute dagegen war echt und lebendig und jeden Tag neu, wenn auch manchmal schwer. Mareike sah ihn mahnend an. Sie mochte es nicht, wenn er grübelte. Schon gar nicht heute.

»Ist schon gut, Mareike.«

»Grüß dich, Benno, altes Haus!«

Benno sprang auf. »Na, so alt nun auch noch nicht. Zweiundfünfzig, seit heute, wenn ich bitten darf.« Er stellte den Kaffee ab und ging seinem Gast entgegen. Es war der Franz vom Kiosk oben auf der Brücke, und er balancierte umständlich einen kleinen runden Kuchen mit einer brennenden Kerze darauf in der einen und eine Flasche Wein in der anderen Hand den Pfad zu ihm hinunter.

»Hast wohl gedacht, ich vergesse deinen Geburtstag, Alter. Hab ich aber nicht.« Er grinste, und Benno war sicher, seine Fahne reichte rüber bis zum Südfriedhof.

»Dank dir, Franz.« Er klopfte ihm auf die Schulter. »Den Kuchen teil ich gleich mit dir, wenn du willst. Den Wein heb ich mir für schlechte Zeiten auf.«

Franz gackerte. »Den Kuchen kannst du behalten. Auf den Wein komm ich zurück, aber jetzt muss ich ... Meine Kunden warten oben.« Dann hob er zum Abschied die Hand und eierte davon.

Benno wog die Flasche Wein in seinen Händen. Es hatte Zeiten gegeben, da wäre er schwach geworden. Aber das war vorbei, seit Mareike da war. Er zwinkerte ihr zu. Mareike reagierte mit kühler Gelassenheit. Wie immer. Er schob sie ein Stück zur Seite.

Kaum hatte er den Kuchen gegessen und den Kaffee getrunken, vernahm Benno Schritte und Stimmen. Er atmete ein, stemmte die Hände in die Hüfte, setzte sich ein Lächeln auf, trat ein paar Schritte unter seinem Brückenbogen hervor und sah ihnen entgegen. Es waren sieben oder acht und seine heutigen Gäste.

»Sind Sie Benno?«, rief schon einer von weitem. Er führte die Gruppe an. Meistens ging ein Mann voran. Benno ahnte, warum: Man wusste nie, was einen unter der Brücke erwartete. Die anderen folgten wie eine Schar Gänse. Benno schlug ihre Aufregung entgegen, ihre Erwartung, ihre Vorurteile, aber auch ein bisschen ihre Angst. All das hörte er aus ihrem flattrigen Lachen heraus. Diesmal war auch ein Kind dabei, vielleicht zehn Jahre alt. Das Mädchen war die Einzige, die den Schnabel hielt und Benno schüchtern anlächelte. Benno lächelte zurück und war froh, dass er zu den gepflegten Wohnungslosen gehörte. Er schritt den Ankömmlingen entgegen.

»Japp. Sie sind hier richtig. Ich bin Benno.«

»Ach ja«, sagte der Leiter. Benno taufte ihn insgeheim Gänserich.

»Genau«, sagte Benno.

Alle waren jetzt stehengeblieben und starrten ihn an. Benno kam sich vor wie ein Abguss von Dionysos, Gott des Weines, der Freude und des Wahnsinns. Schnell drehte er sich um und machte eine einladende Geste.

»Ja, dann kommen Sie mal rein in mein trautes Heim. Dafür sind Sie ja schließlich extra hergekommen.«

Im Gänsemarsch und dicht zusammengedrängt setzte sich die Truppe in Bewegung. Langsam, wie in einem Museum, schoben sie sich vorwärts unter seiner Brücke und blieben dann vor seinem Bett stehen.

»Ist das dein Bett?«, fragte das Mädchen.

»Ja, das ist es. Ich nenne es Schwalbennest«, erklärte Benno. Die Kleine nickte und verstand. Die anderen schüttelten mitleidig den Kopf. Benno hätte den Verlauf seiner Gästeführungen auswendig herbeten können.

»Es ist sehr gemütlich«, sagte er.

»Ich will auch mal draußen schlafen«, sagte das Mädchen.

Die Frau, die offenbar die Mutter des Mädchens war, versuchte ein Lächeln. Es misslang.

»Warum nicht, Mama?«

»Es ist sehr schön, draußen zu schlafen«, sprang Benno dem Mädchen bei.

»Siehst du, Mama. Es ist schön.«

»Aber Lena, du hast doch ein Bett.«

»Der Mann hat doch auch ein Bett.« Sie ging hin und drückte auf der Matratze herum.

Benno grinste.

»Es ist weich, Mama.«

Nun ergriff der Gänserich das Wort. War er am Ende sogar der Vater des Mädchens?

»Und wie lange leben Sie schon hier?«

»Seit einigen Jahren.«

»Aha«, sagte er.

»Genau«, sagte Benno.

Dann zeigte er seinen Tisch und erzählte die Geschichte seines Großvaters mit dem Ohrensessel. Vor den Augen und Ohren seiner Gäste malte er das Leben eines Obdachlosen in romantischen Farben aus, obwohl dies nicht immer der Realität entsprach. Er berichtete, dass er, wann immer er wollte, einen ungehinderten Blick auf den Sternenhimmel habe, dass die Isar jeden Tag anders aussehe und dass das Klackern der Steine, die durch die Strömung angetrieben wurden, in seinen Ohren wie klassische Musik klänge.

»Jeden Tag weckt mich dieser Fluss mit seiner Melodie, und abends wiegt er mich in den Schlaf.«

Die Besuchertruppe hatte sich währenddessen etwas verteilt, sah hierhin und dorthin, auf den Fluss und in den Himmel, der heute taubenblau leuchtete.

Das Mädchen war vor Mareike stehengeblieben.

»Und wer ist das?«, fragte sie.

»Das ist Mareike. Sie genießt die Sonne.«

Die Kleine kicherte.

Mareike mochte es nicht, wenn man sie auslachte. Benno wusste das, er brauchte gar nicht hinzusehen. Denn jetzt trafen sie auch die Blicke der anderen Gäste, und das sollte unbedingt vermieden werden.

Also verschaffte er sich Gehör: »So, meine sehr verehrten Gäste«, er musste sich zusammenreißen, um nicht »Gänse« zu sagen, »jetzt haben Sie alles gesehen und gehört, was es zu sehen und hören gibt. Mein bescheidenes Leben liegt vor Ihnen.« Er fischte eine Mütze unter seiner Obstkiste hervor. »Nun freue ich mich, wenn Sie diese privaten Einblicke auch fürstlich entlohnen würden, schließlich befinden Sie sich im Hause Wittelsbach.«

Dies war traditionell sein letzter Satz, damit beendete er jede Führung. Der eine oder andere würde dafür fünf Euro in seine Mütze geben und sich dann hastig wieder den kleinen Hügel hinauf in die zivile

Welt machen. Dann würden sie über Benno reden, sich wundern, ihn bemitleiden, aber vielleicht würde auch hie und da eine flüchtige Spur von Neid aufkommen.

Benno leerte die Mütze. Das Mädchen hatte ihm gefallen. Kinder sahen seine Welt immer mit anderen Augen. Für sie leuchtete das Abenteuer noch heller als das Geld. Benno hatte 43,50 Euro eingenommen und war zufrieden. Mareike fand, jeder hätte fünf Euro geben müssen.

Er traf Mareike vor etwa einem Jahr. Es hatte tagelang geregnet, und Benno war halbbetrunken von Hauseingang zu Hauseingang gestrichen. Da sah er sie im Regen stehen. Benno fand, sie sah ein bisschen traurig aus. Da hatte er sie mitgenommen. Am Anfang hatten die Leute sich gewundert.

»Wer ist das?«, hatten sie gefragt.

»Das ist Mareike«, hatte Benno geantwortet.

Irgendwann fragte niemand mehr. Benno und Mareike lebten ab jetzt zusammen. Das war eben so. Und Benno trank nicht mehr, weil Mareike ihn dann immer so anklagend ansah.

In seinem Thermobecher war kein Kaffee mehr, das war schade. Mareike fand das auch. Benno stellte den Becher gut sichtbar auf seinen Tisch und beschloss, dass heute ein guter Tag war. Heute musste etwas passieren.

Nur wenige Meter von seiner herrschaftlichen Brücke entfernt versteckte Benno sich hinter einen Busch und wartete. Sein Herz klopfte. Von hier aus konnte er das Schwalbennest sehen und auch den Tisch mit dem glänzenden Thermobecher darauf. Im Hintergrund begegnete ihm der Blick von Mareike. Sie wartete, genau wie er.

Es dauerte lange, so lange, dass Bennos Beine in der Hocke einschliefen. Aber er wagte nicht, sich zu bewegen. Er musste vorsichtig sein und leise. Mareike war auch mucksmäuschenstill. Sie hatte ihn gelehrt, auch mal ruhig zu sein. Er zwinkerte ihr zu, wusste aber nicht, ob sie es sehen konnte.

Es war die Zeit, zu der sich das Isarufer belebte. Fahrradfahrer schossen vorüber, Jogger mit verkniffenen Gesichtern und vor allem Hunde. Einer kam ganz nahe an ihn heran und schnüffelte an seinem Knie.

»Mach, dass du weiterkommst«, zischte Benno. Wäre ja ein Jammer, wenn der ihn jetzt verraten würde. Der Hund hechelte und leckte über den Stoff seiner Hose. Bennos Knie wurden nass.

»Lucky! Komm!«

Genau, dachte Benno und freute sich, dass Lucky so ein folgsames Tier war.

Benno hatte Durst. Wie lange saß er jetzt schon in

seinem Versteck? Er dachte darüber nach, wie das jetzt aussehen würde, wenn ihn jemand hier entdeckte. Ein Wohnungsloser, allein hinter einem Busch. Das machte keinen guten Eindruck. Benno wusste das. Er war ja nicht verrückt. Okay, das mit Mareike, das war schon ein bisschen crazy. Das musste er zugeben. Von außen betrachtet. Aber genau das war ja das Problem. Die Menschen sahen zu viel von außen. Deshalb machte er ja auch die Führungen, damit sie mal *reinsehen* konnten. Damit sie sehen, dass er ein ganz normaler Mensch war. Ein Mensch, der schläft, isst und Geschichten erzählen konnte. Genau wie sie auch. Meistens beachteten sie Mareike auch gar nicht. Das mit Mareike war verrückt. Aber nur ein bisschen. Denn natürlich wusste Benno genau, was sie war. Vielleicht sollte er einfach aufstehen und zu ihr hinübergehen. Er vermisste sie. Er suchte ihren Blick, doch der Befehl darin war unmissverständlich.

»Bleib.«

Da gab es kein Vertun. Mareike wollte, dass er blieb. Also blieb Benno. Seine Zehen kribbelten und er bewegte sie ein bisschen.

Ein- oder zweimal hatte er schon versucht herauszufinden, wer ihm den Kaffee brachte. Hatte sich – wie jetzt – versteckt und gewartet. Aber nicht lange genug. Er habe es nicht ernsthaft gewollt, hatte Mareike ihm dann vorgeworfen. Diesmal schaffte er es.

Er wusste, der Kaffeebecher würde heute auch wieder abgeholt werden. Das geschah immer dann, wenn er nicht da war. Wenn Benno keine Führung hatte, und das kam zugegebenermaßen sehr oft vor, setzte er sich am Vormittag in Bewegung. Stundenlang lief er dann durch die Stadt, die ihm wie eine Katze vorkam. Manchmal spürte er ihre Unruhe, dann aber, an heißen Tagen, verhielt sie sich träge, und oft war sie aggressiv. Die Stimmung schien sich auch auf ihre Bewohner niederzulegen. Und Benno hatte das seltsame Gefühl, all das von außen zu betrachten. Er gehörte nicht richtig dazu, aber irgendwie auch doch.

Jetzt tat sich etwas! Benno kniff die Augen zusammen. Eine Frau näherte sich seinem Heim und dem Kaffeebecher. Das war keine Überraschung. Benno hatte es vermutet. Männer brachten keinen Kaffee vorbei. Männer brachten Wein mit.

Ohne lange zu überlegen, sprang Benno hinter dem Busch hervor. Er spürte, wie das Blut wieder in seine Beine schoss, und strauchelte ein wenig. Die Frau hatte den Kaffeebecher schon in der Hand und sah alarmiert auf. Benno sah Panik in ihren Augen. Er hob die Hand.

»Halt! Bitte, bleiben Sie!«

Die Frau wirkte wie ertappt. Instinktiv ging er langsamer. Er wollte sie nicht noch mehr erschrecken.

»Bitte! Bitte gehen Sie nicht. Ich möchte mich nur bedanken.«

Ein kleines Lächeln schob sich in ihr Gesicht.

»Ich sollte gehen.«

»Sie sollten bleiben«, sagte Benno.

Mach jetzt keinen Fehler, mahnte Mareike und sah ihn unverwandt an.

Benno blieb ein paar Schritte vor der Frau stehen. Sie trug ein geblümtes Kleid und roch wie eine Blumenwiese. Insgeheim gratulierte er sich zu dem ausgiebigen Bad heute Morgen.

»Sie sind das also.«

»Ja. Aber du kannst auch ruhig Susanne sagen.«

»Susanne«, sagte Benno.

»Kennst du mich noch?«

»Klar«, sagte Benno, »ist viel passiert in der Zwischenzeit.«

Genau in diesem Moment schossen Bilder wie eine Sturmflut durch seinen Kopf. Es tat ein bisschen weh. Der Tod seiner Frau und Susanne, wie sie traurig nebenan am Zaun stand.

»Unsere Nachbarin«, sagte er laut.

»Wie geht es dir?«, fragte Susanne.

»Gut, wie du siehst«, sagte er und meinte es auch so. »Manchmal bekomme ich sogar Kaffee.«

Susanne lächelte, und er fand sie sehr schön. Dann schob sie ihre Umhängetasche von den Schultern, zog ein kleines Geschenk heraus und hielt es ihm hin.

»Du hast doch heute Geburtstag, Benno.«

Er nahm das Geschenk und hatte das Gefühl, als würde er innerlich auftauen, so warm wurde ihm.

Mareike schwieg.

»Komm doch rein«, sagte Benno.

Susanne lächelte wieder, und auch Benno musste lachen.

Und Mareike? Mareike zwinkerte ihm heimlich zu. Aber das konnte natürlich nur Benno sehen. Denn schließlich war sie nur ein Plakatständer, auf dem eine attraktive Frau mit auffallend blauen Augen zu sehen war.

Jan Weiler

Ein Traum von einem Vater

Schul- und Jugendpsychologen weisen immer wieder darauf hin, dass es in der Erziehung junger Menschen vor allem darauf ankommt, ständig mit den Kindern in Kontakt zu bleiben. Kommunikation ist alles, heißt es. Man soll also reden, reden und nochmals reden, notfalls achtzehn Jahre lang durchlabern. Habe ich versucht. Das vorläufige Ergebnis ist aber ernüchternd, denn ich rede, und meine Kinder schweigen zurück.

Die ganze Bredouille begann damit, dass wir zu Mittag aßen. Das machen viele Familien in Deutschland jeden Tag. Aber bei uns war so eine komische Stimmung. Niemand sprach, dabei hatte keiner schlechte Laune. Ich mag es nicht, wenn alle stumm das Essen in sich hineinschaufeln. Ich will auch quatschen. Also stellte ich meinen Kindern eine Frage, irgendeine belanglose Frage, nur um das Tischgespräch ein bisschen ins Brummen zu bringen.

»Mal angenommen, es gäbe mich gar nicht: Wen

hättet ihr dann am liebsten als Vater?« Ich dachte, das sei ein Top-Essensthema, und hoffte nebenbei, dass meine Kinder sagen würden, sie könnten sich niemand anderen als Vater vorstellen als mich. Väter sind so, manche jedenfalls, also ich.

Sara fand die Frage auch interessant, und die Kinder dachten nach, unser Sohn Nick allerdings nur sehr kurz. Dann rief er: »Homer Simpson!« Das fand ich eine ganz gute Wahl. Homer Simpson ist doof, aber lustig.

Carla nahm sich etwas mehr Zeit und rief dann: »Ich will Til Schweiger als Vater!« Den finde ich mindestens so doof, bloß gar nicht lustig. Er dreht aber angeblich Komödien.

»Warum bitte denn ausgerechnet der?«, fragte ich empört. Ben Stiller hätte ich okay gefunden, meinetwegen auch Jürgen Klopp, solange er die doofe Mütze nicht aufhat. Aber Til Schweiger?

Carla knabberte an ihrem Salat und führte dann aus, dass der im Film so eine tolle Wohnung habe und super mit Kindern umgehen könne.

»Kann ich auch«, meckerte ich.

»Aber er guckt immer so süß.«

Til Schweiger guckt süß! Ich versuchte, so zu gucken wie Til Schweiger, so nett und unschuldig von unten, wie man eben gucken muss, damit Mädchenherzen schneller pochen.

Carla lachte und sagte: »Du kannst das nicht.«

Ich wies sie darauf hin, dass ich andere Dinge könne, die der feine Herr Schweiger ganz sicher nicht beherrsche, und Carla sagte: »Die interessieren nur niemanden. Aber außerdem sieht der super aus.«

Sie betonte das »der« auf eine ziemlich provozierende Weise. Jetzt war ich beleidigt. Selbst schuld. Leider hatte sie vollkommen recht.

»Wofür ist es denn bitte schön so wichtig, dass ein Vater gut aussieht?«, fragte ich in selbstquälerischer Beharrlichkeit. Carla beschenkte mich mit einem mitleidigen Blick, brachte ihren Teller in die Küche und verschwand in ihrem Zimmer, um telefonierend zu kichern. Oder um kichernd zu telefonieren. Wahrscheinlich ging es um mich.

Ich blieb sitzen und dachte darüber nach, wen ich als Junge gerne zum Vater gehabt hätte. Und dann fiel es mir wieder ein: Lex Barker. Old Shatterhand. 1974 war der mein Traumvater. Lex Barker ging mit diesem oberlässigen Wildlederoutfit auf Kriegspfad. Mein Vater hingegen ging nur mit Anzug und Krawatte ins Büro. Er hatte nicht den kleinsten Schimmer vom Anschleichen, konnte keinen Tomahawk werfen, und wenn er nach Hause kam, machte er kein Lagerfeuer an, sondern den Fernseher.

Und plötzlich konnte ich meine Tochter verstehen.

Allein die Vorstellung, mit Til Schweiger in einem seiner unoriginellen, aber schön eingerichteten Filme zu leben, hebt in Mädchenseelen wahrscheinlich die größten romantischen Schätze. Besonders, wenn er so von unten guckt.

Mir fällt jedenfalls auf, dass meistens ich bei uns Konversation mache. Madämchen lässt sich Infos nur schwer entlocken, und unsere Til-Schweiger-Diskussion dämpfte ihre Gesprächslust noch weiter. Trotzdem weiß ich allerhand über sie, weil ich um meine Tochter herum recherchiere.

Ich weiß zum Beispiel, dass es zwischen ihr und Moritz mal wieder nicht zum Besten steht. Große Krise. Sie hat sich da um Kopf und Kragen geredet. Es ist ihrer Jugend geschuldet und eigentlich nicht weiter schlimm. Aber endlaser peinlich. Endlaser ist eine Steigerungsform, die gerade bei uns grassiert. Meine Bolognese ist zum Beispiel endlaser. Und Moritz war offenbar bis gestern endlaser. Mir würde sie so etwas niemals erzählen, weil ich nun einmal nicht endlaser bin. Aber ihren Kumpelinnen erzählt sie alles. Und wer ist mit den jungen Damen befreundet? Genau: ich. Bei Facebook.

Nicht, dass Sie mich jetzt für einen Strolch halten. Ich habe mich nicht darum bemüht. Es war genau umgekehrt. Als ich in der Facebook-Quasselbude frisch angemeldet war, purzelten Freundschaftsanfragen herein, und darunter waren einige von Carlas Schulfreunden. Ich fand das lustig und drückte auf »bestätigen«. Ich dachte, das sei geschickt, weil man auf diese Weise mit Jugendlichen in Kontakt bleibt.

Zunächst erwiesen sich meine Facebook-Freundschaften mit Carlas Clique als ziemlich enervierend. Dauernd wurde ich gefragt, ob ich bei irgendwelchen doofen Spielen mitmachen wolle. Ob ich mir ein Date mit Miley Cyrus wünschte (nein) oder lieber eines mit Cameron Diaz (schon eher) und ob ich alte Wendy-Hefte bräuchte (bestimmt nicht). Ich reagierte nie.

Aber dann passierte die Sache mit Moritz. Ich kann ihn gut leiden. Er ist nett, sieht gut aus, und soweit ich es beurteilen kann, ist er gut für Carla. Mehr kann man nicht verlangen. Manchmal sitzen die beiden in unserer Küche und verursachen eine Art Lochfraß in unserem Kühlschrank.

Damit könnte es nun vorbei sein, denn der arme Kerl hat einen weiteren großen Fehler gemacht. Vor einigen Tagen tauchte er in der Schule mit einer neuen Frisur auf. Seine längeren Haaren sind einem Selbstverwirklichungstrip der Friseurin zum Opfer gefallen, und er sieht aus, wie man nachmittags auf RTL II aussieht. Im Ergebnis führt dieser Look dazu, dass er ein Schleudertrauma bekommen wird, weil er sich diesen seltsamen Pony immer aus dem Gesicht schütteln muss.

Nachmittags fragte Liliane auf Facebook nach Meinungen zu Moritz' neuem Kopfputz. Carla kommentierte: »Sieht aus wie eine Klobürste aus Eichhörnchenfell.« Moritz kommentierte: »Dabei habe ich das nur für Dich getan. Aber da habe ich wohl einen Fehler gemacht.« Ich postete unüberlegt: »Die größten Dummheiten werden aus Liebe begangen.« Und Carla schrieb: »Tschüs, Papa.«

Kurz darauf hatten alle ihre Bekannten ihre Verbindung zu mir gelöst. Ich rief einen Vater an, der bisher ebenfalls mit allen Kindern befreundet war. Und der ist auch raus. Wir sind alle raus. Aufs Abstellgleis geschoben, Generationenvertrag gekündigt. Ritschratsch, so schnell kann's gehen. Nur bei Moritz bin ich noch drin. Wir sind sozusagen richtige Freunde.

Iris Leister

Kleine Fische

»Alta, da schwimmt ja voll die Kohle!« Der Himmel war grau und hing wie eine Schieferplatte über dem Potsdamer Platz, und Kleini, der gerade einem blonden Mädchen mit gepierctem Bauchnabel hinterhergeträumt hatte, wurde durch einen Stoß in die Rippen unsanft auf den Boden der Tatsachen zurückgeholt.

Der Boden war in diesem Fall aus Holz und gehörte zu dem Steg, der auf den künstlichen See führte. Tarek, Urheber des Stoßes, nickte aufgeregt mit dem Kopf zum Wasser, auf dem der einsetzende Regen und die Reste des Hamburgers, die er in das Wasser krümelte, kleine konzentrische Kreise formten. In der Mitte der Kreise tauchten gierige bunte Fischmäuler auf und schnappten nach den Krümeln und nach den Tropfen, die sie für Krümel hielten. Kleini starrte lange und sorgfältig ins Wasser. Er sah nichts, das irgendwie nach Geld aussah. »Ich seh nur Fische.«

Tarek verdrehte die Augen und deutete auf Kleinis

dicke Kassenbrille, auf der sich mittlerweile die Regentropfen sammelten, in denen sich die Leuchtreklamen von McDonald's und der Spielbank spiegelten.

»Fische, Alta«, sagte er abfällig und zog wie immer, wenn er etwas Wichtiges zu sagen hatte, seine Adidas Track Pants hoch. »Putz dir mal die Augen, Herr Michi Kleinikowski. Das sind keine irgendwelche Fische. Das sind Kois.«

»Was?«

»Kois, Mann. Schwimmendes japanisches Gold!«

»Echt?«

»Klar, Alta. Ich hab die mal gesehen beim Chef von mein' Bruder Mansur. Der Typ hat zehn Riesen hingelegt pro Stück. Is' total verrückt nach die Viecher. Hat ja auch Kohle ohne Ende.«

Tarek und Kleini beobachteten aufmerksam die roten, weißen, gelben und gefleckten Fische, die in ihrer Gier nach Futter zum Greifen nah kurz unterhalb der Wasseroberfläche hin und her patrouillierten.

»Kleini.« Tarek spuckte nachdenklich ins Wasser. Die Spucke war kaum auf dem Wasser gelandet, da verschwand sie schon in einem Fischmaul. »Das is' unsere Chance.«

»Wieso?«

»Pass auf. Du kennst ein', der's reich wie Scheich und steht auf Kois. Und du weißt, wo's die Viecher zum Nulltarif gibt. Was er aber nich' weiß. Also?«

»Also?« Kleini konnte Tarek immer noch nicht folgen.

»Also gehn wir beide hier demnächst angeln. Hol'n paar von die Viecher raus und verkaufen se dem Typen. Bingo!« Tarek schaute seinen Freund erwartungsvoll an.

Kleini schwieg zunächst beeindruckt, hatte dann aber doch Bedenken. »Und die Security?«

»Wir machen das nachts, voll combatmäßig.«

Kleini schaute Tarek zweifelnd an.

»So schnell könn' die gar nich kieken, Kleini.«

»Wirklich?«

»Klar, Alta. Und denk mal an die Kohle. Nur zehn Stück von die Viecher, und wir ham hunderttausend.«

»Ich weiß nicht.«

»Alta, Cash bis zum Abwinken! Klamotten, Party, Mädels. Das ganze Paket!«

»Mädchen? Echt?« Kleini fing Feuer.

»Klar. Die Blonde von eben?«

Kleini guckte ertappt.

»Da wärste der King. Mindestens.«

»Und kein Risiko?«

»Null Risiko, versprochen.«

»Okay.« Kleini war überzeugt.

»Deal?« Tarek hielt ihm die Hand hin.

Kleini schlug ein. »Deal.«

Der Regen fiel jetzt in dicken, harten Tropfen. Das gleichmäßige Rauschen der Autos auf der Uferstraße war zu einem grellen Zischen geworden. Die beiden machten, dass sie nach Hause kamen.

Tarek redete noch am selben Abend mit seinem Bruder Mansur. Der wiederum redete mit seinem Chef, der wegen seiner besessenen Leidenschaft für alles Japanische allgemein nur Zen genannt wurde und eine Kiezgröße vom Stuttgarter Platz war.

Zen bestellte acht Kois, drückte den Preis aber auf fünftausend pro Stück. Tarek ging maulend auf das Angebot ein und klaute die zwei roten Putzeimer seiner Mutter. Kleinis Mutter besaß keine Putzeimer. Er brachte dafür riesige Aldi-Tüten mit, die als Kescher dienen sollten. Sie hatten sich gegen richtige Kescher entschieden, weil die, wie Tarek meinte, auffällig wie eine »Fliege auf 'ner Sahnetorte« gewesen wären.

Als sie zwei Abende später mit den zwei Eimern und den Tüten am Potsdamer Platz standen, regnete es immer noch. Es war dunkel. Kein Mensch war unterwegs. Der See lag bis auf die Stellen, wo die Unterwasserscheinwerfer müde Lichtfinger durchs Wasser schickten, schwarz wie frischer Asphalt vor ihnen. Es roch nach Wasser.

Tarek kreiste wie ein aufgeregter Boxer mit den Schultern. Kleini schob nervös seine Brille hoch.

»Alles klar, Alta?«

Kleini nickte.

»Na dann.« Tarek zog den Köder, einen BigMac, aus der Seitentasche seiner Hose und brockte ihn bei den Scheinwerfern ins Wasser. Die Fische kamen träge angeschwommen und schnappten nach dem Futter. Kleini tauchte vorsichtig die Tüten unter Wasser. Aber die Tiere schossen davon, während sich die Tüten bei jeder Bewegung mit Wasser aufblähten und damit ungefähr so manövrierfähig waren wie Kartoffelsäcke. Nach einigen vergeblichen Versuchen beschlossen sie, die Fische mit der Hand zu fangen.

Die Jungs patschten durch das Wasser und griffen ins Leere, denn die Fische waren pfeilschnell und glitschig. Die ersten, die sie zu fassen kriegten, ließen sie schreiend fallen, als sie schleimig in ihren Händen zappelten.

Nach einer Stunde hatten sie erst vier gefangen. Kleini hatte gerade den fünften am Schwanz erwischt, als er stolperte, ins Wasser fiel und seine Brille verlor. Hektisch tastete er danach, bekam sie zu fassen, rutschte gleichzeitig aus und verfing sich in den Wasserpflanzen. Er versuchte sich loszureißen und schlug mit den Armen um sich, als etwas nach ihm griff.

Es war Tarek, der ihn aus dem Wasser ziehen wollte, aber Kleini glaubte sich in seiner Panik im Griff einer fleischfressenden Killerwasserpflanze und schlug noch wilder um sich. Er traf Tarek hart am Kinn. Der sah für kurze Zeit Sternchen und ließ Kleini los, der sofort wieder ins Wasser klatschte und sich an einer Scherbe die Hand aufschnitt. Er schrie und schluckte dabei Wasser. Er ertrank fast.

Tarek zerrte den um sich schlagenden Kleini keuchend ans Ufer und schlug ihm mit der flachen Hand auf den Rücken. Kleini hustete. Dann kotzte er. In diesem Moment ging die hellste Taschenlampe an, die Tarek je gesehen hatte. »Scheiße, Alta. Die ham uns erwischt.«

»Stehen bleiben!« Ein Security-Mann kam auf sie zu.

»Los, weg hier!« Tarek zog an Kleini.

Der stöhnte nur.

»Stehen bleiben oder ich schieße!« Der Typ meinte es ernst.

Tarek zerrte seinen Freund auf die Beine. Kleini hustete und blinzelte ins Licht wie ein Maulwurf, der sich versehentlich ans Tageslicht gegraben hatte. Der Security-Mann war nur noch zwei Schritte entfernt und hatte seine Waffe gezogen. Kleini hustete immer noch.

»Okay, Jungs. Ganz langsam jetzt. Papiere her!«

»Geht's, Alta?« Tarek flüsterte so leise, dass der Mann ihn nicht hören konnte.

Kleini nickte.

»Auf drei.« Tarek zählte leise. Bei »drei« schnappte er sich einen Eimer und schüttete ihn dem Security-Mann mitsamt den Fischen ins Gesicht.

Der Mann schrie, ließ die Lampe fallen und kippte um. Während er fiel, griff Tarek nach Kleini und dem zweiten Eimer und rannte los. Der klatschnasse Security-Mann rappelte sich hoch. Er rannte den Jungs hinterher zur Uferstraße, wo Tarek, der Kleini immer noch am Arm hinter sich herzerrte, gerade einem hupenden Auto auswich. Tarek strauchelte, fing sich jedoch wieder. Aber der Eimer schwappte über. Ein hilflos zappelnder Fisch wand sich gelb auf dem Asphalt. Der Mann hatte aufgeholt.

Kleini griff nach dem Fisch und der Security-Mann griff nach Kleini, als ein BMW mit aufgeblendeten Scheinwerfern auf sie zuraste.

Tarek riss Kleini im letzten Moment zurück, der Security-Mann ließ sich nach hinten fallen, der BMW fuhr über den Fisch. Dann beschleunigte er und verschwand hinter der Neuen Nationalgalerie.

Fluchend stand der Mann auf. Tarek und Kleini waren verschwunden. Er spuckte verächtlich aus, steckte seine Pistole ein und trottete tropfend zum Potsdamer Platz zurück.

Tarek hielt sich die stechende Seite. Kleini hustete sich die Lunge aus dem Hals. Beide lagen hinter einem Sandhaufen am Gleisdreieck. Der Eimer stand neben ihnen. Es roch nach Katzenpisse.

Tarek richtete sich lachend auf. »Scheiße, Alta. Das war cool!« Er boxte Kleini in die Rippen. Kleini, der angespannt in den Eimer starrte, antwortete nicht. Tarek hockte sich hin. »Wie viel ham wir denn?«

»Zwei. Ein weißer und ein orangener. Dem weißen geht's nicht gut. Guck mal.«

Tarek schaute in den Eimer. Während der orangefarbene Fisch ruhig im Wasser schwebte, hing der weiße schief an der Oberfläche und kippte dann schwer atmend auf die Seite.

»Mist. Das Vieh erstickt!« Tarek griff nach dem Fisch, der nicht einmal mehr zuckte. »Scheiße. Du erstickst mir nicht, du Arsch! Nicht für fünftausend!« Er presste seine Lippen an das Fischmaul.

»Willst du den jetzt essen?«, fragte Kleini entsetzt.

»Quatsch, beatmen.« Tarek blies in den Fisch. Aus dem Fischbauch kam ein Geräusch wie zerreißendes Küchenpapier.

»Hör auf!«, schrie Kleini und riss Tarek den Fisch aus der Hand. Dabei verfingen sich seine Finger in den Kiemen, und er ließ entsetzt los. Der Fisch fiel in den Eimer und dümpelte dort kieloberst. Er war tot.

»Scheiße, Tarek, Scheiße!« Kleini rannte schluchzend weg.

Tarek lief ihm hinterher und rief: »Einer is' doch noch, Alta. Zwo fünf für jeden, Kleini!« Aber Kleini war längst hinter den Kiesbergen verschwunden.

Tarek verscharrte den toten Fisch im Sand. Dann nahm er den Eimer und stapfte in Richtung U-Bahn. Irgendwo im Osten der Stadt ging die Sonne auf.

Später bot Tarek seinen ganzen Charme auf, um Kleini zu überzeugen, den Deal mit ihm durchzuziehen. Erst als er ihm erzählte, dass er den Fisch in allen Ehren begraben und eine Blume auf das Grab gelegt habe, kam Kleini mit zu Zen. Allerdings ohne Tarek zu verzeihen.

Sie fuhren mit dem Eimer, in dem der orangefarbene Fisch unbeeindruckt seine Runden zog, nach Charlottenburg.

Von Zens Penthouse hatte man einen Blick über die ganze Stadt. Mansur führte die beiden auf die tennisplatzgroße Terrasse. Sie war ganz mit Kies bedeckt, in den ein kleiner, asiatisch aussehender Mann sorgfältig Muster harkte. In unregelmäßigen Abständen verteilte Findlinge ragten wie Inseln aus dem Meer aus kleinen grauen Steinen, auf dem unbehauene Steinplatten eine Art Steg bildeten. Der Steg führte zu einem Teich, vor dem ein Mann im Kimono stand. Der Mann war nicht besonders groß, aber bullig. Der kahl rasierte, auffallend weiße Schädel, der beinahe halslos auf den breiten Schultern saß, wirkte, als wäre jemandem, der beschlossen hatte, den massigsten Schneemann der Welt zu bauen, ausgerechnet beim Kopf das Rohmaterial ausgegangen.

»Chef?«

Der Mann drehte sich zu ihnen um. Er sah aus wie eine bösartige Version von Buddha. Kleini zuckte unwillkürlich zurück. Tarek ließ die Schultern kreisen.

»Die Fischhändler. Interessant.« Zens Stimme war leise und melodisch und hatte einen leichten süddeutschen Singsang. Er deutete auf den Eimer. »Bisschen wenig, oder?«

Tarek plusterte sich auf. »Ich sag immer: Qualität vor Quantität. War nicht gut genug, der Rest von die Lieferung.«

Zen grinste und sah nun aus wie Buddha auf Crack.

»So, dann schaun wir doch mal.« Er griff in den

Eimer wie ein Raubvogel, der sich auf seine Beute stürzt. Dann hielt er den Fisch in der Hand. Er schaute ihn sich mit einem kurzen Blick an. Der Fisch zappelte und schnappte nach Luft.

»Da siehste eben den Experten.« Tarek stieß Kleini voller Bewunderung an. Mansur grinste zustimmend. In diesem Moment klatschte Tarek der Fisch ins Gesicht.

»An dem Fisch fehlt was.« Zens Stimme war eiskalt.

»Aber wir war'n ganz vorsichtig, da kann gar nix kaputt …«

»Da ist nichts kaputtgegangen, Idiot. Da war nie was dran.«

»Was …«

Zen schnitt Tarek mit einer einzigen Geste das Wort ab. »Maulantennen. Dem Viech fehlen die Maulantennen. Das hier ist ein beschissener, stinknormaler Goldfisch, du Arschloch.« Er warf ihn angeekelt über die Terrassenbrüstung. Der Fisch drehte sich ein paarmal, funkelte im letzten Sonnenlicht wie ein Edelstein und verschwand in der Tiefe.

»Das kannste doch nich' machen. Der stirbt doch!« Tareks Stimme überschlug sich.

»Schmeiß die Clowns raus, Mansur, sonst fliegen die gleich hinterher!« Zen drehte sich um und ging zum Teich zurück. Der Kies knirschte unter seinen Schritten.

Mansur zerrte die beiden in die Eingangshalle. Er stieß Kleini rüde in den Fahrstuhl. Dann landete er einen kurzen Haken auf Tareks Auge. »Der Rest kommt noch, Arschloch.« Ein Stoß, Tarek taumelte in die Kabine, die Fahrstuhltür schloss sich, und der Fahrstuhl rauschte nach unten.

Tarek trat wütend gegen dessen Edelstahlwand. »Idiot. Was soll'n denn Maulantennen sein?« Er hielt sich das Auge und unterdrückte die Tränen. »Das war'n völlig okayer Fisch.«

Kleini starrte ins Nichts.

Augenblicke später standen sie auf der Straße. Der Verkehr rauschte an ihnen vorbei, als wäre nichts geschehen.

Nur die Verkäuferin vom Blumenladen in Zens Haus war verwirrt.

»Da versteh einer die Welt.« Kopfschüttelnd deutete sie auf einen der Blumeneimer, die vor dem Laden standen. Die beiden schauten hinein. Und da schwamm er, der orangefarbene Fisch, als wäre er dort schon immer geschwommen.

»Scheiß auf Maulantennen«, sagte Kleini grinsend. »Das hier ist der beste Fisch überhaupt.« Tarek und Kleini schauten sich an. »Auf drei«, sagte Kleini leise.

Tarek nickte. Kleini zählte. Bei »drei« packten sie den Eimer und rannten los. Und der Fisch leuchtete in der blaugrauen Abenddämmerung wie eine orangefarbene Neonreklame.

Jean-Paul Didierlaurent

Macadam

Der Regen war noch mal stärker geworden, als die junge Frau auf den Parkplatz gefahren war. Seit fünf Minuten prasselte er in andauerndem Staccato auf das Autodach. Hinter dem Regenvorhang schien der Asphalt mit der Luft zu verschwimmen, grau in grau.

Eine Zeitlang hatte Mathilde gehofft, dass der Typ vielleicht kneifen würde, dass er sie nach reiflicher Überlegung und nach allen Regeln der Kunst schlichtweg versetzen würde. Ihre geheime Hoffnung zerplatzte dann aber, als sie den gelben Kombi erblickte, der in der Nähe des Eingangs zum Restaurant geparkt war.

Nun wartete sie also im behaglichen Wageninneren darauf, dass der Regen nachließ. Dabei wusste sie wohl, dass der Regen nur ein Vorwand war, um die bevorstehende Begegnung hinauszuschieben. Aus Angst zögerte sie den Moment hinaus, in dem sie sich von ihrem Sitz losreißen musste, um den Parkplatz zu überqueren. In ihrem Kopf schwirrten zahllose Fragen.

Wie würde er reagieren?

Würde er in Lachen ausbrechen?

Beleidigt abhauen, ohne ein Wort oder einen Blick für sie?

Sich lautstark beklagen, dass man ihn verarscht habe?

Abwarten, dass sie zu ihm an den Tisch kam und eine kurze Erklärung abgab – eine Gelegenheit, um ihr seine Enttäuschung zu zeigen –, nur um sie dann einfach stehen zu lassen?

Oder würde er bleiben?

Aber wozu?

Einfach aus Neugier?

Um eine ungewöhnliche Erfahrung zu machen und seinen Kumpels von der irre komischen Geschichte erzählen zu können, die er erlebt hatte?

Um mit ihr zu spielen wie die Katze mit der Maus?

Der einzige Weg, es herauszufinden, war hineinzugehen.

In etwa zwanzig Metern Entfernung leuchteten die Fenster des Restaurants. Zwanzig Meter, die sie im Schein der Straßenlaternen hinter sich bringen müsste, zwanzig Meter, auf denen sie die Blicke ertragen müsste, die sich unweigerlich auf ihren Körper heften und wie Stiche in ihr Fleisch dringen würden.

Mathilde erschauderte.

Seit dem Unfall ertrug sie die Blicke der anderen nur noch an ihrem Arbeitsplatz.

Auch heute war wieder die gesamte Menschheit an ihr vorbeigezogen. Männer, Frauen, Alte, Junge, Dünne, Dicke, Schwarze, Weiße, Rotgesichtige, Braungebrannte, Höfliche, Schwächlinge, Schweigsame, Schüchterne, Aufreißer, Angeber, Unbeholfene, Vollidioten, Witzbolde, Proleten, Schlafmützen und Hektiker. Die waren die Schlimmsten. Wollten immer, dass die Schranke hochging, sobald der erste Euro bezahlt war.

Mathilde war das scheißegal. Sie konnte nun mal nicht hexen. Egal, ob ihre Kunden es eilig hatten oder nicht, sie musste Schritt für Schritt dem Dialogskript folgen, das sich die klugen Köpfe der Autobahngesellschaft »Autoroutes Paris–Rhin–Rhône (APRR)« ausgedacht hatten: den Kunden begrüßen, höflich den für das Befahren des heiligen Asphaltstreifens zu bezahlenden Betrag nennen, sich genauso höflich beim Fahrer bedanken, sobald die Summe einkassiert war, und während die verdammte rot-weiße Schranke hochfuhr, dem Fahrer im Namen der APRR noch eine gute Fahrt wünschen. Wortwechsel, die die Referenzzeit nicht überschreiten durften, die zu Jahresbeginn vom Bereichsleiter in ihrem Feedbackgespräch festgelegt worden war und in ihrem Fall genau vierzehn Sekunden betrug.

Dem letzten Monatsbericht zufolge war sie noch mehr als drei Sekunden von dieser Zielvorgabe entfernt.

Besagte Zielvorgabe konnte Mathilde aber mal kreuzweise. Wenn es sich ergab, fügte sie einen kurzen zusätzlichen Satz ein, lächelte länger als nötig, streckte frechen Kindern gleichfalls die Zunge raus, nickte freundlich, wenn man ihr zuwinkte, streifte mit den Fingerspitzen die Hände, die ihr das Ticket hinhielten, berührte Handflächen, wenn sie das Wechselgeld gab, verhakte sich in Blicken, bevor sie davonflogen. Die junge Frau legte ein Verhalten an den Tag, das ihre Gesamtleistung schmälerte, das war ihr bewusst.

Die neue Mathilde scherte sich jedoch nicht um Anweisungen von oben. Die neue Mathilde verlangte nach menschlichem Kontakt, nach Blicken oder Berührungen, egal wie flüchtig sie auch waren. Und dann waren drei Sekunden ja nicht die Welt. Wenn es ihnen nicht gefiel, dass das Signallicht der Nr. 12 ein wenig länger rot war als das der anderen, mussten sie es ihr nur ins Gesicht sagen.

Aber niemand sagte ihr, Mathilde, noch etwas ins Gesicht, nicht einmal der Bereichsleiter, der vor dem

Unfall keine Gelegenheit für einen anstößigen, anspielungsreichen Witz ausgelassen hatte, während er ihre Brüste fixierte, und der sie jetzt mied wie die Pest. Nie hätte Mathilde geglaubt, dass sie eines Tages die gute alte Zeit vermissen würde, in der dieser Perversling ihren Hintern anstarrte, sobald sie ihm den Rücken zudrehte. Jetzt spielte Mathilde sogar mit, wenn ein Fahrer versuchte, sie anzumachen. Klimperte eifrig mit den Wimpern, kokettierte, mimte das scheue Reh. Sie genoss den Moment, und dann ließ sie den schönen Prinzen mit einem schnellen Hochziehen der Schranke verschwinden. Wenn du wüsstest, mein Hübscher, dann würdest du dir die Spucke sparen, dachte sie trübsinnig.

Wenn der Wagen losfuhr, blieb manchmal eine durch das geöffnete Fenster geworfene Beleidigung zurück. Mathilde empfing diese kleinen Zornblasen wie ein Geschenk. Inzwischen wagte es nämlich niemand mehr, sie außerhalb der paar Kubikmeter stickiger Luft, in der sie ihren Arbeitstag hindurch schmorte, zu beleidigen. Draußen hatte sie höchstens Anspruch auf Mitleid, Anteilnahme oder bestenfalls Gleichgültigkeit. Mit jedem »Nutte«, »frigide Kuh«, »Schlampe« oder »Beamtenfotze«, das ihr von Zeit zu Zeit ins Gesicht geschleudert wurde, fühlte sie sich deshalb lebendiger, vielleicht noch mehr als nach einem freundlichen Lächeln oder einem netten Wort.

Als sie vor fünf Monaten die Arbeit wiederaufgenommen hatte, war die Kabine Nr. 12 sogleich *ihre* Kabine geworden. Da sie am einfachsten zugänglich war, hatte sich das automatisch so ergeben. Eine Art schweigende Übereinkunft zwischen ihren Kollegen, von denen keiner je Anstoß daran nahm.

Die Kabine war ihr Lieblingsort geworden, und das, obwohl sie alles andere als heimelig war. An heißen Tagen hatte der Ventilator zu ihren Füßen selbst auf stärkster Stufe Schwierigkeiten, die überhitzte, zwischen den Blechwänden angestaute Luft zu kühlen. Im Winter schaffte es der stotternde Heizlüfter nie ganz, die Kälte des Nordwinds zu vertreiben, wenn der in eisigen Böen unter das Vordach fuhr. Ganz abgesehen von den Auspuffgasen und Benzindämpfen, die zu jeder Jahreszeit arglistig zu ihr hochkrochen, ihren Hals reizten und in ihren Augen brannten, und dem andauernden Gehupe und Geknatter, das ihrem Trommelfell zusetzte.

Dies war der Preis, den sie zahlen musste, um die andere Mathilde draußen zu lassen. Die Mathilde, die ihre Wohnung so wenig wie möglich verließ, die bei jedem Telefonklingeln zusammenzuckte, die ihre freien Tage zurückgezogen im Schlafanzug zu Hause verbrachte, die Nase in ein Buch und den Kopf in den Sand gesteckt. Diese andere existierte nicht mehr, sobald sie in der Kabine Nr. 12 an der Mautstation von Villefranche-Limas saß. Hier, während der sieben Stunden ihres Arbeitstages, wurde sie wieder die Mathilde von vorher. Die Mathilde, die sich aufhübschte und vor sich hin summte und die die alte Jogginghose zu Hause ließ. Hier in der Nr. 12 war sie die Königin, eine Königin, die von ihrem Thron aus tagtäglich die bunte Masse von Untertanen an sich vorbeiziehen ließ und dabei mitunter ihr Spiegelbild auf der glatten Seitenfläche der Lieferwagen betrachtete – das Bild einer vom Lichtschein umgebenen Mona Lisa, die sich selbst zulächelte.

Der gelbe Kombi war vor zwei Monaten in der hypnotisierenden Schlange von Fahrzeugen aufgetaucht. Ein junger Handelsvertreter, wie Mathilde täglich Dutzende vorbeiziehen sah. Anzug, Krawatte, gepflegter Haarschnitt. Aber das offene und warme Lächeln, das er ihr schenkte, hatte nichts Aufgesetztes, und Hitze war in Mathildes Wangen gestiegen.

Der gelbe Kombi und sein Insasse waren am nächsten Tag wiedergekommen. Und am übernächsten. Jeden Tag nahm der Mann die Autobahnauffahrt, fädelte sich in die Reihe vor der Kabine Nr. 12 ein und schenkte ihr dieses Lächeln, das sein Gesicht erhellte und ihr Herz höher schlagen ließ.

Nach einer Woche hatte er auf das »Guten Tag, Monsieur« von Mathilde entgegnet, er heiße Jean-François. Sie musste unweigerlich losprusten, wie ein alberner Teenager. Als sie ihm entschuldigend versicherte, dass er wirklich nicht wie ein Jean-François aussehe, hatte er lachend erwidert, er habe nicht gewusst, dass man wie ein Jean-François aussehen könne.

»Und wie sollte ich Ihrer Meinung nach dann heißen?«

Nach kurzem Zögern hatte sie »Vincent« gesagt. Ja, ihrer Meinung nach sah er wie ein Vincent aus.

Laut lachend gestand er, dass Vincent als zweiter Vorname in seinem Pass eingetragen war.

»Mathilde steht ihnen ausgezeichnet«, fügte er mit einem Blick auf das Namensschild noch hinzu, bevor er, gedrängt durch das Hupkonzert hinter ihm, Gas gab.

Seither lebte Mathilde nur noch für diese kurze Begegnung, die jeden Tag ihr Dasein versüßte. Wenn der Zeitpunkt nahte, da der gelbe Kombi vorbeifahren würde, ertappte sie sich dabei, wie sie in der Schlange Ausschau nach ihm hielt. Und sobald in der Ferne der sonnengelbe Fleck auftauchte, ging der Puls der jungen Frau schneller. Hör auf, dir was vorzumachen, Schätzchen, schalt sie sich immer, du hast zu viele Schundromane gelesen. Doch dann hatte er ihr vor zwei Tagen mit dem Geldschein einen kleinen Brief zugeschoben. Eine Einladung zum Essen am Freitagabend, wenn es ihr passe. Und wie es ihr passte. Freitag oder auch an jedem anderen Tag, wann immer er wollte, nachts, tagsüber, das ganze Leben passte es ihr. Ohne Zögern hatte sie leise geantwortet, dass sie seine Einladung gerne annehme, und mit feuerroten Wangen die Schranke geöffnet.

So, Schätzchen, jetzt ist die Stunde der Wahrheit gekommen, dachte Mathilde, während sie ein letztes Mal ihr Make-up im Rückspiegel überprüfte. Im Laufe ihrer Rehabilitation hatte sie alle Bewegungsabläufe neu lernen müssen. Diese waren, wenn auch zunächst zögerlich, bald wiedergekommen. Die Augen mit Mascara betonen, den Lidschatten mit der Spitze des Zeigefingers verteilen, die Lippen aneinanderreiben, um das Rot gleichmäßig zu verteilen. Sich schminken ist Teil der Therapie, hatten sie ihr in der Rehaklinik stets vorgebetet. Sich mit dem neuen Aussehen anfreunden, sich seinen Körper wieder aneignen. Die Therapeuten hatten lauter solche Ausdrücke parat.

Nachdem sie die Autotür aufgeschoben hatte, griff Mathilde in einer Verrenkung hinter den Sitz, um den Rollstuhl herauszuholen. Nach monatelangem Training kam ihr dieser Vorgang fast normal vor. Ausklappen, Sitz runterdrücken, verriegeln, ein geordneter Ablauf, der sich mehrmals am Tag, unter einem metallischen Klappern, das sie über alles verabscheute, wiederholte. Ächzend umklammerte sie den Haltegriff über der Tür und kippte ihren Körper aus dem Wagen, während sie sich mit der anderen Hand auf die Armlehne des Rollstuhls stützte.

Der Regen war schwächer geworden. Mathilde stellte sich die Handtasche auf den Schoß, atmete tief ein und steuerte das Restaurant an.

Hinter ihr zeichneten die Räder des Rollstuhls zwei Kielspuren in den nass glänzenden Asphalt.

Der Raum war in kunstvoll gedämpftes Licht getaucht, halblautes Stimmengewirr verwob sich mit sanfter Hintergrundmusik aus den Lautsprechern.

Jean-François saß gleich am ersten Tisch rechts vom Eingang. Ein Jean-François, dessen Mund beim Anblick des Rollstuhls und der verkümmerten Gliedmaßen, zu denen die Beine der jungen Frau geworden waren, zu einem überraschten O erstarrt war.

Seine Fassungslosigkeit würde bald der Abscheu

und Ablehnung weichen, daran zweifelte Mathilde keinen Augenblick. Sie hätte kein Rad über diese Schwelle setzen sollen. Sie ärgerte sich über sich selbst. Wollte der Welt ins Gesicht brüllen, dass sie nichts dafürkönne, dass die Miss Körperbehindert, zu der sie nun mal geworden war, ihre Wünsche für Realität gehalten hatte. Dass das alles sei, was ihr noch bleibe, ihre Träume, und das es ihr leidtue, Jean-François, wirklich leid, dass sie ihn hinters Licht geführt habe, dass sie jedoch ihr Glück habe versuchen wollen. *Voilà.*

Aber Mathilde sagte nichts von alledem. Als der junge Mann in Lachen ausbrach, senkte sie den Kopf, blockierte das rechte Rad und schob das linke an, um eine scharfe Kehrtwendung zu machen. Mit Tränen in den Augen und zugeschnürter Kehle rollte sie durch die Tür und in Richtung ihres Autos, wobei ihre Hände die Stahlbögen mit Hochgeschwindigkeit rotieren ließen, ungeachtet des Regens, der nun wieder in Strömen fiel.

»Warten Sie, Mathilde! Meine Güte, warten Sie doch!«

Am Ende des Parkplatzes hielt sie atemlos inne. Das Herz schlug ihr bis zum Hals. Die Reifen quietschten unangenehm in ihren Ohren, als sie herumschwang.

Jean-François stürmte mit aller Kraft heran.

Jean-François, der mit dem schönen Lächeln, das sie so gernhatte, auf sie zukam, während die Räder seines Rollstuhls die Pfützen zerschnitten und herrliche Fontänen in die Luft spritzten.

Stefan Maiwald

Handle wie eine Frau!

Ich bin ja mehr so der Kumpeltyp. Wenn ich einen Laden betrete, lächle ich, als müsste ich mich für die Störung entschuldigen. Ich bleibe ausgesucht freundlich, und bald bin ich mit dem Verkäufer in ein angeregtes Gespräch verwickelt. Am Schluss kenne ich seine Kinder beim Vornamen, und wir tauschen Adressen aus. Beim Bezahlen klopft er mir lachend auf die Schulter. Selbstverständlich zahle ich den vollen Preis.

Wenn Laura dagegen einen Laden betritt, sinkt die Raumtemperatur um gefühlte fünf Grad. Für Laura ist Einkaufen Business. Wer jemals den *Paten* im Original gesehen hat und weiß, wie tiefgekühlt dort das Wort *Business* ausgesprochen wird, der versteht, was ich meine.

Ihr Einkaufsgeschick hat nicht nur was damit zu tun, dass sie Italienerin ist, sondern auch damit, dass sie eine Frau ist. Frauen können, entgegen landläufiger Meinung, erheblich besser mit Geld umgehen als

Männer, weil sie durch jahrelanges Shopping trainiert sind, jeden Trick der Verkäufer kennen und genau wissen, wie sie das maximal Mögliche herausholen können, auch wenn der nächste Gehaltsscheck noch so entfernt ist wie ein Flug zum Mars.

Überhaupt muss man feststellen: Italiener zahlen keine vollen Preise. Nirgends. Wenn die Rechnung im Restaurant 61,50 Euro beträgt, dann rundet der Wirt von sich aus ab auf 60. Selbst in den riesigsten, unpersönlichsten Supermärkten zahlt man nicht 17,02 Euro, sondern die Kassiererin sagt: »Dai, diciasette.« Schuhe, die mit 165 Euro ausgezeichnet sind, kosten an der Kasse praktisch von selbst 150. In Deutschland ist das was anderes, aber es liegt sicher auch an mir.

Wenn ich in München in einer Boutique stehe und die Verkäuferin sehe, die sich hinterm Tresen die Nägel lackiert, obwohl ich erkennbar Hilfe brauche, denke ich mir: »Die arme Frau, sie ist bestimmt alleinerziehende Mutter mit drei Kindern, der Mann hat sie für eine Jüngere sitzen lassen, und sie hat Mühe, ihre Miete abzustottern.« In Wirklichkeit ist es natürlich so, dass der armen Frau diese Boutique gehört, außerdem noch drei andere (ebenso viel, wie sie jüngere Liebhaber hat), und dass sie jeden Abend mit ihrem Porsche Boxster in ihre Dachgeschosswohnung rast (als ehemaliger ›Playboy‹-Redakteur bin ich darin geschult, das Wort »Penthouse« zu vermeiden). Laura weiß so etwas; sie hat einen sechsten Sinn dafür, wie weit sie gehen kann. Sie *riecht,* ob der Laden gut läuft oder nicht, und sie *spürt,* bei welchem Preis die Verkäuferin einknicken wird.

Laura wird auch in den vollsten Restaurants dort wie hier stets zuerst bedient. Ich bin nicht einmal der Erste, wenn bei meinem Eintreffen kein einziger Tisch besetzt ist. Dabei bin ich ein exzellenter Kunde, ich trinke große Mengen Bier oder Wein und gebe so viel Trinkgeld, als wäre die Mark nie auf Euro umgestellt worden. Während die, die zuerst bedient werden, drei Stunden lang in ihrem Milchkaffee rühren und passend zahlen.

Vom Feilschen verstehe ich ungefähr so viel wie von Monatsbeschwerden. Dabei habe ich ja mal in einem Jeansladen gejobbt und gesehen, wie hoch die Gewinnspannen sind. Jeder Laden schlägt noch einmal mindestens das Doppelte auf den Einkaufspreis drauf. Nebenbei: Ich war von 18 Aushilfen der zweitschlechteste Verkäufer. Es ist offenbar so: Nur wer selber gut verkaufen kann, hat die Chuzpe, auch umgekehrt so lange zu jammern, bis er einen Zwanzig-Prozent-Nachlass bekommt.

Das Rabattgesetz ist zwar gefallen, aber die Mauer

in den Köpfen der Verkäufer noch lange nicht. Ein Schuhladen in München, dessen Namen ich nicht nennen will (es handelt sich um den Laden direkt neben dem Taekwondo-Studio in der Hohenzollernstraße 23 mit den spitz zulaufenden Schaufenstern), bekam die volle Wucht meines Verhandlungsgeschicks zu spüren. Ich wollte mir wunderschöne Schuhe kaufen, sie kosteten 220 Euro. Also ging ich zur Kasse und fragte die Verkäuferin: »Wir können sicher über einen Nachlass reden, oder? Zumal das schon das dritte Paar ist, das ich in diesem Jahr hier kaufe.«

»Nein, wir geben grundsätzlich keine Nachlässe.«

»Nein?«

»Nein.«

»Selbst wenn ich hier hundert Paar auf einmal kaufe, kriege ich keinen Nachlass?«

»Nein.«

»Nichts zu machen?«

»Nein.«

»Gut. Dann lassen wir es sein.«

»Macht 220 Euro.«

»Kann ich mit Kreditkarte zahlen?«

»Natürlich.«

Aber beim Rausgehen habe ich mich nicht verabschiedet. Das wird denen eine Lehre gewesen sein.

Ingvar Ambjørnsen

Der Weg zu Großmutters Grab

Ich hatte mich gerade einigermaßen in den Griff gekriegt, nachdem ich vom Tod meiner Großmutter erfahren hatte, als ich gleich wieder zum Telefon greifen musste.

Eirik wollte wissen, was zum Teufel ich mit seinen Miles-Davis-LPs angestellt hatte. Er hörte sich wirklich so an, als ob gerade eine alte Freundschaft in die Brüche ginge. Er verlieh seine Miles-Scheiben nie für länger als 24 Stunden, und jetzt war es fast ein halbes Jahr her, dass ich mit denselben durchgebrannt war.

Ich stopfte die LPs und eine halbe Flasche Whiskey in eine Plastiktüte und ging durch die frostgequälte Februarstadt nach Westen. Ich hatte nichts, um ihn milde zu stimmen, außer dieser Halben und einem ziemlich wackligen Grinsen. Ich dachte, dass er mich mit etwas Glück vielleicht als eine Art Bekannten betrachten würde, wenn das alles vorüber wäre.

Meine Befürchtungen waren, wie so oft, übertrieben. Eine Viertelstunde lang war er noch sauer auf mich, aber zwei Gläschen später sah es schon anders aus. Wir hörten »Sketches of Spain« und quatschten Müll über alte Tage. Als wir die Halbe weggeknaspert hatten, ging er in die Küche und kehrte mit einer ganzen Flasche Whiskey und zwei Flaschen spanischem Rotwein zurück.

Und so fing es dann an.

Um zwei Uhr hatten wir alles ausgetrunken und einen Großteil von Miles Davis' Produktion gehört, aber wundersamerweise fühlten wir uns immer noch nüchtern. Führten geistreiche Dialoge und so.

»Muss mal langsam sehen, dass ich nach Hause komm«, sagte ich und sicherte mir mit dem Zeigefinger den letzten Tropfen im Glas.

»Ja«, sagte Eirik und drückte seine Zigarette energisch auf der Tischplatte aus, gleich neben dem Aschenbecher. »Ich bring dich mal kurz.«

Eirik, der im Grunde eine der gesetzestreuesten Personen war, die ich kannte, wurde nach ein paar Gläschen immer gleich total autogeil.

»Scheiß drauf!«, sagte ich. »Wir müssen doch beide sternhagelvoll sein.«

Würdevoll erhob er sich. Ging sicheren Schrittes zum Fenster und zurück zum Sofa. Fischte eine

›Teddy‹ aus der Packung und zündete sie mit einem Streichholz an. Seine Hand war völlig ruhig, sie hätte in Marmor gehauen sein können.

»Sehe ich sternhagelvoll aus?«

»Nein. Aber du weißt doch, wie das mit Whiskey ist.«

Er zuckte die Schultern. »Wenn du Lust hast, dich durch den Schneesturm da draußen zu quälen, dann ist's mir recht. Ich will jedenfalls noch zur Tankstelle und den Tank vollmachen.«

Ich fuhr mit. Nach dem Tanken schlug Eirik eine kleine Extratour vor, ehe er mich zu meiner Wohnung in Sagene bringen wollte.

Schon möglich, dass ich ja gesagt habe.

In aller Herrgottsfrühe wurde ich wach, weil ich fror. Ich wollte mich besser zudecken, aber es gab keine Decke. Ich schlug die Augen auf, konnte ihnen aber nicht so recht trauen. Was zum Henker hatte ein Armaturenbrett vor meinem Gesicht zu suchen? Wo war das Bett? Eirik lag über dem Steuerrad und schnarchte. Beim Anblick des überfüllten Aschenbechers und der um den Schaltknüppel verstreuten Kippen drehte sich mein Magen um. Ich riss die Tür auf und kotzte mich leer.

Davon wurde Eirik wach. Er sah sich mit gehetztem Blick um. »Wo sind wir?«

»Weiß der Geier.«

Ich befreite mich vom Sicherheitsgurt und stieg aus. Parkplatz. Ein verdammter eiskalter Parkplatz. Hinten, neben einer riesigen Garage, standen zwei verlassene LKWs, auf dem Platz verteilten sich etliche Privatwagen. Abgesehen davon war nur kleinwüchsiger Nadelwald zu sehen. Eirik stieg ebenfalls aus. Reckte sich und stöhnte vor Kater und Kälte. Dann nestelte er an seiner Hose herum und pinkelte gegen einen Toyota. »Kannst du dich an irgendwas erinnern?«

»Nix. Total blank.«

»Irgendwas war da mit ein paar Tussis«, sagte Eirik. »Ich sehe zwei Gesichter vor mir, das ist alles.«

Ich warf einen Blick auf den Rücksitz. Ein rosa Kamm. »Vielleicht bist du da auf der richtigen Spur. Sonst noch was?«

»Nein. Meinst du, wir sind in Fredrikstad?«

»Nein. Vergiss es. Du musst doch im totalen Tran gefahren sein. Noch dazu auf der Eisfläche!«

Ein Blick auf die Straße, die am Parkplatz vorbeiführte, ließ mich zweimal schlucken. Die Fahrbahn sah aus wie ein zugefrorener Kanal.

Eirik drehte eine Runde über den Parkplatz und kam pfeifend mit einem Schild von der Sorte zurück, die vor Würstchenbuden am Straßenrand steht.

»Korg och glass« stand auf dem Schild.

Später stellten wir fest, dass wir nur 60 Kilometer von Göteborg entfernt waren.

Und da gab's im Grunde ja keine Frage mehr. Es war halb sechs Uhr morgens, wir konnten genauso gut in Kopenhagen frühstücken, statt hier bei den alten Schweden rumzulungern, die uns weder Nass noch Trocken anzubieten hatten. Eirik gab auf den geraden Straßen Gas, während wir über dänische Salami, schwarzen Kaffee und Elefantbier herumphantasierten.

»Im Grunde ist es doch eine Affenschande, wie wir leben«, meinte Eirik. Die Worte wurden von einem Chaos aus Kaugummi und Salzpastillen fast erstickt. »Essen und verdauen, malochen und pennen. Am Wochenende ein oder zwei Gläschen. Warum fahren wir nicht öfter zum Frühstück nach Kopenhagen? Herrgott, wir brauchen doch bloß auf zwei Pedale zu drücken und ein bisschen am Rad zu drehen!«

»Du hast ja so recht«, antwortete ich und schlürfte das alkoholarme schwedische Bier. »Außerdem scheinen die Engel uns lieb zu haben.«

»Sieht so aus. Sicher haben wir die heut Nacht aufgelesen. Unsere Schutzengel.«

Ich fischte den rosa Kamm vom Rücksitz und

schmiss ihn aus dem Fenster. »Das kann ich dir sagen.«

»Glaubst du, wir haben irgendeinen Blödsinn versucht?«

»Ich garantiert nicht. Schnaps macht mich immer übertrieben höflich.«

»Aha. Und ich muss doch im Grunde stocksteif hinter dem Lenker gesessen haben, oder?«

»Stimmt. Wir haben wohl kaum eine Leiche mit heruntergezogener Hose zurückgelassen.«

»Verdammt, diese Pastillen schmecken ja vielleicht übel!«, sagte Eirik.

In Kopenhagen verloren wir die Kontrolle, ehe wir auch nur ein Spiegelei intus hatten. Später meinte Eirik, wir hätten am falschen Ende des Frühstücks angefangen. Wir nahmen ein Elefantbier als Aperitif, und danach fanden wir immer neue Entschuldigungen, um die Einnahme fester Ware aufzuschieben. Wir ließen den Wagen unverschlossen mitten im Zentrum stehen und suchten uns in Nyhavn ein suspektes Hotel. Schliefen bis neun Uhr abends, gingen das Auto abschließen und wollten uns dann endlich ernsthaft amüsieren.

Und die ganze Zeit hatte ich das seltsame Gefühl, etwas vergessen zu haben.

Natürlich hatte ich Großmutter vergessen. Großmutter, die unter die Erde sollte. Als ich daran dachte, wie lieb sie immer zu mir gewesen war, wenn ich als Kind Grippe gehabt hatte, wurde mein Gewissen immer schlechter. Sentimental wurde ich. Ich musste unbedingt rechtzeitig zur Beerdigung wieder in Norwegen sein.

Ich informierte Eirik über mein Problem.

»Und wann zum Teufel ist diese Beerdigung?«

»Übermorgen. Halb zwölf.«

»Und das sagst du mir jetzt?«

»Du kennst doch mein Gedächtnis«, sagte ich.

»Ja, danke. Na, dann müssen wir eben morgen früh irgendwann aufbrechen.«

Zustand und Laune waren am nächsten Morgen nicht die besten, aber wir quälten uns aus dem Elefantenrhythmus heraus und richteten die Autofront gen Norden. Ich war erleichtert. Wir hatten massenhaft Zeit, ich würde meinen Rausch ausschlafen und gesund und munter und ernst bei der Beerdigung erscheinen können.

Aber wir hatten die emsigen Ameisen ganz vergessen, die auf der schwedischen Seite von Øresund die blauen Uniformen des Zollwesens tragen. Der Heini mit der Schiffchenmütze, der seinen Kopf zu uns hereinsteckte und uns bis zum Nabel in Müll sitzen sah, lächelte ungläubig. Ich hatte das bestimmte Gefühl, dass ich seinen Tag gerettet hatte, als er uns mit deutlicher Erregung in die »Auto-auseinander-nehmen-und-dem-Fahrer-in-den-Arsch-linsen«-Garage des Zollwesens schickte.

Drinnen hatte man wohl schon Gerüchte über uns gehört. Sowie Eirik in der Garage den Motor abgestellt hatte, fielen die doppelten Türen hinter uns krachend ins Schloss. Die Zollbeamten, die uns vom Vordersitz rissen, hielten es nicht für nötig zu grüßen, sicher, weil sie annahmen, dass sie uns recht bald an die Polizei weiterreichen würden. Unter solchen Verhältnissen lohnt es sich nicht, zu intim zu werden. Wir mussten uns an die Wand stellen, während die Zöllner eine provisorische Inspektion unserer Tabakpäckchen unternahmen. Sie waren leicht sauer, als sie darin unser Dope nicht fanden, aber im Grunde nahmen sie es mit Sportsgeist auf. Schließlich hatten sie Zeit genug, wie sie sagten.

»Wir haben keinen Stoff!«, sagte Eirik gereizt. Er warf mir einen leicht ängstlichen Blick zu. Er rauchte nicht mal Hasch, aber er kannte ja einige von meinen Schwächen. Ich schüttelte den Kopf und lächelte.

»Werden sehen«, sagte der Zöllner.

»Könnt ihr nicht einen von den verdammten

Kötern holen, mit denen ihr in den Zeitungen immer so gern protzt?«, fragte ich. »Meine Großmutter wird bald beerdigt.«

»Dann läuft sie dir ja nicht weg«, antwortete der Zöllner. »Wir haben nach dem Hund telefoniert. Aber der ist gerade spazieren.«

»Natürlich!«, stöhnte Eirik. »Der Hund ist spazieren!«

Einer der Zöllner tippte ihm mit dem Finger auf den Adamsapfel. »Jetzt reg dich gefälligst ab. Kapiert?«

»Ich schlage vor, du spielst erst Marlon Brando, wenn der Stoff auf dem Tisch liegt«, erwiderte Eirik.

»Halt die Fresse, Eirik«, sagte ich. »Sonst schieben die uns aus purem Jux ein paar Hekto unter.«

Das hörten sie nicht gern. Mit wehenden Mähnen wurden wir ins Zollbüro geschleift. Und dort wurden wir jeder in ein Kabuff gesperrt.

Der Mann, der mich verhören sollte, konnte langhaarige Norweger einwandfrei nicht ausstehen. Er spielte sich jedenfalls auf, als ob er schon längst alle vier Reifen an Eiriks altem Ford aufgeschnitten und den Heroinfund des Jahrhunderts gemacht hätte.

Was die »Herren« in Kopenhagen denn so getrieben hätten.

Ich sagte, wir hätten einiges getrunken, aber zumindest Eirik könnte jetzt als nüchtern betrachtet werden.

»Ohne Gepäck? Nicht mal eine Zahnbürste?«

»Ohne trinken wir genauso gut.«

»Sag mir die Namen deiner Bekannten in Kopenhagen!«

»Scher dich zum Teufel. Und wir sind nicht per du.«

»Ach ja? Runter mit den Kleidern. Und zwar mit allen.«

Ich strippte, und er warf einen Blick auf meine Hintertreppe.

»Ja, hier ist ja nicht viel zu sehen.«

»Nein«, sagte ich. »Ich hab in den letzten Tagen nicht viel gegessen.«

Er flüchte sich errötend aus dem Zimmer und schloss die Tür hinter sich ab.

Nach zwei Stündchen wurden wir auf freien Fuß gesetzt. Keiner von den Scherzkeksen hatte ein Wort für uns, und die Töle stand mit gesenktem Kopf in der Ecke.

»Ja, ja«, sagte Eirik. »Die machen ja auch bloß ihre Arbeit.«

»Reden wir von was anderem«, sagte ich. »Sonst knallt's.«

Zehn Minuten, nachdem wir unsere Hintern aus Helsingborg herausgeschafft hatten, lasen wir am

Straßenrand zwei Rucksack-Freaks auf. Total verboten, da zu stehen, natürlich. Also brachen auch wir das Gesetz und hielten an. Die beiden grinsten und kauten Kaugummi, kamen aus Kanada und hießen Bill van Heen und Charles McKinsley. Sie wollten nach Göteborg.

»Alles klar«, sagte Eirik. »Seid ihr mit der Fähre gekommen?«

Sicher. Sie konnten sich sogar an uns erinnern. Eirik hatte in der Cafeteria eine volle Kaffeetasse auf den Boden fallen lassen.

»Hat ganz schön Ärger gegeben«, sagte ich. »Der Zoll hat uns fast drei Stunden festgehalten.«

Sie lachten.

Bill fragte: »Und hattet ihr was bei euch?«

»Dann würdest du ja wohl kaum in einem warmen, trockenen Auto sitzen«, antwortete Eirik.

»Ach, herrschen hier oben so strenge Sitten?«

»Sei nicht blöd!«, sagte ich.

»Wir haben zwei Kilo Schwarzen«, erzählte Charles McKinsley. »Wie sollen wir uns denn sonst eine Tour zum Nordkap leisten können?«

»Da sagst du was Wahres«, antwortete ich.

Eirik wischte sich den kalten Schweiß aus dem Gesicht und hielt die Geschwindigkeitsbegrenzung ein.

Als wir sie kurz vor Göteborg absetzten, steckten sie mir ein paar Gramm zu und wünschten uns weiterhin gute Fahrt.

Das hätten sie wohl lieber nicht sagen sollen.

Meine Nerven verknoteten sich immer mehr, je mehr wir uns Svinesund und der norwegischen Grenze näherten. Der Alkohol hatte mein System verlassen, und meine kleine Performance in Helsingborg hatte mir ärger zugesetzt, als ich erwartet hatte. Ich hatte ein klammes Piece in der Hand und Lou Reed im Ohr, und in mir wuchs die Angst davor, noch einmal hopsgenommen zu werden, diesmal mit Ware.

Ganz instinktiv schluckte ich mein Hasch herunter, sowie ich die Grenzstation entdecken konnte.

Und als wir durch den Zoll fegten, wo kein Schwein zu sehen war, war es zu spät, um es wieder herauszuwürgen. Ich ließ mich auf dem Sitz zurücksinken und richtete mich seelisch auf einen Tiefflug durch die Dämmerung nach Oslo ein. Ein angenehmer Gedanke, der leider ruiniert wurde, als der Motor anfing, tuberkulös zu husten, worauf er seinen Geist aufgab.

Jetzt stand guter Rat hoch im Kurs. Das konnte ich Eiriks Visage ablesen, als er die Motorhaube wieder zuknallte. Er hatte genauso wenig Ahnung von Automotoren wie ich, aber auch er hatte wohl den Brandgeruch bemerkt.

»Raus da!«, sagte er. »Wir müssen schieben.«

Die nächste Tankstelle lag am Fuße eines leichten Hangs, einen Kilometer tiefer in unserem Vaterland. Der Wagen war bleischwer zu schieben, obwohl es doch leicht bergab ging, und die Dunkelheit senkte sich über uns. Außerdem war es arschkalt. Und noch eins: Das schwarze Hasch schlich sich jetzt langsam in mein Bewusstsein. Jetzt zu Anfang führte es sich noch ordentlich auf, ungefähr wie ein Gast, der den Gastgeber noch nicht kennt, aber ich wusste, es würde, noch ehe eine Stunde vorbei war, Schlagzeug spielen und auf dem Tisch Cha-Cha-Cha tanzen.

Ich war in einer der Situationen, von denen verschont zu werden ich Gott oft angefleht hatte.

Nach vielen Flüchen und zwei Litern Schweiß erreichten wir endlich die Tankstelle, die mitten im Schwarzen wie eine Lichtinsel dalag.

Und es ist klar: Sie stellte zwar eine Art Rettung dar, aber eine reichlich miserable. Als wir mit roten Augen die gelähmte Karre auf den Platz schoben, verfolgten uns aus dem Inneren der Tankstelle – die natürlich auch ein Imbiss war – ein Dutzend interessierte Augenpaare. Ein Blick auf die Jungs hinter dem Glas war genug, um mir zu erzählen, dass Eirik und ich im Truckerland angekommen waren, im Wilden Westen. Und ich konnte ahnen, wer bei diesem Spiel die Rothäute würde darstellen müssen. Die Leute drinnen schlugen sich bei unserem Anblick lustig auf die Schultern und zerquetschten ihre leeren Coladosen mit ihren riesigen Schinkenfäusten zu undefinierbaren Objekten. Ich nahm zwar nicht an, dass sie uns so behandeln würden wie die Dosen, aber wenn ich mich nicht sehr irrte, dann würden sie sicher mit großer Begeisterung etwas in der Richtung andeuten.

»Nun, nun, nun!« Der Besitzer des Ladens war auf die Treppe getreten. Es war sonnenklar, dass er vierzig Jahre lang Schwertransporte gefahren war, ehe er sich an diesem gottverlassenen Ort etabliert hatte. Er war ein großer dicker Bär in grünem Overall, und seine Hände waren gekrümmt von tausend Stunden, in denen sie unterwegs nach Antwerpen und Köln ein Steuerrad umklammert hatten. »Ärger?«

»Sieht so aus«, stöhnte Eirik. »Jedenfalls will dieses Höllenvieh mir nicht mehr gehorchen.«

»Benzin?«, fragte der Fettsack.

»Ich bin grün«, antwortete Eirik. »Aber so grün nun doch wieder nicht.«

Der Fettsack riss die Motorhaube hoch und hielt den Hintern in die Höh. In dieser Position blieb er fünf Minuten lang, während ich mir mit steifen Fingern eine Zigarette drehte und Eirik neben ihm stand und versuchte, höflich interessiert auszusehen.

Dann richtete der Typ sich wieder auf, knallte die Motorhaube zu, zog Putzwolle aus der Tasche und wischte sich damit die Stirn. »Wollt ihr nach Oslo?«

»Ja«, sagte ich.

»Kann die Karre vielleicht wieder in Gang bringen. Aber wenn ihr damit in dieser Verfassung nach Oslo fahrt, dann könnt ihr vergessen, sie später noch mal auf die Straße zu kriegen. Das wäre die letzte Tour.« Er schöpfte aus seinem technischen Fachvokabular, und wir verstanden nur Bahnhof. Irgendwas war mit den Zylindern, das war alles, was ich seinem Vortrag entnehmen konnte.

»Kann die Karre bis morgen hierbleiben?«, fragte Eirik.

»Stell sie hinters Haus.«

»Hoffentlich sind die Würste wenigstens warm«, murmelte ich.

Aber was war nun mit Großmutter?

Doch, die Jungs hatten ihren Spaß mit uns, das wär ja sonst noch schöner gewesen. Zwei langhaarige Idioten, die keine Ahnung von Autos hatten und auf diese Weise hereingeplatzt kamen. Es folgten die üblichen Sticheleien, was wir unterm Rock hätten und so. Ich selber registrierte nicht viel von der ganzen Geschichte. Das harte Licht innen in der Tankstelle war ein so schrecklicher Schock, dass ich fast die Wände hochgegangen wäre. Noch ehe ich mich durch die Mauer von Country-Musik, die geradezu physisch wirkte, hindurchgekämpft hatte, ging mir auf, dass ich dermaßen abheben würde wie nie zuvor, abgesehen von zwei unseligen LSD-Trips in meiner frühesten Jugend. Der Raum war wie mit Gelee gefüllt, alles zitterte und bebte, und als ich Frau Fettsack um eine Wurst bat, schien meine Stimme den Metall-Lippen eines Roboters zu entstammen. »Eine-Wurst-mit-allem-bitte.« Tick-tack-tick-tack-tick-tack. Meine unschuldigen Worte hallten im Raum wider und übertönten in meiner verwirrten Sinneswelt Hank Williams restlos. Ich klammerte mich am Tresen an, als mit schlaffem Geräusch Krabbenmayonnaise auf meine Wurst gepappt wurde. Vom Geräusch von Senf und Ketchup, die aus ihren Plastikflaschen gequetscht wurden, will ich gar nicht erst reden. Mir brach der kalte Schweiß aus.

Dann gingen die Truckerknaben. Ehe wir um Mitfahrgelegenheit gebeten hatten. Verdammt noch mal, es wäre fast besser gewesen, wenn sie uns niedergeschlagen hätten, dann wären wir zumindest miteinander in Kontakt gekommen.

Wir blieben auf der Tankstelle stehen und betrachteten die Scheinwerfer der Autos, die draußen in der Finsternis vorüberjagten. Über eine Stunde lang brauchte kein Schwein Benzin. Ich wurde immer schwereloser, als ich so dastand, und jetzt warf ich haufenweise Schokolade ein, um die Wirkung des Haschs zu neutralisieren. Das ist das übliche Verfahren, bloß spürte ich nichts von der gewünschten Wirkung. Es ging nur immer noch höher. Zum Mond und zu Gott und allen Aposteln, vielleicht auch zu Großmutter. Ich glaubte, die Wärme ihres Lächelns am Rückgrat spüren zu können.

Nach anderthalb Stunden kam endlich das eine oder andere Auto. Eirik rannte jedes Mal hin wie ein eifriger Fensterputzer. Aber niemand wollte etwas mit uns zu tun haben. Ich stand drinnen am Fenster, und stoned, wie ich war, konnte ich allen alles von den Lippen ablesen. Eirik: »Könnten Sie wohl so nett sein und mich und meinen Freund nach Oslo mitnehmen? Unser Wagen …«, usw. Der Autobesitzer sagte dann entweder glatt »nein«, oder er fragte, wo dieser »Freund« denn steckte. Worauf Eirik nichts Besseres zu tun hatte, als auf das Fenster zu zeigen, hinter dem ich einen Riegel Nussschokolade, vielleicht auch Marzipan, kaute, und dann bekam er nicht einmal eine Antwort. Die meisten Leute sprangen sofort in ihr Auto und bretterten davon. Ich kann ihnen da keinen Vorwurf machen. Der Anblick eines schwerelosen Wiedergängers, der sich die Fresse mit Schokolade vollstopft, kann die meisten ihre guten Manieren vergessen lassen.

Nach acht bis zehn Riegeln Schokolade und zwei Tassen Kaffee hatte ich zumindest die Sprache wiedergefunden. Und als nach fast einer Stunde ein Paar in den Dreißigern auftauchte und ich sah, dass in ihrem kleinen Fiat noch Platz war, ging ich nach draußen und erzählte ihnen mit tränenerstickter Stimme eine schmalzige Geschichte über das tote Auto und meine tote Großmutter. Jetzt dachte ich weniger an die Beerdigung als daran, von hier wegzukommen, nach Hause in mein Bett. Ich war langsam restlos erschöpft, und das ist bei mir immer das Vorstadium vom dicken Depri.

Sie sahen mich an und ließen ihren Blick zu Eirik weiterwandern.

»Das mit seiner Großmutter hat ihn schwer getroffen«, erklärte der. »Seine Eltern hat er schon als kleiner Junge verloren, er hatte nur noch diese Großmutter …«

»Springt rein!«, sagten die beiden barmherzigen Samariter wie aus einem Munde.

Nun war das zwar kein Auto, in das man so ohne weiteres hineinspringen konnte, aber immerhin fanden wir Platz darin. Hintertüren hatte diese Mühle nicht, und bei einem Unfall würden wir richtig in der Falle sitzen.

Natürlich musste meine wirre Birne schon in solchen Bahnen denken, noch ehe wir überhaupt losgefahren waren. Ich hab in Autos immer schon Angst gehabt, und jetzt hatte die Paranoia mich endgültig in ihren Krallen.

Diesmal war sie auch durchaus berechtigt.

Denn wir waren bei einem Typen gelandet, der offenbar sein ganzes elendes Leben lang von einer Karriere als Rennfahrer geträumt hatte. Und seine Dame schien auf dem Weg zum Traumjob seine beste Stütze zu sein. Die Straßen waren spiegelglatt und außerdem übersät mit ungeduldigen LKW-Knaben und heimkehrenden Sonntagsfahrern. Es musste ja die Hölle werden.

Sie reizte ihn auf, wann immer sie vor uns den Schatten eines Autos sehen konnte, und spielte alle miesen weiblichen Tricks aus, auf die Männer mit geringem Selbstvertrauen so leicht hereinfallen. Wenn er nicht Manns genug war, um an der LKW-Kolonne da vor uns vorbeizukommen, und zwar sofort, hier in der Kurve, verdammte Axt, dann wusste sie verdammt noch mal wirklich nicht, warum sie ihren Alltag bei ihm totschlug.

Eirik und ich glotzten uns an, ehe ich schließlich den Boden anstarrte und meine Blicke bis zum Ende der Fahrt nicht mehr bewegte. Nie bin ich so vielen Unfällen so nah gewesen wie auf dieser Tour. Ich hatte das Gefühl, bei zwei japanischen Kamikazefliegern zu sitzen, die sich wirklich nach einer neuen Dimension und Ruhm und Ehre sehnten.

Ich betete zu Gott. Sagte: »Hör her! Jetzt ist's ernst! Wenn du wirklich da oben sitzt, dann mach gefälligst, dass ich heute Nacht lebendig nach Oslo komme.«

Im Gegenzug versprach ich ihm, nie mehr zusammen mit Leuten Whiskey zu trinken, denen ein Auto gehörte, und niemals mehr Hasch zu essen. Ja, ich wollte mich wirklich zusammenreißen, und zwar ganz gewaltig. Ich meinte es ernst, verdammt noch mal. Ich war außer mir vor Angst.

Aber die beiden da vorn rissen Witze und lachten und stachelten sich gegenseitig zu immer neuen Höhen und immer neuen wahnwitzigen Überholmanövern an. Ich fragte mich langsam, ob Eirik und ich in irgendein perverses Sexspiel hineingeraten sein könnten. Eins steht fest: Wenn diese beiden Irren vom Flirt mit dem Tod ihren Kick kriegten, dann müssen sie während der ganzen Fahrt einen fast chronischen Orgasmus gehabt haben.

Ich resignierte. Mein Geschlechtsorgan zog sich in namenlosem Entsetzen in sich zurück.

Und als uns die beiden Irren schließlich mitten in der Nacht vor dem Bahnhof auskippten, war ich so fertig mit der Welt, dass ich mich nur mit großer Mühe für den Trip bedanken konnte. Ich sank im Rinnstein in mich zusammen und weinte vor Glück.

Natürlich verpennte ich am nächsten Tag. Was anderes war ja wohl kaum zu erwarten. Im Kampf gegen den Wecker und die sicher wohlgesetzten Worte des Pastors musste ich mich einfach in ein Taxi werfen – eine Fahrt, die meine Finanzen für das nächste halbe Jahr ruinierte.

Jedenfalls lernte ich, dass Gott im Ernstfall eine gehörige Portion Humor auf Lager hat.

Der Friedhof lag in winterlicher Vormittagsdunkelheit unter den abgegrasten Kronen bekümmerter Birken. Ich rannte mit dem Scheckbuch in der Hand und dem Schlips auf halb zwölf, mit hängender Zunge und falsch zugeknöpfter Jacke auf das Grab zu.

Und die erste Person, die ich unter den Schwarzgekleideten, die sich um das Grab drängten, wiedererkannte, war – Großmutter. Neunzig Jahre, ein bisschen traurig, aber dennoch gesund und munter.

Ich zog fieberhaft an meiner Zigarette, während ich

mich fragte, was bloß mit meiner Birne los war und wer zum Teufel sich in dem blank polierten Sarg befand, der langsam sechs Fuß tief in die Erde hinabgelassen wurde.

Marlies Ferber

Weibliche Solidarität

Als ich zum Geburtstag von meinem Mann vier Hühner geschenkt bekam und aufgeregt meiner Freundin am Telefon davon berichtete, fragte sie, ob ich die Viecher denn auseinanderhalten könne.

»Es geht«, antwortete ich, »eines ist braun, eines schwarz, eines weiß und eines ist ein Sperber.«

»Wie, ein Sperber?«

»Es hat ein Fell wie ein Sperber. Der Vogel, weißt du.«

»Du meinst Gefieder, nicht Fell.«

»Ist doch egal«, sagte ich. »Jedenfalls hat das Sperber-Huhn die liebsten Augen. Irgendwie sehen die anderen wie kleine Ausgaben eines Tyrannosaurus Rex aus, berechnend und gefährlich, und du bist froh, dass du kein Wurm bist. Aber das Sperber-Huhn ist anders. Es hat so liebe Augen.«

»Du spinnst«, sagte die Freundin.

»Doch«, beharrte ich. »Irgendwie mütterlich.«

»Sag mal, weißt du eigentlich irgendwas über Hühner?«

Nein, zugegeben, ich hatte nicht die meiste Ahnung von Hühnern. Ich hatte sie mir spontan gewünscht, nachdem ich in der Woche zuvor einen Zeitschriftenartikel über Hühner in Altenheimen gelesen hatte, aber nicht damit gerechnet, dass sie am Geburtstagsmorgen, eingepackt in zwei großen Pappkartons von Aldi, auf denen jeweils eine rote Schleife klebte, im Garten stehen würden, neben meinem Mann, der stolz grinste wie jemand, der genau weiß, dass er das beste Geschenk aller Zeiten macht. Man hörte diverse Laute im Karton, es war wie ein leises Gurren und Raunen unter Freundinnen. Neugierig, verhalten, ein bisschen beunruhigt auch.

»Lassen wir sie raus«, sagte mein Mann. »Mal sehen, was die Mädels zur Sonne sagen. Bislang waren sie mit fünfzigtausend anderen Hühnern in einer Halle ohne Tageslicht.«

Wir ließen sie raus, und sie blickten sich zögerlich um, schritten mutig das Gehege ab, aufrecht und angespannt, staunten über das Gras, den Wind, schnappten verzückt nach vorbeifliegenden Insekten. Dann erblickte das braune Huhn plötzlich das offenstehende Fenster zum angrenzenden ebenerdigen Schlafzimmer. Ein vertrautes Halbdunkel! Es streckte sich, breitete die Flügel aus, flatterte hinein und, wie magisch angezogen von Daunen und Federn, mitten auf unser Bett. Es dauerte ein bisschen, bis wir es eingefangen und wieder in den Auslauf gebracht hatten, dann wechselten wir die Bettwäsche, die bei der Hühnerjagd diverse Federn und einen Angstschiss abbekommen hatte.

Danach fuhr ich zur Stadtbücherei und lieh mir einen Arm voller Bücher über Federvieh, während mein Mann letzte Hand anlegte, um das ausgediente Kinder-Spielhaus zum Hühnerstall umzugestalten. Es musste eine Bettstange her, und das Wichtigste natürlich: das Nest, zum Eierlegen. Eigentlich war die Hühnerhaltung, dachte ich, während er draußen hämmerte und ich über glückliche Gartenhühner und gesunde Eier las, das perfekte Hobby für uns beide. Ich konnte jetzt, da die Kinder flügge waren, meinen leerlaufenden Pflegetrieb weiterhin ausleben, mein Mann hingegen, da am Haus alles fertig war, beim Zurechthämmern des Stalls seinen Nestbautrieb abreagieren. Und beim Schleppen von Körnersäcken und Fachsimpeln mit anderen Hühnerhaltern vor der Raiffeisen-Genossenschaft würden wir uns hier auf dem Land endlich richtig angekommen fühlen. Jeden Tag würde ich, von meiner Hühnerschar umringt, mit großzügiger Hand Körner ausstreuen, und kurz drauf würden die dankbaren Vögel konzentriert auf dem Nest hocken und in stiller Pflichterfüllung ihr tägliches Ei ins Nest legen. Unsere Tage würden mit nestfrischen Frühstückseiern beginnen, die Dotter orangerot wie die Sonne. Wenn wir zu viele Eier hätten, würden wir sie verschenken. Unsere Freunde wären entzückt. Ich stellte mir vor, wie ich mit den Kindern – die vor meinem geistigen Auge plötzlich wieder Kleinkinder waren – niedliche bunte Geschenkkörbchen bastelte, und nickte darüber ein.

»Wie alt werden Hühner eigentlich?«, fragte mein Mann. Er stand, noch in seiner hinreißenden grünen Latzhose, neben dem Bett. Aus seinem linken Zeigefinger tropfte Blut auf das frische Bettzeug. Er überreichte mir ein Pflaster, das ich ihm, noch etwas gefangen im Hühnertraum, um den Finger wickelte.

»Hast du dir auf den Finger gehauen beim Hämmern?«

Er schüttelte den Kopf. »Nein, das weiße Huhn hat mich angegriffen. Es wollte in den Stall, und da saß ich und wollte es wieder raustreiben. Da hat es nach mir gehackt.«

Ich musste lachen. »Armer Wurm.«

Er lachte nicht mit. »Also, wie alt werden die eigentlich so?«

Ich blätterte in einer Hühner-Enzyklopädie. »Hier

steht nur, gewöhnlich werden Hühner mit etwa zwei Jahren ersetzt, wenn sie nicht mehr so viele Eier legen.«

»Alles klar«, meinte er.

»Wie, alles klar?«, fragte ich alarmiert.

»Obwohl, ich könnte das nicht.« Er schüttelte nachdenklich den Kopf. »Aber ich kenne jemanden, der das kann. Ein Kollege von mir hat eine Landwirtschaft im Nebenerwerb, der könnte das übernehmen. Vielleicht kann Markus auch das andere eklige Zeugs machen, ausnehmen, rupfen und so, wenn wir ihm ein Huhn dafür abgeben.«

»Ausnehmen, rupfen? Spinnst du?«

Er winkte ab. »Obwohl, so schwierig kann das nicht sein. Es gibt Filme im Internet dazu. Man braucht auf jeden Fall kochendes Wasser, damit die Federn abgehen.«

Ich kniff die Augen zusammen. »Du redest über meine Geburtstagsgeschenke.«

Er sah mich erstaunt an. »Du hast eben noch selbst gesagt, dass man sie nach zwei Jahren ersetzt.«

»Man vielleicht, aber ich nicht.«

»Willst du sie etwa behalten, wenn sie keine Eier mehr legen?«

»Willst du mich auch irgendwann ersetzen, wenn ich keine Leistung mehr bringe?«

Er zog mir die Bettdecke weg. »Du bist ja kein Huhn. Hühner sind in erster Linie nützlich.«

Ich sagte nichts mehr. In einer Ehe muss man wissen, wann es besser ist zu schweigen. Erst am Abend ging ich zum Kühlschrank, nahm zwei Bierflaschen heraus, öffnete sie und gab ihm eine.

»Was hältst du davon, die Braune Gretchen zu nennen? Die Weiße könnte Hedwig heißen, wie die Eule von Harry Potter, und die Gesperberte Phyllis, nach deiner Großmutter. Nur für die Schwarze habe ich noch keinen Namen.«

Er schaute in sein Glas. »Guinness«, sagte er im Tonfall von jemandem, der weiß, wann er verloren hat. »Die Schwarze nennen wir Guinness.«

Einen Monat später, im Mai, stand Phyllis nicht mehr auf. Sie blieb auf dem Nest hocken, den ganzen Tag. Als es dämmerte, hüpfte sie nicht zu den anderen auf die Schlafstange, sie blieb einfach hocken. Am nächsten Tag standen ihre Kolleginnen ratlos vor dem blockierten Nest, sie wollten ihre Eier legen. Aber Phyllis blieb stur sitzen. Schließlich quetschten sich die anderen Hühner neben sie und legten ihre Eier ab. Ich las in meinem Buch über Hühner.

»Phyllis ist brütig«, teilte ich abends meinem Mann das Ergebnis meiner Recherche mit. »Sie will ihre Eier ausbrüten.«

»Aha«, meinte er. »Dann lass sie am besten auch mal einen Blick in deine schlaue Hühnerfibel werfen, damit sie begreift, dass das nichts wird ohne Hahn.«

»Ich glaube nicht, dass das klappt«, meinte ich.

»Irgendwann gibt sie auf«, meinte er und vertiefte sich wieder in sein Buch.

»Sie hatte immer schon so liebe Augen«, sagte ich. »Irgendwie mütterlich.«

Er gab keine Antwort.

»Eine Kollegin hat auch Hühner, mit Hahn«, überlegte ich. »Wie wäre es, wenn wir ihr ein paar befruchtete Eier unterschieben?«

»Bekloppt.«

»Sie will unbedingt Mutter werden. Findest du das nicht rührend?«

»Nein.«

»Schon mal etwas von weiblicher Solidarität gehört?«

»Mit einem Huhn?«

Ich schwieg. Schweigen ist immer eine gute Idee bei Meinungsverschiedenheiten.

»Und was ist, wenn es lauter Hähne werden?«

»Nur ein einziges Ei!«, bettelte ich. »Vielleicht wird es ja gar nichts, aber dann haben wir Phyllis wenigstens eine Chance gegeben.«

»Und wenn es ein Hahn wird? Auch der kräht.«

»Es wird eine Henne. Das habe ich im Gefühl. Außerdem, wer sagt denn immer, man soll die Probleme erst lösen, wenn sie auftauchen?«

»Ich sage immer, man soll sich ohne Not keine Probleme schaffen. Das ist ein Unterschied.«

Am nächsten Tag holte ich drei Eier – sicherheitshalber, bestimmt wurde nicht aus allen etwas – aus dem Nest meiner Kollegin und schob sie Phyllis unter. Phyllis erwies sich als vorbildliche werdende Glucke, blieb auf dem Nest, erhob sich nur einmal am Tag, um ein paar Körner zu picken, zu trinken, wichtigtuerisch mit abgewinkelten Flügeln im Garten herumzulaufen und ihre Freundinnen, die jetzt Respekt vor ihr hatten, mit seltsamen Lauten zu verschrecken. Dann hockte sie sich wieder vorsichtig auf ihre Eier und gab bis zum nächsten Tag keinen Laut mehr von sich. Ich studierte weiter ihren mütterlichen Blick, wenn ich sie zwischendurch mit Weintrauben verwöhnte, und bildete mir ein, dass er immer mütterlicher wurde.

Am Morgen des einundzwanzigsten Tages schlich ich nach einer Nacht voller Kükenträume mit klopfendem Herzen zum Stall, öffnete ihn und spähte vorsichtig ins Nest. Es war alles wie immer, Phyllis hockte aufgeplustert und mit mütterlichem Blick auf ihrem Nest. Doch da! Unter ihrer Brust schaute plötzlich ein kleines gelbes Köpfchen mit winzigem Schnabel hervor. Und noch ein zweites! Und ein drittes! Aus allen Eiern war ein Küken geschlüpft. Überglücklich rannte ich zu meinem Mann, nötigte ihn, im Pyjama mit mir in den Garten zu kommen.

»Sind sie nicht entzückend?« Aber er runzelte nur die Stirn.

»Warum sind das drei Küken statt einem?«

In den nächsten Wochen erfreute ich mich an den herzerwärmenden Ausflügen der jungen Glucke mit ihren Küken im Garten. Mutter und Kinder blieben durch ständiges Piepsen und Glucksen miteinander in Kontakt, und die Glucke hatte zwei Spezialllaute, auf die alle Küken wie auf Kommando hörten: Einer hieß »Herkommen, Leckerbissen!«, ein anderer »In Deckung, Feind im Anmarsch!«. Bei der ersten Dämmerung verzog sich die ganze Familie ins Nest, und die Küken kuschelten sich unter die wärmenden mütterlichen Daunen.

Die Kleinen entwickelten sich prächtig, verloren sehr bald ihr gelbes Kükenkleid, entwickelten Federn, fingen Würmer und Käfer wie die Großen. Nach ein paar Wochen passten schon nicht mehr alle unter die Daunen der Glucke und übernachteten im Nebennest. Eines Morgens um fünf erwachte ich durch ein seltsames Geräusch. Ein bisschen wie unser rostiges

Gartentörchen. Ich dachte an Einbrecher. Da kam es wieder, etwas langgezogener. Ich weckte meinen Mann.

»Hast du das gehört?«

Er drehte sich auf die andere Seite. »Ja«, sagte er nur, und an der Art, wie er es sagte, sauer und ein bisschen resigniert, wusste ich, dass es kein Einbrecher war, sondern der allererste Hahnenschrei, den unser Garten erlebte. Erleichtert kuschelte ich mich wieder in die Decke.

»Meine Güte, und darum machen die Leute so ein Theater? Das ist doch leise! Ich wette, die Nachbarn haben das gar nicht mitbekommen!«

Die Nachbarn hatten es tatsächlich nicht mitbekommen, wie vorsichtiges Fragen ergab. Die eine Nachbarin war über neunzig Jahre alt und hörte ohne ihr Hörgerät nichts mehr, das Schlafzimmer der anderen Nachbarn war weit entfernt. Ich entspannte mich.

Am nächsten Morgen um 5.05 Uhr krähte es dreizehnmal im Garten. Dann eine Pause von einer Viertelstunde, wieder zwölfmal Krähen. Dann wieder eine Pause von zehn Minuten, dann wieder achtmal Krähen. Dann wieder eine Pause von einer Viertelstunde, dann siebzehnmal Krähen, diesmal krähten mehrmals mindestens zwei Hähne gleichzeitig. Es klang allerdings nach wie vor nicht wie von jungen Tieren, die fröhlich die aufgehende Sonne begrüßen, sondern rostig und irgendwie gequält. Wie ein asthmatischer, unmusikalischer Männerchor. Alle drei Küken, stellte sich heraus, waren Hähne. Das erbärmliche Gekrähe begann nun morgendlich zwischen 5.10 Uhr und 5.20 Uhr und endete, mit Unterbrechungen, erst gegen 7.45 Uhr. Es wurde von Morgen zu Morgen lauter, aber nicht wohlklingender.

»Es muss etwas geschehen«, sagte mein Mann.

»Aber was?«, meinte ich.

»Ein Schredder muss her«, sagte er.

»Sehr witzig«, sagte ich.

»Sie haben Idealgewicht«, sagte er und machte mit den Händen eine kurze entschlossene Geste in Halsnähe. »Ich kann Markus Bescheid geben, der macht aus ihnen ratzfatz Backhendl.«

Ich stemmte die Hände in die Hüften. »Wo bleibt eigentlich deine männliche Solidarität? Es ist doch total ungerecht, dass sie sterben sollen, nur weil sie Hähne sind.«

»Nein, weil sie nerven«, sagte er. »Aber bitte, wenn du nicht willst, wir müssen sie ja nicht selbst … wie gesagt, Markus holt sie ab, macht das bei sich zuhause und … verwertet sie auch. Du kriegst davon gar nichts mit.«

»Darum geht es doch gar nicht. Und lass die Euphemismen, von wegen ›er verwertet sie‹. Er enthauptet sie und spießt sie auf den Grill.«

»Na und? Hauptsache, wir sind sie los. Deine Phyllis ist Mutter geworden, die Küken hatten ein herrliches Leben, aber jetzt ist es auch gut.«

»Was ist daran gut?«, regte ich mich auf und holte zu meinem ultimativen Gegenargument aus. »Sie heißen übrigens Tick, Trick und Track.« Als Kind, das wusste ich, hatte er Micky-Maus-Hefte geliebt, auf dem Dachboden gab es noch Hunderte von Heften. Tick, Trick und Track waren die Helden seiner Kindheit. Aber er tat so, als habe er nichts gehört, redete von guter Nachbarschaft und Ruhestörung und davon, dass er selbst schon bei der Arbeit eingenickt sei vor lauter Frühaufgewecktwerden. Ich warf noch ein, dass ja irgendwann Winter würde und es draußen länger dunkel sei, aber er hatte sich in Rage geredet. Ich ließ ihn reden und schwieg. In einer Ehe muss man wissen, wann es besser ist zu schweigen. Schließlich lenkte ich scheinbar ein.

»Wenn wir ein gutes Zuhause für sie finden, können wir sie ja abgeben. Aber Schlachten kommt nicht infrage.« Wir sahen uns an wie zwei Boxer in der Pause, die ersten Schläge sind ausgeteilt, man sitzt jetzt erschöpft in den Ecken, fixiert sich gegenseitig. Natürlich wussten wir beide, dass niemand einen Hahn will, geschweige denn drei, die nicht gerade klangen wie Caruso.

Tick, Trick und Track krähten also weiter, während wir überall herumfragten, ich gelegentlich, mein Mann in jeder freien Minute. Wir gewöhnten uns an, mit Ohropax zu schlafen. Die nicht schwerhörigen Nachbarn grüßten nicht mehr.

Wenig später sagte mir mein Mann beim Frühstück, er habe seinen Freund Markus abends auf ein Bier eingeladen. Keine große Sache, einfach so, man habe sich lange nicht gesehen, meinte er. Als die Männer abends nach Hause kamen, fanden sie sieben hölzerne Namensschilder am Hühnerstall festgenagelt vor: Gretchen, Guinness, Hedwig, Phyllis, Tick, Trick, Track stand in leuchtenden, bunten, noch feuchten Ölfarben darauf.

Tags darauf begann mein Mann, eine Schallisolierung für den Hühnerstall zu bauen. Das ist eine seiner guten Eigenschaften. Er weiß, wann er verloren hat, nimmt nicht übel, sondern blickt nach vorn und tut etwas. Als er fertig war, kehrte Ruhe ein. Himmlische Ruhe, zumindest, solange die Hühner morgens noch im Stall eingesperrt waren. Doch kaum waren die dunklen Ringe unter unseren Augen verschwunden, begannen die Junghähne, sich gegenseitig zu bekämpfen. Ich ignorierte die Lösung, die den launigen Bemerkungen meines Mannes nach erneut in der Luft lag, las wieder in meinem Buch über Federvieh nach und präsentierte meinem Mann alsbald die Lösung, die so genial wie simpel war.

»Räumliche Trennung! Wir trennen die Kampfhähne, dann ist Ruhe.« Mein Mann starrte mich eine Weile nur still an, dann lachte er, laut und langanhaltend, als hätte ich einen besonders guten Scherz gemacht. Ich hatte Einspruch, ja heftigen Widerstand, Streik erwartet, aber er lachte und lachte. Dann wischte er sich die Lachtränen aus den Augen, nickte mir zu und machte sich ans Werk. Er baute zwei weitere Ausläufe und zwei weitere kleine, schallisolierte Ställe. Ich hatte den Eindruck, es machte ihm jetzt sogar Spaß, und ich liebte ihn dafür.

Jeder der drei Junghähne bekam sein eigenes Gehege, in das er mit seinem Anhang zog: Tick und Gretchen wurden ein Paar, Trick bekam Guinness zur Seite, und Track, der Stärkste von ihnen, bekam sogar zwei Hennen zugesellt und wachte stolz über Hedwig und Phyllis.

Die Hähne, die nicht mehr mit Schnäbeln und Krallen um Vorherrschaft kämpfen konnten, verlegten ihren Wettstreit jedoch auf ein anderes Feld. Sie warfen sich in die Brust und krähten nun tagsüber um die Wette, stimmgewaltig wie die Meistersinger, nur nicht so schön. Wenn sie nicht krähten, frönten sie ihrem zweiten, mit dem Aufblühen ihrer Sexualität entdeckten Zeitvertreib: dem Bespringen der Hennen. Während das Federkleid der Hähne immer prächtiger wurde, sahen die Hennen bald gerupft aus und auch ein wenig gehetzt.

Gestern fehlte Phyllis abends auf der Schlafstange. Sie hockte immer noch im Nest, fest entschlossen, mit ihrem mütterlichen Blick. In dieser Nacht bin ich durch einen Backhendl-Traum aus dem Schlaf geschreckt. Ich habe meinem Mann nichts davon erzählt, aber ich glaube, er weiß es.

Heute drückte er mir grinsend ein paar Ton-Eier in die Hände. »Zum Austauschen. Natürlich nur, falls du es mit deiner weiblichen Solidarität vereinbaren kannst.«

Als ich gerade vom Stall zurückkehrte, wirkte er bestens gelaunt und pfiff vor sich hin, aber er verlor kein Wort mehr über die Sache. Auch er weiß, wann es besser ist zu schweigen.

Mark Twain

Der Mann, der bei Gadsby abstieg

Im Winter 1867, als mein sonderbarer Freund Riley und ich Zeitungskorrespondenten in Washington waren, kamen wir einmal gegen Mitternacht im Schneesturm die Pennsylvania Avenue entlang, als der Lichtschein einer Straßenlampe auf einen Mann fiel, der ungestüm in die entgegengesetzte Richtung eilte. Der Mann blieb auf der Stelle stehen und rief:

»Das nenne ich Glück! Sie sind doch Mr. Riley, nicht wahr?«

Riley war der Mann mit der größten Selbstbeherrschung und der würdevollsten Besonnenheit in der ganzen Republik. Er blieb stehen, sah sich den Mann von oben bis unten an und sagte schließlich:

»Ich bin Mr. Riley. Waren Sie zufällig auf der Suche nach mir?«

»Genau das war ich«, sagte der Mann erfreut, »und es ist das größte Glück von der Welt, dass ich Sie gefunden habe. Mein Name ist Lykins. Ich bin Lehrer an der Mittelschule – in San Francisco. Sobald ich hörte, dass die Postmeisterstelle von San Francisco frei sei, war ich entschlossen, sie zu bekommen – und da bin ich nun.«

»Ja«, sagte Riley langsam, »wie Sie ganz richtig bemerkten … Mr. Lykins … da sind Sie nun. Und haben Sie sie bekommen?«

»Nun, nicht gerade *bekommen,* aber ich bin ganz nah dran. Ich habe eine Bittschrift bei mir, vom Superintendenten für das Öffentliche Erziehungswesen, von allen Lehrern und mehr als zweihundert anderen Leuten unterzeichnet. Jetzt möchte ich, dass Sie, wenn Sie so gut sein wollen, mit mir bei der Vertretung der westlichen Küstenstaaten vorbeigehen; denn ich will die Sache schnell erledigen und dann nach Hause fahren.«

»Wenn die Sache so dringend ist, wäre es Ihnen wohl lieber, wenn wir noch heute Abend die Vertretung aufsuchen würden«, sagte Riley mit einer Stimme, die – für ein fremdes Ohr – nichts Spöttisches hatte.

»Oh, heute Abend, unbedingt! Ich habe keine Zeit zu vertrödeln. Ich möchte die Zusage haben, noch ehe ich zu Bett gehe – ich bin kein Freund von Worten, ich *handle*!«

»Ja … Da sind Sie richtig hier. Wann sind Sie angekommen?«

»Erst vor einer Stunde.«

»Wann gedenken Sie abzureisen?«

»Nach New York morgen Abend – nach San Francisco am folgenden Morgen.«

»Ganz recht... Und was haben Sie sich für morgen zu tun vorgenommen?«

»Zu tun? Nun, ich muss mit der Bittschrift und der Zusage der Vertretung zum Präsidenten und die Ernennung abholen, nicht wahr?«

»Ja... Natürlich... Das ist vollkommen richtig. Und was dann?«

»Exekutivsitzung des Senats um zwei Uhr nachmittags – ich muss mir ja die Ernennung bestätigen lassen. Ich hoffe, Sie werden das zugestehen?«

»Ja... Ja«, sagte Riley nachdenklich, »Sie haben wieder recht. Und Sie nehmen dann abends den Zug nach New York und am folgenden Morgen den Dampfer nach San Francisco?«

»So ist es – so sieht mein Plan aus!«

Riley überlegte eine Weile und sagte dann:

»Sie könnten nicht... einen Tag... nun, sagen wir, zwei Tage länger bleiben?«

»Wo denken Sie hin, nein! Das ist nicht meine Art. Ich bin kein Mann, der Zeit vertrödelt – ich bin einer, der *handelt*, sage ich Ihnen.«

Der Sturm wütete und trieb dichten Schnee in

Stößen vor sich her. Riley blieb eine Minute oder länger stumm, offenbar in Träumerei versunken, dann sah er auf und sagte:

»Haben Sie je von dem Mann gehört, der einmal im Hotel Gadsby abgestiegen ist?... Wie ich sehe, nicht.«

Er drängte Mr. Lykins rücklings gegen einen Eisenzaun, packte ihn am Knopfloch und nagelte ihn fest mit seinem Blick wie der »Alte Seemann« in Coleridges Gedicht. Dann begann er seine Erzählung so gelassen und friedlich auszubreiten, als wären wir nicht von einem mitternächtlichen Wintersturm verfolgt, sondern lägen alle miteinander bequem ausgestreckt auf einer blühenden Sommerwiese.

»Ich will Ihnen von diesem Mann erzählen. Es war zur Zeit des Präsidenten Jackson. Gadsby war damals das erste Hotel am Platze. Also dieser Mann kam eines Morgens gegen neun Uhr aus Tennessee mit einem schwarzen Kutscher, einem prächtigen vierspännigen Wagen und einem edlen Hund, den er offenbar liebte und auf den er stolz war. Er fuhr bei Gadsby vor, und der Geschäftsführer und der Besitzer und alle eilten herzu, um ihm beim Aussteigen behilflich zu sein, aber er sagte: ›Nicht nötig‹, sprang heraus und befahl dem Kutscher, zu warten.

Er sagte, er habe keine Zeit, um etwas zu essen, er müsse nur eine kleine Forderung an die Regierung eintreiben. Er werde gleich über die Straße zum Finanzministerium gehen, das Geld abholen und dann schnurstracks nach Tennessee zurückkehren, denn er befinde sich in beträchtlicher Eile.

Nun, gegen elf Uhr an jenem Abend kam er zurück, bestellte ein Bett und ließ die Pferde in den Stall bringen; er sagte, er werde seine Forderung am nächsten Morgen eintreiben. Das war wohlgemerkt im Januar – Januar 1834 –, am 3. Januar, an einem Mittwoch.

Nun, am 5. Februar verkaufte er seine schöne Kutsche und kaufte eine billige gebrauchte. Er sagte, sie sei ebenso dazu geeignet, das Geld nach Hause zu bringen; er gebe nichts auf äußere Formen.

Am 11. August verkaufte er zwei von den edlen Pferden. Er sagte, er habe schon oft gedacht, dass bei den unebenen Bergstraßen, wo man beim Fahren achtgeben müsse, zwei besser seien als vier – zudem sei die Forderung nicht gar so groß; er könne das Geld auch mit zwei Pferden leicht nach Hause schaffen.

Am 13. Dezember verkaufte er ein weiteres Pferd. Er sagte, zwei seien nicht nötig, um das alte, leichte Fahrzeug zu ziehen – tatsächlich könne eines schneller damit vorankommen, als überhaupt nötig sei, jetzt, bei dem guten, beständigen Winterwetter, wo die Straßen sich in blendendem Zustand befänden.

Am 17. Februar 1835 verkaufte er die alte Kutsche und kaufte dafür einen leichten, vierrädrigen Wagen, der schon gebraucht und billig war. Er sagte, ein solcher Wagen sei gerade richtig, um damit über die aufgeweichten, schmutzigen Straßen im Vorfrühling zu eilen, und er habe sich sowieso schon immer gewünscht, so einen Wagen auf diesen Bergstraßen auszuprobieren.

Am 1. August verkaufte er den Wagen und kaufte dafür die Überreste eines alten zweirädrigen. Er sagte, er wolle nur die erstaunten und dummen Gesichter der Grünschnäbel von Tennessee erleben, wenn sie ihn darin einherjagen sähen – er glaube nicht, dass sie je in ihrem Leben von so einem Wagen gehört hätten.

Nun, am 29. August verkaufte er seinen farbigen Kutscher. Er sagte, er brauche keinen Kutscher für einen zweirädrigen Wagen – es sei ohnehin nicht genug Platz für zwei. Außerdem komme es nicht alle Tage vor, dass einem die Vorsehung einen Dummkopf daherschicke, der bereit sei, neunhundert Dollar für einen solch drittrangigen Neger wie diesen zu bezahlen – er habe sich schon jahrelang gewünscht, den Burschen loszuwerden, habe ihn aber auch nicht *verschleudern* wollen.

Achtzehn Monate später, am 15. Februar 1837 also,

verkaufte er den zweirädrigen Wagen und kaufte dafür einen Sattel. Er sagte, Reiten habe ihm der Doktor schon immer empfohlen, und er wolle, verdammt noch mal, sich nicht den Hals brechen, indem er im tiefsten Winter auf Rädern diese Bergstraßen befahre, jedenfalls nicht, solange er bei Verstand sei.

Am 9. April verkaufte er den Sattel. Er sagte, er wolle nicht auf einer vom Regen aufgeweichten, schlammigen Landstraße im April wegen irgendeines beliebigen Sattelgurtes, der schließlich nicht ewig halte, sein Leben aufs Spiel setzen, während er doch ohne Sattel reiten könne, denn dann erst sagten ihm Gefühl und Verstand, dass er wirklich sicher sei. Er habe es ohnehin *immer* verschmäht, mit Sattel zu reiten.

Am 24. April verkaufte er sein Pferd. Er sagte: ›Ich bin heute genau siebenundfünfzig Jahre alt und gesund und munter – ich wäre schön dumm, wenn ich eine solche Reise und ein solches Wetter mit Reiten verderben würde, wo es für einen *wirklichen* Mann nichts Schöneres auf der Welt gibt, als zu Fuß durch die erfrischenden Frühlingswälder und über die freundlich leuchtenden Berge zu wandern. Außerdem kann ich meinen Hund meine Forderung in einem kleinen Bündel tragen lassen, wenn ich sie eingetrieben habe. Deshalb werde ich morgen frohgemut und früh aufstehen, meine kleine Besorgung erledigen und nach einem gewaltigen Lebewohl für Gadsby auf meinen eigenen Hinterbeinen in Richtung Tennessee spazieren.‹

Am 22. Juni verkaufte er seinen Hund. Er sagte: ›Nichts schlimmer als ein Hund, wenn man zu einem schnellen, herrlichen, vergnüglichen Marsch durch die Sommerwälder und -hügel aufbrechen will – absolut lästig –, jagt Eichhörnchen, bellt alles an, springt und plantscht in Flüssen herum.

Da kann ja kein Mensch nachdenken oder die Natur genießen. Und mir ist es verteufelt viel lieber, ich trage das Geld selber, ist sehr viel sicherer so, ein Hund ist mächtig unzuverlässig in finanzieller Hinsicht, das habe ich schon immer bemerkt. Also lebt *wohl,* Jungs, letztes Signal – morgen in der Frühe geht's ab nach Tennessee mit guten Beinen und einem fröhlichen Herzen.‹«

Es entstand eine Pause – bis auf das Geräusch des Windes und des dicht fallenden Schnees herrschte Stille. Mr. Lykins sagte ungeduldig:

»Ja und?«

Riley sagte:

»Nun ja – das war vor dreißig Jahren.«

»Schön, schön – aber was soll das heißen?«

»Ich bin mit dem würdigen alten Mann sehr befreundet. Jeden Abend kommt er, um mir Lebewohl zu sagen. Ich habe ihn noch vor einer Stunde gesehen – morgen früh wird er wie gewöhnlich auf dem Weg nach Tennessee sein; er sagte, er rechne damit, seine Forderung durchzusetzen und schon fort zu sein, ehe solche Nachteulen wie ich aus dem Bett seien. Die Tränen standen ihm in den Augen; er war so froh, sein altes Tennessee und seine Freunde noch einmal zu sehen.«

Wieder Schweigen. Der Fremde brach es:

»Ist das alles?«

»Das ist alles.«

»Nun, für diese nächtliche *Stunde* und für dieses nächtliche *Wetter* war die Geschichte reichlich lang, scheint mir. Aber was soll das denn alles bedeuten?«

»Oh, nichts Besonderes.«

»Ja, aber wie ist der Zusammenhang?«

»Oh, es gibt keinen bestimmten Zusammenhang. Nur, wenn Sie es nicht gar zu eilig haben, mit dieser Ernennung für die Poststelle nach San Francisco zu kommen, Mr. Lykins, so möchte ich Ihnen raten, für ein Weilchen *bei Gadsby abzusteigen* und unbesorgt zu sein. Leben Sie wohl. Gott mit Ihnen!«

Indem er das sagte, drehte sich Riley sachte auf dem Absatz herum und ließ den erstaunten Schullehrer stehen, eine nachdenkliche und bewegungslose Schneegestalt, die im breiten Lichtschein der Straßenlaterne leuchtete.

Das Postamt hat er nie bekommen.

Jess Jochimsen

Parkhaus des Grauens

Manchmal begehe ich den großen Fehler, mein Auto in Ermangelung eines oberirdischen Parkplatzes für teures Geld in einer Tiefgarage abzustellen. Dabei ergreift mich jedes Mal regelrechte Panik, wenn ich mein Auto in den Schlund eines dieser düsteren Labyrinthe lenken muss.

Es ist immer das Gleiche: Ich fahre rein und finde selbstredend erst mal keinen freien Platz. Hysterisch irre ich durch die Finsternis, und in den verbrecherisch engen Kurven beweist der Beton, dass er wesentlich mehr aushält als der Kotflügel meines Wagens. Kleingeld habe ich natürlich keines dabei, und meine Scheine nimmt der Drecksautomat nie. NIE! Dazu kommt, dass ich, wenn ich mal einen Parkplatz finde, mein Auto bei der Rückkehr selbstverständlich stundenlang suchen muss. Und wieder irre ich panisch durch die Dunkelheit, diesmal zu Fuß.

An mein erstes Mal kann ich mich nur allzu gut erinnern: Trotz Totalversagens im Rückwärtseinparken frisch beführerscheint, brauste ich mit dem Wagen meines Vaters und der ersten großen Liebe auf dem Beifahrersitz in die große Stadt. Es war eine Premiere. Nie zuvor hatte mir der Eberhard sein Auto geliehen. Was heißt *geliehen*? Mit Sorgenfalten auf der Stirn und furchtverzerrtem Gesicht zu treuen Händen übergeben. Sein Auto!

Eins der größten Vorurteile ist, dass Hippies Automobilmuffel gewesen seien. Ganz im Gegenteil: *On the road* war das Höchste! Und dass sie früher im zerbeulten VW-Bus und später mit dem geleasten Volvo Kombi über die Lande düsten, ist ebenfalls gelogen. Meine Eltern fuhren Benz. Bis heute tun sie das – Janis Joplin hin oder her.

Sie hegten und pflegten ihr Statussymbol. Was konnte der Eberhard ausrasten, wenn die Renate eine kleine Schramme in den Mercedes fuhr oder seine heilige Kassettenordnung in der Mittelablage durcheinanderbrachte. Nur für die Liebhaber von Brüchen in deutschen Biografien: Ein unvergleichliches Bild bot der Eberhard in Antifa-T-Shirt und Schlaghose beim samstäglichen Polieren des Wagens. Und wenn wir einen gemeinsamen Ausflug unternahmen – *er* fuhr. Was das Autofahren anging, führten meine Eltern eine ganz normale Ehe.

Einschließlich der Tatsache, dass es eine Höllenarbeit war, ihnen den Wagen für einen Abend abzuluchsen. Aber ich brauchte ihn dringend, denn bei der Frau, die ich ausführte, handelte es sich um niemand anderes als Katja Berger. Ich glaube, es war mein achttausendster Versuch, sie ins Kino zu bekommen, und ohne Auto hätte ich es wohl nie geschafft. Da kam mir die Edelkarosse meiner Ernährer gerade recht. Lässiger als Mercedes ging nicht!

(Auf gar keinen Fall aber durfte ich mich vor Katja Berger blamieren. Das war mir schon einmal passiert, als damals im Freibad alle, aber auch wirklich alle, vor den Augen der Mädchen vom Zehnmeterturm gesprungen sind. Nur ich war zu feige. Heulend stieg ich wieder runter und rannte nach Hause. Ich war das Gespött der ganzen Klasse. Noch mal würde mir so etwas nicht passieren, nicht vor Katja Berger.)

Das lockere Handling des Autos barg für mich zwar eine erste Hürde, doch ich hatte mich bestens vorbereitet.

Um nicht schon vor dem eigentlichen Rendezvous mehr als uncool schräg in einer zehn Meter langen Parkbucht zu stehen, fuhr ich gleich ins Parkhaus. Ich zog ein Ticket, hierzu musste ich aussteigen – James Bond wäre so was nie passiert. Aber Katja lächelte.

Dann allerdings fand ich natürlich ums Verrecken keinen Platz, in den ich so locker wie geplant hätte einparken können. Nach dreimaligem Durchfahren sämtlicher Stockwerke gab ich schweißgebadet auf und wollte nur noch raus.

»Was soll's, Lady Berger. Park and Ride ist eh ökologischer.« Sie lächelte nicht mehr.

Mit zittrigen Händen steuerte ich dem Tageslicht entgegen, aber natürlich versperrte mir die Ausfahrtsschranke den Weg, und natürlich hatte ich das Ticket noch nicht bezahlt. Wann auch? Also zurück. Aber natürlich stand hinter mir ein Auto. Die Peinlichkeit war perfekt, und die Frau war ich los.

In der Zeitschrift ›ADAC Motorwelt‹ stand vor nicht allzu langer Zeit eine kurze Mitteilung mit der Überschrift: »Frauen haben Angst vor Parkhäusern.« Den Grund lieferte das feministische Szene-Blatt gleich mit: Die deutschen Parkhäuser seien oft »unübersichtlich strukturiert [...], die Parkbuchten zu klein und die Kurven zu eng«. Gut, dass das mal jemand in dieser Deutlichkeit auf den Tisch gebracht hat. Aus diesem Grund sei das Einrichten von »Frauenparkplätzen« durchaus sinnvoll. (Frauenparkplätze: »große Buchten und nah am Tageslicht«.)

Frauen Deutschlands, hättet ihr was dagegen, wenn ich die mitbenutze?

Horst Evers

Es ist nicht das, wonach es aussieht

Mittwochnachmittag. Stehe in der Lingerie-Abteilung eines großen Textilkaufhauses und fotografiere Mädchenunterhosen.

Warum? Ich brauche T-Shirts, daher hat mich die Tochter gebeten, auch gleich ein paar Unterhosen für sie zu besorgen. Der riesige Dessous- und Wäschebereich des gewiss eher an einem jugendlichen Publikum ausgerichteten Discounters ist jedoch reichlich unübersichtlich. Da ich mittlerweile weiß, wie schnell man was verkehrt macht, habe ich also die Tochter noch einmal angerufen. Um auf Nummer sicher zu gehen. Die wiederum meinte, ich solle doch einfach schnell die verschiedenen in Frage kommenden Unterhosen fotografieren, ihr die Bilder schicken und dann könne sie auswählen.

Also steht nun in diesem riesigen hippen Modekaufhaus inmitten Hunderter junger Mädchen ein einzelner mittelalter, untersetzter, kahlköpfiger Mann und schwenkt Mädchenunterhosen. In ein irgendwie günstiges Licht. Betrachtet sie. Um sie dann zu fotografieren. Und denkt sich … nichts dabei.

Eine Verkäuferin spricht mich an:

»Entschuldigung, was machen Sie denn da?«

Aus irgendeinem Grund erschrecke ich mich. Habe, warum auch immer, ein schlechtes Gewissen. Versuche mich daher, einem schwachsinnigen Reflex folgend, hinter der purpurfarbenen Mädchenunterhose in meiner Hand zu verstecken. Wer moderne Mädchenunterhosen und die Größe meines Kopfes kennt, wird sich denken können: Das ist ein ambitioniertes Vorhaben. Wie ich schnell bemerke, kann die Verkäuferin mich immer noch sehen. Sie wiederholt ihre Frage:

»Was machen Sie denn da?«

Überlege kurz, ob ich nicht einfach ohnmächtig werden soll. Bin aber leider zu wach und höre mich antworten: »Es ist nicht das, wonach es aussieht.«

»Nein?«

»Nein. Gar nicht.«

»Dann stehen Sie also nicht hier in unserer Lingerie-Abteilung und fotografieren Mädchenunterhosen?«

»Nein. Das heißt doch. Also schon einerseits, aber … weiß nicht.«

»Sie wissen nicht, ob Sie Mädchenunterhosen fotografieren?«

»Doch, das schon, aber es ist nicht das, was Sie denken.«

Sie überlegt. Eine ganze Weile. Sagt schließlich:

»Sie Schwein!«

Wehre ab. »Moment, das ist ungerecht. Ich sagte doch, es ist nicht das, was Sie denken.«

Sie nickt.

»Eben. Ich dachte, wahrscheinlich fotografiert er die Unterhosen, um sie seiner Tochter zu zeigen, damit die ihm sagen kann, welche er kaufen soll. Aber da es ja nicht das ist, was ich denke, sind Sie offensichtlich doch ein Schwein.«

Oh. Die Denkweise von Verkäuferinnen war für mich schon immer ein Mysterium.

Dezember letzten Jahres musste ich für eine Bühnenproduktion eine weiße Hose kaufen. Also ging ich in ein richtiges Erwachsenenmodekaufhaus, wo aufgrund der Winterkollektion jedoch nichts wirklich Helles hing. Also fragte ich nach einer strahlend weißen Hose. Die Verkäuferin, die so etwa in meinem Alter gewesen sein dürfte, zwinkerte mir daraufhin zu, gab mir einen regelrecht anzüglichen kleinen Knuff und flötete süß: »Na, da kann wohl noch jemand den Frühling kaum erwarten, was?«

Angemessen überrumpelt, stotterte ich:

»Nein, nein, ich brauche die quasi eher beruflich.«

Augenblicklich wich sie zurück, nahm Haltung an und antwortete in respektvollstem Ton:

»Oh, Entschuldigung, Herr Doktor.«

Ungefähr eine Minute lang versuchte ich noch erfolglos, das Missverständnis aufzuklären. Bis ich begriff, dass ich schlagartig mehrere Stufen innerhalb der Kundenhierarchie aufgestiegen war. Mein Beruf sprach sich in Sekunden herum. Teilweise kümmerten sich nun drei bis vier Verkäuferinnen gleichzeitig um mich, waren aufmerksam, zuvorkommend und fröhlich. Sie sahen im Lager nach, kramten unverkäufliche Musterhosen hervor, telefonierten mit anderen Filialen. Natürlich schäkerte man auch, und selbstverständlich wurde jede der Verkäuferinnen früher oder später mit dem ein oder anderen Leiden bei mir vorstellig. Erstaunlicherweise konnte ich ihnen allen seriös und fachkundig helfen. Unabhängig von Krankheit und Diagnose empfahl ich zur Linderung stets:

»Viel Gemüse und Obst, wenig Zucker, rotes Fleisch und Weißmehl meiden. Gönnen Sie Ihrem Körper ausreichend Bewegung und Schlaf. Aber lassen Sie auf jeden Fall möglichst bald Ihren Hausarzt noch mal draufgucken. Obwohl der Ihnen wahrscheinlich genau dasselbe sagt. Haha. Doch besser ist das.«

Am Ende hatte ich eine der schönsten Dreiviertelstunden meines Lebens verbracht, eine hervorragend sitzende weiße Hose gefunden und endlich mal wieder eine Strategie für ein besseres Leben entdeckt. Wann immer ich nun in einem Kaufhaus von den Verkäuferinnen zu wenig beachtet werde, frage ich nach einer weißen Hose oder weißen Schuhen mit hellen Sohlen. Kurze Zeit später bin ich »Herr Doktor«, und alles geht wie von selbst. Wobei ich höchsten Wert darauf lege, mich niemals selber als Arzt auszugeben. Klar, sonst wäre das ja Scharlatanerie.

Ganz am Ende meiner damaligen Doktorlaufbahn, als ich mit meiner Tüte fast schon draußen war, kam die erste Verkäuferin mir noch einmal nachgelaufen, griff mich am Arm und zischte:

»Sie sind ja gar kein richtiger Arzt.«

Nun war ich verblüfft.

»Wie kommen Sie darauf?«

»Ein richtiger Arzt hätte doch niemals so lange, geduldig, freundlich und fröhlich unsere vielen Fragen beantwortet. Da hätte er doch gar nicht die Zeit für.«

Das genau meine ich mit: Die Denkweise von Verkäuferinnen war für mich schon immer ein Mysterium. So auch jetzt bei den Unterhosen. Die junge Frau lächelt mich auf eine Art und Weise an, bei der ich nun wirklich nicht weiß, ob sie mich tatsächlich für ein Schwein hält oder einfach nur Spaß an meiner Verlegenheit hat.

Ich entschließe mich, meinen höchsten Trumpf zu spielen.

»Ach, und außerdem brauchte ich dann aber auch noch eine weiße Hose.«

Sie zieht die Augenbraue hoch.

»'ne weiße Hose?«

»Ja. Strahlend weiß. Aus beruflichen Gründen.«

Zack. Das hat gesessen. Sehe, wie es in ihr rattert. Dann erhebt sie die Stimme und ruft, ohne den Blick von mir abzuwenden, sehr laut durch den Laden:

»He, Thomas! Der Maler hier, der die ganze Zeit Mädchenunterhosen fotografiert, braucht wohl 'ne neue weiße Arbeitshose zum Bekleckern. Kümmerst du dich darum?«

Alle jungen Mädchen auf der Etage starren uns an. Also zumindest gefühlt. Dann lacht die Verkäuferin los.

»Ach, ich mach ja nur Quatsch. Ich hab natürlich sofort gesehen, dass Sie Arzt sind.«

»Echt? Woran denn?«

»Jemand, der hauptberuflich mit Farben oder Design zu tun hat, würde doch nie so eine misslungene Farbkombination tragen.«

»Ach so.«

Eine andere Verkäuferin kommt angerannt. »Stimmt es, dass Sie Arzt sind?«

»Na ja …« Lege mir schon meinen Rat hinsichtlich Ernährung und Bewegung zurecht, als sie an meiner Hand zerrt.

»Einer hochschwangeren Kundin in der Umkleidekabine da vorn ist gerade die Fruchtblase geplatzt. Sie müssen sofort …«

In diesem Moment gelingt mir dann doch eine Ohnmacht.

Ewald Arenz

Häusliche Hölle

Ich lag auf dem Rücken unter der Spüle, um einen eben gereinigten Siphon zu montieren, als die Katze vor der Verandatür miaute. Sie wollte rein. Ich musste aber mit der einen Hand das Rohr festhalten, damit die Dichtung nicht in den Eimer fiel. Mit der anderen versuchte ich, den Verschlussring wieder aufzuschrauben, der sich verkantet hatte. Die Katze miaute. Der Ring ließ sich nicht aufs Gewinde schrauben. Wasser tropfte mir in schöner Regelmäßigkeit auf die Stirn. Aus dem Nebenzimmer klang fröhliches Telefonieren. Die Katze miaute noch lauter. »Juliane!«, rief ich. »Die Katze will rein!« Schweigen. Außer dem Geräusch der Wassertropfen, die auf meiner Stirn zerplatzten, dem Miauen der Katze und dem Gelächter aus dem Nebenzimmer. »Juliane!«, schrie ich. Juliane erschien telefonierend. Das heißt, ich nahm an, dass sie telefonierte. Ich sah nur ihre Beine. »Warte mal«, sagte sie ins Telefon, »Heinrich will schon wieder was.« – »Schon wieder?«, fragte ich erbittert von unter der Spüle. Mittlerweile lag ich in einer kleinen Pfütze, »schon wieder? Ich repariere hier deine blöde Spüle, und du willst nicht mal die Katze reinlassen?« – »Nein«, sagte Juliane vergnügt ins Telefon, während sie die Katze hereinließ, »Heinrich geht's gut. Er hat heute frei und ... ja ... nein ... doch, die Erkältung ist vorbei, ihm geht's sehr gut!« Mir ging es nicht gut. Mein Arm wurde lahm und die Pfütze hatte begonnen, die Aufnahmefähigkeit meines Kragens zu testen. Die Katze rannte leichtfüßig über meinen Bauch zu ihrem Katzenteller. Juliane klemmte das Telefon zwischen Schulter und Kinn, bückte sich und zwinkerte mir vergnügt zu, während sie weitersprach und der Katze eine Dose aufmachte. Dann verschwand sie wieder aus meinem Blickfeld. Dafür stellte sie sich jetzt breitbeinig über mich und vor das Spülbecken. Ich fragte mich, ob meine Frau mich wirklich so wenig kannte, dass sie im Ernst glauben konnte, ich könnte das als eine Art Aufmunterung verstehen, und rammte wütend den Ring auf das Gewinde. »Nee«, sagte Juliane eben ins Telefon, »wo denkst du hin, du weißt doch, wie Heinrich ist. Er tut nur so. Er freut sich seit Tagen auf den Diaabend!« In diesem Augenblick brach der Plastikring, das Rohr rutschte ab, während Juliane fröhlich plaudernd den Hahn aufdrehte, um sich die Hände zu waschen. Ich hörte das Wasser rauschen und wollte »Nein!« schreien, aber die Schwerkraft war schneller. Ein breiter Strahl lauwarmen Wassers platschte mir in Mund und Nase, ich versuchte auszuweichen, krachte jedoch mit dem Kopf gegen die Spülmaschine. Julianes Gesicht erschien verschwommen im Blickfeld, verschwand aber sofort wieder. »Was soll ich dir sagen«, seufzte sie übertrieben ins Telefon, »ich muss Schluss machen. Der Mann macht mich wahnsinnig – er hat wieder sein bestes Hemd an und ich darf schon wieder waschen.« Die Katze lief mir leichtfüßig über die Beine, erreichte die Verandatür und miaute. »Juliane«, gurgelte ich hasserfüllt und versuchte, den Geschmack von Katzenfutter zu ignorieren, »ich lasse mich scheiden.« – »Nein«, sagte Juliane fröhlich ins Telefon, »das ist nur die Katze. Sie will raus.« Das Telefon piepte, als sie auflegte und sich zu mir herunterbeugte: »Hör auf, mit dem Siphon zu spielen«, sagte sie streng, »und gib mir dein Hemd. Wir müssen heute zu Susi!«

Obwohl ich mir spät nach diesem Diaabend noch einmal mit viel Zahnpasta die Zähne putzte, war ich so deprimiert, dass ich nicht einschlafen konnte. Aber dann stand ich noch einmal auf, ging hinunter ins Bad und schrieb mit Julianes Lippenstift auf den Spiegel: »Sartre hat recht. Die Hölle sind die anderen!«

Am nächsten Morgen brachte Juliane mir überraschend Orangensaft ins Arbeitszimmer und es wurde ein sehr harmonischer Tag. Sogar die Katze legte sich eine halbe Stunde schnurrend auf meinen Schoß, aber das lag wahrscheinlich daran, dass ich immer noch nach Katzenfutter roch.

Frank Schulz

Szenen in Beige

Hellgraue Hosen, und überm dicken mittelgrauen Pullover eine – *ha!* – beigefarbene Funktionsweste. Die Füße V-förmig gestellt, die Finger im Kreuz verschränkt, beugt der betagte Herr sich vor, bis der Schirmstutzen seiner dunkelgrauen Schiebermütze gegen das Schaufenster stößt. Dann bleckt er das Gebiss.

Vorbildlich, der alte Zausel, denkt Kortsch, während er sich nähert; *Gebiss blecken beim Gucken: ungeschriebenes Greisengesetz. Die Weste: sicher kugelsicher*, denkt er und lächelt, zugegeben: blasiert. Er wirft den Gedanken auf, ob er all die Einfälle in seinem iPhone notieren soll, verwirft ihn aber gleich wieder. Er hasst dessen Tastatur-Attrappe. Und diktieren, mitten auf dem Bürgersteig? So weit kommt's noch. Außerdem fiele ihm jetzt so auf Anhieb kaum wieder ein, wie noch mal gleich die Diktierfunktion funktioniert. Einfach hoffen, dass er sich alles merken kann, um es Köhler erzählen zu können.

Als er noch drei Schritte von dem alten Herrn entfernt ist, erhält Kortsch eine SMS. Der alte Herr fährt zusammen und starrt den herannahenden Kortsch an, und sofort grault sich der. Weil er vergessen hat, das iPhone leise zu stellen, als er aus dem Haus gegangen ist, und wegen des Geräuschs an sich. Zum x-ten Mal nimmt er sich vor, Yvonne zu fragen, wie er den Ton, mit dem eine Kurznachricht angekündigt wird, ändern kann. Ist der Pfiff einer (Miniatur-) Dampflok eines beamteten Kulturmenschen nicht überaus unwürdig? Und zudem schämt sich Kortsch insofern, als seinen gedanklichen Reflexen (Zausel, Greisengesetz, kugelsichere Weste) die Reflexion folgt. Unweigerlich. So schnell fliegt kein Bumerang.

Irgendwo hat Kortsch mal gelesen, dass man andere Menschen als alt empfindet, wenn sie mindestens fünfzehn Jahre älter sind als man selbst. Nicht zum ersten Mal wird ihm bewusst, wie viel peinliche Milde, seichte Überheb- und Selbstherrlichkeit aus dieser Haltung sprechen. Und wie viel Angst.

Nach wie vor im Fokus des alten Mannes, spitzt Kortsch die Lippen und hebt die linke seiner überzüchteten Brauen, indes er in seinen Mantel greift; dabei rollt er die Augen, sodass er mit ein und demselben Schwenk erstens selbstironische Technophobie signalisieren, zweitens direkten Blickkontakt vermeiden sowie drittens seine Lust zu rätseln befriedigen kann, welche der Waren in jenem Schaufenster wohl des Westenträgers Interesse geweckt haben mag: die rosafarbene Faszienrolle? Der Kompressionsstrumpf-Anzieher *MediButler*? Den Rollator zum Einführungspreis von € 259 braucht er ja ganz offensichtlich noch nicht. All das im Vorübergehen. Ha! Synapsen 1a geschmiert.

Den starrenden, zähnefletschenden Greis hinter sich lassend, gewahrt Kortsch allerdings, dass er nicht sein iPhone zu fassen bekommen hat, sondern vielmehr den Event-Rekorder, den Dr. Tanners MTA ihm vorhin um den Hals gehängt hat. Zufällig im selben Moment beginnt die Manschette um seinen linken Oberarm sich unterm Mantelärmel aufzublähen, begleitet von einem Surren. Automatische Blutdruckmessung. So wird das jetzt alle zwanzig Minuten gehen, die nächsten vierundzwanzig Stunden lang. Kortsch lässt die Linke hängen, während er sein iPhone aus der Innentasche fischt und mit ein-, zweimal Daumentippen und -wischen befragt.

Die Nachricht lautet:

Ja, mach ich. Schalt die Autokorrektur wieder ein!!!

Als Absenderin steht da *Betreuerin*. So beliebt er Yvonne zu bezeichnen, seit sie zu ihm gezogen ist,

Ende letzten Jahres, ein paar Wochen nach seinem leichten »Infarkt im Kleinhirnschenkel links«. Dreiundzwanzig Jahre jünger als er, Kortsch, ist sie. Auch trotz sechs Jahren glücklichen Zusammenseins vermag er nicht in wünschenswerter Tiefe zu begreifen, was zum Kuckuck sie an ihm zu finden meint. Er ist kein Hollywood-Star – und sieht auch nicht so aus –, sondern eben Beamter. Und sieht auch noch so aus. Und sie eine attraktive Mittdreißigerin mit Charme, Humor und Aussichten auf Habilitation. Irgendwas stimmt mit ihr nicht. Hoffentlich merkt sie's nicht, solang er lebt.

Kortsch liest seine Kurznachricht nach, die Yvonne zu ihrer galligen Replik veranlasst hat.

Uch bring Brätchen mot. Denkst du an Kloüaüoer?

O. k.

O. k., auf einen groben Klotz gehört ein grober Keil. Nachdem die Blutdruckmanschette wieder erschlafft ist, antwortet er auf Yvonnes Ansinnen, die automatische Korrekturfunktion wieder zu aktivieren:

Den Trugel werd uch tin!

*

Auf der Feier seines sechzigsten Geburtstags hatten er und Köhler sich mit Yvonne und ihrer Freundin Wiebke »krass gefetzt«, wie Wiebke sich ausdrückte. (Bis auf den heutigen Tag hat sich Kortsch nicht daran gewöhnen können, dass Yvonne und die Freundinnen und Freunde aus ihrer Alterskohorte an diesem albernen ›krass‹ – oder noch schlimmer: ›voll krass‹ – ihres Jugendjargons festhielten; und Yvonnes Nachweis, dass er und die Freundinnen und Freunde aus *seiner* Alterskohorte es mit ›geil‹, ›echt geil‹, ›echt ätzend‹ und so weiter keinen Deut anders hielten, half ihm auch nicht weiter.)

»Noch würdeloser«, so Köhler vom edlen Grappa befeuert, »als das eigenhändige Gescrabbel auf dieser Winztastatur ist es ja wohl, die Verantwortung für die Verstümmelung allfälliger Simse zu *deligieren!*«

»Deligieren?«

»Na ja, an die Autokorrektur eben. Oder an Schiri oder wie die heißt.«

Die Damen lächelten schief.

»Ist doch wahr!«, tönte Köhler. »Ihr tippt ›Heilerde‹ und nehmt billigend in Kauf, dass ›Heil Hitler‹ oder so was dabei rauskommt.«

»Quatsch«, ereiferte sich Wiebke; Yvonne aber lachte nur.

»O doch. Und überhaupt.« Kortsch beeilte sich, in

dieselbe Kerbe zu hauen. »Abgesehen davon, dass diese kümmerliche Tastatur für normale männliche Wurstfinger völlig ungeeignet ist – die QWERTZ-Belegung ist allemal idiotisch.«

»Die was?«

»Na, die übliche Belegung der Tasten mit den üblichen Buchstaben.«

»Wieso denn das, wenn sie doch üblich ist?«

»Na ja, herrje, im Zehnfingerblindsystem erfüllt die ja ihren Sinn, aber doch nicht auf dieser … ätzenden Miniaturimitation einer Tastatur! Warum sind die angeblich so genialen Apple-Nerds denn nicht auf den Bolzen gekommen, die Lettern schlicht und einfach alphabetisch anzuordnen? Dann bräuchte man als Zehnfingersystemiker nicht ständig wie ein Idiot herumzusuchen.«

»Wieso denn das, wenn du's doch angeblich blind –«

»Na, weil ›blind‹ eben nur haptisch funzt und beidhändig, und dafür ist diese idiotische Tastatur eben viel zu mickrig; davon rede ich doch die ganze –«

Und so weiter und so fort. Als Höhepunkt der hitzigen Debatte hatte Köhler in Yvonnes iPhone hineingerufen: »Siri, wir wissen, wo dein Auto steht!« Und als leidenschaftlicher Fußballhasserin musste man Yvonne den Witz dann auch noch erklären, Siri gleich Schiri gleich Abkürzung für Schiedsrichter, und dass Schiedsrichter von den Fanchören gern mal daran erinnert werden, dass ihre Autoreifen angreifbar sind, insbesondere bei Fehlentscheidungen, und bei all den langwierigen Erläuterungen konnte man amüsierte Langmut vorspiegeln, dabei machte es geradezu Spaß, den bis in die Niederungen der Popkultur hinunter bewanderten Weltversteher zu geben, und so weiter und so fort. Ein prima Fest.

Es anzuzetteln hatte Kortsch lange gezaudert. Zuvor hatte er beim Abendessen Yvonne gegenüber einen Versuchsballon steigen lassen. »Die Geburtstagsfeier findet in aller Stille statt.«

»Mein Beileid.«

»Was ein zünftiger Senior ist«, versetzte Kortsch, »der schätzt nun mal die Gemütlichkeit, ja, Ruhe und Besinnlichkeit. Auf den Zapfen gehauen wird erst wieder zum *Fünf*undsechzigsten.«

»Ist das nicht einigermaßen widersinnig?«

»Wann, wenn nicht jetzt, soll es denn noch gelingen, dieses deprimierende Prinzip der Dezimierung zu überwinden?«

»Dezimierung. Witzig, witzig.«

»Ist doch wahr… O.k., den zehnten Geburtstag zu feiern leuchtet ja noch ein. Den zwanzigsten erst recht, zu schweigen vom dreißigsten. Den vierzigsten und fünfzigsten zu begehen aber war schon fragwürdig genug. Nix da! Der sechzigste fällt aus. *Dixit senior in spe.*«

Seit einem halben Jahr bereits hatte er die Rede vom Seniorentum strapaziert. Genauer: seitdem er aus dem Newsletter der Deutschen Bahn AG erfahren hatte, ›Personen ab sechzig Jahren‹ hätten für die BahnCard 50 Anspruch auf ›Seniorenrabatt‹.

Ein Schock. Empfanden Leute Leute als alt, die mindestens fünfzehn Jahre älter waren als sie selbst, so empfanden Leute wie Kortsch sich als locker fünfzehn Jahre jünger, als sie nun mal waren. Seniorenrabatt, Seniorenteller … furchtbar. Wie sang doch Stoppok seinerzeit so lustig: von der »harten Zeit zwischen Twen-Tours und Seniorenpass«? Die war dann ja wohl tatsächlich bald vorbei. Da half nur noch Selbstironie.

Und kurz darauf, vier Monate vorm Jubiläum, sollte er die bitterer nötig haben, als er je befürchtet hätte. Jene acht Oktobertage 2016 würde er zeit seines Lebensabends nicht vergessen: den Moment nachts um vier, als er verschwitzt aufwacht und beim Gang zur Toilette plötzlich von ›starker Fallneigung nach links‹ überwältigt wird, sodass er sich an Wänden und Türzargen entlanghangeln muss. Den Moment in der Notaufnahme, als die diensthabende Ärztin den Verdacht auf Schlaganfall äußert. Den Moment in der Stroke Unit, als dieser junge Arzt ihm eröffnet, er müsse erst wieder *lernen*, geradeauszulaufen. (Bis dahin hatte er in seiner jugendlichen Gedankenlosigkeit gemeint, man würde ihm eine Spritze oder so was geben, und fertig – ungeachtet der Tatsache, dass er es doch tausendfach anders gehört und gelesen und im Fernsehen gesehen hatte. Das Ego denkt halt nicht gerne nach, und das Gedächtnis ist nun mal egozentrisch.) Den Moment in den statistisch so wichtigen ersten dreiundsiebzig Stunden, da die Pflegerinnen und Pfleger jeweils ans Bett treten, seine Körperempfindungen testen und ihn bitten, den Wochentag zu nennen und den Bundespräsidenten und ›Die Katze tritt die Treppe krumm‹ nachzusprechen. Den Moment, als Yvonne mit feuchten Augen sagt, er sehe aus »wie ein defekter Terminator mit all den Kabeln, Steckdosen und Lüsterklemmen«. Den Moment, als er Yvonne aus jener Informationsbroschüre für Angehörige vorliest (»Sie können Ihr Mitgefühl bspw. durch Streicheln oder Halten der Hand ausdrücken. Keine Babysprache verwenden! Gut gemeinte Appelle wie ›Jetzt stell dich mal nicht so an!‹ haben einen negativen Effekt.«), und den Moment, als sie entgegnet, »jetzt stell dich mal nicht so an«, und er: »Und jetzt noch mal in Babysprache.«

Am fünften Tag wurde er entlassen, und am achten konnte er schon wieder auf eigene Faust den Gertrudenberg erklimmen. Nur bei raschen Drehungen wurde ihm noch ein paar Wochen lang schwindlig.

Und das ihm, der seit zehn Jahren nicht mehr raucht, maßvoll trinkt, maßvoll isst und regelmäßig joggt. *Altwerden ist nichts für Feiglinge* … Erst nach dieser schallenden Ohrfeige hatte er Bette Davis' Bonmot *wirklich* kapiert. Die schwarze Pädagogik des Schicksals.

Eines Abends, kurz nachdem sie eingezogen war, kündigte Yvonne dann eine »wichtige Amtshandlung« an. »Hier, hier und hier«, sagte sie, indem sie ihm einen Stapel Papiere über den Küchentisch zuschob. Zum Unterzeichnen nämlich, offensichtlich.

»Och nö. Was zum Kuckuck –«

»Erstens die sogenannte Vorsorgevollmacht, vulgo Konto-, Depot- und Schrankfachvollmacht, abgestimmt mit den in der Deutschen Kreditwirtschaft zusammenarbeitenden Spitzenverbänden. Zwotens –«

»Moment«, bremste Kortsch sie, zugegebenermaßen tatsächlich ein wenig unlustig und ungehalten;

doch nach einer Schrecksekunde ließ er sich auf ihren Frotzelmodus ein. »Mooooment. Heute ist Dienstag, die Katze tritt die Treppe krumm, und der Bundespräsident heißt –«

»Und der Bundesminister der Justiz und für Verbraucherschutz Heiko Maas. Der meint auf seiner Homepage, es sei wichtig, sich mit dem Thema ›Patientenverfügung‹ auseinanderzusetzen, ehe es zu spät dafür ist.«

»Was denn überhaupt für ein Schrankfach? Was für ein Depot? Und wo bleibt mein frisch aufgebrühter Ginseng-Quinoa-Umckaloabo-Tee, du ›Betreuerin‹?«

Sie kicherte und las ihre Antwort vom Blatt: »Im Alltag wird das Wort ›Betreuung‹ oft falsch verstanden und mit einer sozialen Betreuung verwechselt, mit praktischer und persönlicher Hilfestellung zur Bewältigung des Alltags. Die *rechtliche* Betreuerin hat aber vielmehr die Angelegenheiten des Betroffenen *rechtlich* zu besorgen. Ich will dir doch bloß weitere Teilhabe am öffentlichen Leben und Teilnahme am Rechtsverkehr ermöglichen!«

»Wie bitte? Teilnahme am Geschlechtsverkehr?« Er legte die Hand ans Ohr, lachte ranzig und beeilte sich gespielt (oder vielmehr *gespielt* gespielt): »Wo soll ich unterschreiben?« Dann las er, gespielt vom eigenen ›Humor‹ ermüdet, was sie ihm hinhielt.

»Was? Ich befuge dich, über freiheitsentziehende Unterbringung und/oder Maßnahmen, zum Beispiel Bettgitter … He, Finger von meiner Gurgel!«

Wieder kicherte sie. »Du hast gesabbert.«

»Bettgitter. Das hätte ich nicht von dir gedacht. Sag mir die Wahrheit! Wie lange hab ich noch?«

»Das«, so frömmelte die Betreuerin, »weiß nur der liebe Gott.«

»Was aber«, zitierte Kortsch aus Eckhard Henscheids altehrwürdigen ›Sudelblättern‹, »wenn sich später, in der Ewigkeit, herausstellte, dass Gott gar nicht ›Gott‹ heißt. Sondern beispielshalber ›Hottner‹… ?«

»Ein Grund mehr, zu unterschreiben.«

Sechs Wochen vor seinem Sechzigsten hatte er dann doch das deutliche Bedürfnis verspürt, denselben im Kreise seiner Liebsten zu feiern. Zu Yvonnes freudiger Überraschung. Per E-Mail lud er alle ins Da Capo.

Nachdem er den Einladungstext mit ihr durchgegangen war, hatte sie sich wie üblich erkundigt, ob er sich etwas wünsche. Weil ihm nichts einfiel, seufzte er scheinheilig: »Ach, ich hab doch alles.«

»Ach, komm. Du kriegst den Hals doch nie voll.«

Das war niederträchtig, aber nicht falsch. Er mochte Dinge; er hing an seinen Büchern und seiner Vinyl-Platten- und DVD-Sammlung, und er bekam gern entsprechende Geschenke. Nur hegte er den romantischen Wunsch, die Schenkende möge eigene Ideen entwickeln, und mochte diesen mädchenhaften Gedanken nicht aussprechen.

»Zusammen alt werden«, sagte er. Das war noch niederträchtiger, denn als sie geboren worden, war er bereits zehn Jahre Raucher gewesen.

»Mit wem denn?« Das war natürlich am niederträchtigsten.

In der darauffolgenden Nacht, nach der zweiten der üblichen Pinkelpausen, begann eine absurde Grübelei darüber, was denn ein angemessenes Geschenk zum sechzigsten Geburtstag tatsächlich sein könnte. Dinge vermochten ja über ihren Gebrauchswert hinaus Bedeutung zu transportieren, symbolische, entwicklungspsychologische oder so. Rätselhafterweise fiel Kortsch die Gillette-Werbung aus den späten Achtzigern ein. (Warum sagten eigentlich alle immer »Neunzehnhundertachtzigerjahre«, auch wenn stets klar war, dass die Achtzehnhundertachtziger mitnichten gemeint sein konnten; und warum sagten übrigens alle immer »D-Mark«, seit es sie nicht mehr gab, wohingegen jeder »Mark« sagte, als es sie noch gab; und warum musste man eigentlich über derartigen Kram ausgerechnet mitten in der Nacht nachdenken?) Jene Gänsehaut-Szene also, da der Vater dem

Sohn einen Rasierer überliefert, während die Filmmusik den aufwühlenden Refrain ›Vom Vater zum Sohn/so war es immer schon‹ intoniert …

Nun ja, er hat weder Vater mehr noch Sohn je gehabt (geschweige Tochter), und allein deshalb hatte es darüber hinaus wenig Sinn, sich die Augen aus dem Kopf zu heulen, wenn der Opi im Fernsehen dem Enkel Sahnebonbons zusteckte oder Ähnliches. Kortsch selbst hält zwar Opas Zigarrenschneider mit Hirschhorngriff in Ehren, obwohl er die letzte Zigarre im vergangenen Jahrtausend geraucht hat. Rasiert aber hat Kortsch sich auch schon lang nicht mehr, und mit Bonbonwünschen dürfte man der sehr geehrten Betreuerin wohl ebenso wenig kommen dürfen.

Wie so häufig in solchen Momenten, da er sich in Gedankenspielen verhedderte, tauchte vor Kortschs innerem Auge Köhlers Imago auf, und dann dachte Kortsch praktisch vermittels Köhlers Verve in Köhlers Schwurbelduktus weiter: Ja, dachte er, es müsste ein Ding mit Stil sein, ästhetisch plausibel, weil ironische Brechung eingebaut, das dennoch die neue Altersstufe berücksichtigte, ja hervorhöbe und doch auch ein Stück weit aushebelte; ein Ding, das Würde im Sinne des Artikels 1 Absatz 1 GG repräsentierte, aber auch ungebrochene Virilität signalisierte; das dem Präsens Präsenz verliehe und allegorische Trostmächtigkeit verströmte und – und plötzlich fiel es dem Köhlerkortsch wie Plaque aus den Synapsen: ein Spazierstock!

Au ja, Mensch. Nein, natürlich nicht so einen, wie er ihn dem Alten Herrn selig mit ins Grab gegeben hatte; vernagelt mit bunten Plaketten vom Rheinfall bei Schaffhausen, aus Hannoversch Münden und Fusch am Großglockner, mit gebogenem Griff und Metallspitze. Vielmehr so ein Dings, mit dem der Lüpertz immer rumfuchtelt, der alte Geck, der; vielleicht nicht unbedingt mit silbernem Totenschädel-Knauf, aber …

Beim Frühstück war wieder Vernunft eingekehrt. Kortsch konnte sich vorstellen, wie Yvonne auf eine solche Idee reagierte. »Einen *Stock*? Ach du dicker Vater. Kommt der mit der Gummikapsel nicht noch früh genug?«

Aber was sonst? Einen hübscheren Tablettenspender vielleicht?

Der Schlaganfall hatte erhöhten Pillenbedarf zur Folge gehabt – und der wiederum eine Neuanschaffung: zwei längliche Medikamentenboxen nämlich, deren sieben Segmente mit *Mo* bis *So* beschriftet waren. Eine Box für morgens (pro Segment 1 ockerfarbene Bohne, 1 braun-beige geteilte Kapsel, 1 kreideweiße Pastille, 1 senfgelbes Zäpfchen, 1 beigefarbener

Torpedo mit Aufdruck OM 20), eine Box für abends (je 1 ockerfarbene Bohne, 1 altrosafarbene Linse, 1 cremefarbener Drops und alle zwei Wochen sonntags zusätzlich 1 transparente Perle).

O. k., diese Plastikdinger hatten je 1 € gekostet und sahen entsprechend trostlos aus. Doch wäre eine Pillenetagere aus Gold und Elfenbein im Jugendstil, wenn es denn so etwas gab, wirklich tröstlicher? Und musste man die Betreuerin denn wirklich mit der Nase drauf stoßen, *wie* hinfällig ihr Klient bereits war?

Am Ende gab es dann ein Heizkissen mit Kragen. »Ein Syntrox Germany XXL!«, jubelte Kortsch, damit seine Gäste im Da Capo was zu lachen hatten.

»Aua, aua«, jammerte Köhler.

»Tja«, bestätigte Kortsch. »Und künftig, sagt der Onkel Doktor, gibt's statt schwarzem Tee bloß noch weißen Tee.«

»Und statt Schwarzem Krauser«, sagte Yvonne, »ja eh seit zehn Jahren Weißkohl.«

»Na ja«, sagte Köhler, »immer noch besser, als aus einer dieser Deppenflöten heiße Luft zu nuckeln. Mit Aprikosen-Spargel-Aroma oder was weiß ich.« Eine Spitze gegen Wiebke, die grad draußen vor der Tür stand.

»Und statt schwarzem Humor bloß noch weiße Folter«, fügte Yvonne hinzu, um ihrer Freundin beizustehen, und nur, weil Kortsch ihre bevorzugte Musikfarbe mal als solche bezeichnet hatte.

»Und statt Schwarzhaarigen bloß noch Blondinen«, so Kortsch wuchtig, nicht übel stolz auf seine Schlagfertigkeit. Doch anstatt den Fehdehandschuh aufzunehmen wie ein Mann, kicherte Yvonne tussihaft und sagte, perfiderweise an Köhler gewandt: »Köstlich, dieser Plural!«

Dazu gab's eine Glückwunschkarte, die beim Aufklappen *Sechzig Jahre und kein bisschen weise* dudelte. »Ah! Curd Jürgens. Der normannische Kleiderschrank.« Ganz Zeitzeuge, schnalzte Kortsch mit der Zunge.

»Ist übrigens«, ergänzte Köhler aus seinem gusseisernen Gedächtnis, »mit sechsundsechzig gestorben. Wiewohl doch wiederum Namensvetter Udo behauptete, da fange das Leben erst an.«

»Hm«, sinnierte Yvonne doppeldeutig. »Sechs Jahre noch. Was machen wir denn so lange?« Ein prima Fest, wie gesagt.

*

Teils mangels ärztlicher Vorsorge, teils mangels Eigeninitiative hatte Kortsch es hingekriegt – häufiger Nachfrage vonseiten Yvonnes zum Trotz –, die endgültige Fahndung nach der Ursache für den kleinen Schlaganfall anderthalb Jahre lang zu verschleppen. Zwar hatte die MRT Verkalkungen offenbart, doch schienen die zu geringfügig, als dass sie als Auslöser infrage kämen. Plaque konnte sich im Prinzip jederzeit lösen und irgendwelche Durchgänge verstopfen. Jedenfalls war es nach wie vor angezeigt, Herzrhythmusstörungen und vor allem Vorhofflimmern als Gefahrenquelle auszuschließen. Das ist der Grund, weshalb ihm heut Morgen von Dr. Tanner die Alternative eröffnet worden ist, immer mal wieder ein Langzeit-EKG zu tragen oder aber sich den Event-Rekorder dauerhaft implantieren zu lassen, in Form eines Chips in der Brust. Er hat sich zunächst einmal für Ersteres entschieden.

Nachdem er seine SMS an Yvonne abgesetzt hat, setzt er seinen Weg durch die Hasestraße fort, überquert den Markt am Rathaus – wo er ein Schwätzchen mit einem Kollegen aus dem Amt hält – und biegt links in die Bierstraße ein. Vor der Bäckerei wartet bereits, unterm Arm eine Achterpackung Kloüaüoer, blond lächelnd Yvonne.

»He, bist du schnell! Ihr jungen Leute!«

»Tja! Mit dem Trugel im Bunde!«

Gemeinsam treten sie ein.

Die Verkäuferin ist, was man zu Kortschs Zeit

Twen nannte. Wenn nicht Teen. Ihre blauen Augen strahlen mit derartiger Blauäugigkeit, dass es ihm schier das Herz zerreißen will. (Ob darauf wohl der Event-Recorder reagiert?)

Was folgt, ist ein alltagsmagischer Moment. Kinder- und familial ahnungslos bis dorthinaus, hat Kortsch eine Art Vision: Innerhalb jenes zufälligen Drei-Generationen-Ensembles – Senior, Betreuerin, Verkäuferin – tritt ihm plötzlich, wie aus den Tiefen der menschlichen Entwicklungsgeschichte, seine Rolle als designierter Stammesältester ins Bewusstsein. Liegt es nicht in seiner Verantwortung, denkt er im Köhler-Sprech, jenem Küken da ein paar mahnende Philosopheme in puncto offensichtlich himmelschreiender Naivität zu vermitteln – *hic et nunc*, ganz nonverbal, einfach qua Aura? Oder vielmehr ein Quantum Trost zu teleportieren angesichts einer nur allzu langen, ungewissen Zukunft voller Trolle, Starkregen und BlackRocks?

Leider geht ihm schlechterdings nichts Bedeutungsvolleres im Kopf herum, als dass er gern vier Brötchen hätte. Folglich sieht er sich unvermittelt mit ihren blauen Äuglein und empfängt aus ihrem von unverkalkten, blutdurchtosten Arterien versorgten Gehirnchen folgenden Gedanken: Na los, Opi. Zwei Megaknackis und zwei Weltmeister?

Und in derselben Sekunde beginnt sich erneut die Manschette um seinen linken Oberarm unterm Mantelärmel aufzublähen. Jenes dezente, doch unüberhörbare Surren erfüllt die Luft zwischen ihnen dreien, zu ausdauernd, als dass die Blauäugige etwaigen Vibrationsalarm eines Mobiltelefons hätte vermuten dürfen. Kurzes Pingpong undefinierbarer Blicke zwischen allen Beteiligten, und – nichts.

Vielleicht sollte er sich doch einen Chip implantieren lassen …

Köhler meinte später am Telefon, er an Yvonnes Stelle hätte die Situation mit folgenden Worten erlöst: »Ach, das ist nur seine Penispumpe. Zwei Megaknackis und zwei Weltmeister, bitte!«

Und schon am darauffolgenden Abend erlebt er eine weitere solcher ›Szenen in Beige‹, als die Köhler sie tituliert hat. Erst im üblichen nächtlichen Grübelzirkel nach der zweiten Pinkelpause wird Kortsch erkennen, dass sie höchst geeignet ist, seinen Wunsch nach einem tröstlichen Sinnbild zu erfüllen …

Gedankenverloren steht er auf der Angers-Brücke und starrt, aufs Geländer gestützt, in den seichten Lauf der Hase. Da naht ein ›Seniorsenior‹ (wie Köhler die mindestens fünfzehn Jahre Älteren in Abgrenzung zu ihnen beiden, den ›Juniorsenioren‹, getauft hat). Ein hagerer Altvorderer, wie er im Buche steht (i. Mose). Unter anderem trägt er eine Fellmütze, eine unbeschreibliche Nase und ein Gebiss, das – wie aufgrund seiner faszinierenden Äußerungen deutlich vernehmbar – nicht eben fugendicht sitzt. Gebannt lauscht Kortsch, gestützt durch das Brückengeländer, doch nachhaltig bedürftig und vorauseilend dankbar, Methusalems Wort. Rüstig und mit luziferischem Blick marschiert er vorüber und verkündet – im Vollbewusstsein der wissenschaftlichen Unumstößlichkeit mit bescheidenem Stolz, vor allem aber mit nüchterner Festigkeit – seiner unmittelbaren Umwelt die präzisen Resultate seiner Lebenserfahrung. Und zwar mit lässlicher Ausnahme der S-Laute wohlprononciert: »Einsch und einsch ischt tschwei. Tschwei und tschwei ischt vier. Vier und vier …«

Rechne nach, o Kortsch.

Marie Robin

Kommunikation im öffentlichen Raum

Das Klo war sauber, und mehr sollte man meiner Ansicht nach nicht von einer Toilette erwarten. Ich verschloss die Kabinentür und begann meine Hose aufzuknöpfen.

»Hallo«, hörte ich eine Stimme.

Ich bin ein höflicher Mensch; wie reagiert man da? Also sagte ich auch »Hallo« und fuhr fort, das zu tun, weswegen ich gekommen war.

»Wie läuft's bei dir?«, fragte die Stimme aus der Kabine nebenan.

Obwohl es gerade in diesem Moment nicht den Tatsachen entsprach, sagte ich zögernd: »Gut.«

»Das freut mich für dich.«

Es schien, als sei damit das Ende unserer Unterhaltung gekommen. Ich wandte meine Aufmerksamkeit wieder meinem eigentlichen Tun zu.

Da fragte die Stimme in Anteil nehmendem Ton: »Hattest du früher mal Probleme damit?«

Sehr verhalten antwortete ich: »Nein.«

»Ich glaube, ich komme besser rüber zu dir, und wir klären das zusammen.«

In heller Panik überprüfte ich die Kabinentür. Fest verschlossen. Auch schien sie durchaus einigermaßen stabil zu sein.

Dadurch etwas beruhigt sagte ich: »Das ist wirklich nicht nötig.«

Die Stimme erwiderte: »Du, ich muss jetzt wirklich Schluss machen. Ich bin gerade auf dem Klo, und neben mir ist so ein Idiot, der quatscht mir ständig dazwischen.«

Zwanzig Minuten später war es mir erst wieder möglich, mich der menschlichen Gesellschaft anzuschließen, und ich verließ die Toilette.

Die Autorinnen und Autoren

Ingvar Ambjørnsen, 1956 in Tønsberg (Südnorwegen) geboren, lernte Schriftsetzer, war Gärtner, Fabrikarbeiter und Pfleger in einer psychiatrischen Klinik, bevor er sich dem Schreiben widmete. Mit seinem liebenswerten Helden »Elling« schuf er eine Romanfigur, die auch durch die Verfilmungen international bekannt wurde. Ambjørnsen lebt mit seiner Frau, der Übersetzerin Gabriele Haefs, in Hamburg. Mehr über den Autor unter www.ingvar-ambjoernsen.de

(Aus: I. Ambjørnsen, Der Mann im Schrank. Erzählungen, Hamburg 1992. Deutsch von Gabriele Haefs. Abdruck mit freundlicher Genehmigung des Autors. © Ingvar Ambjørnsen)

Ewald Arenz, geboren 1965, studierte englische und amerikanische Literatur sowie Geschichte. Für seine Werke wurde er mehrfach ausgezeichnet. Bei dtv erschienen u. a. seine Romane ›Der Duft von Schokolade‹ (dtv 13 808) und ›Das Diamantenmädchen‹ (dtv 14 230). Zuletzt erschien sein Roman ›Alte Sorten‹ (2019).

›Häusliche Hölle‹ 307

(Abdruck mit freundlicher Genehmigung des Verlags ars vivendi, Cadolzburg. Aus: E. Arenz, Meine kleine Welt, Cadolzburg 2008)

Dietmar Bittrich ist ein Hamburger Autor und Herausgeber. Er war viele Jahre als Reisereporter und Begleiter auf Studienfahrten unterwegs gewesen. Für dtv sammelte er dabei u.a. ›Böse Sprüche für jeden Tag‹ (dtv 20 676, 2003) und kurze Geschichten vom Reisen: ›Müssen wir da auch noch hin?‹ (dtv 21788, 2019). Zuletzt erschien bei dtv sein Garten-Krimi ›Zum Niedermähen schön‹ (dtv 28 214). Mehr über den Autor unter: www.dietmar-bittrich.de

› Mein Name ist Bittrich, ich hüte hier ein‹ 83

(Erstveröffentlichung. Abdruck mit freundlicher Genehmigung des Autors. © 2020 Dietmar Bittrich)

Claudia Brendler ist Autorin, Musikerin und Comedian und veröffentlichte bisher sechs Romane. 2015 hat sie bei dtv ihren ungewöhnlichen Frauenroman ›Fette Fee‹ herausgebracht. Claudia Brendler ist vom Fernwehvirus befallen, reist am liebsten per Rad und überschreitet auch künstlerisch gern Grenzen.

›Es ist dann mal weg‹ 195

(Erstveröffentlichung. Abdruck mit freundlicher Genehmigung der Autorin. © Claudia Brendler)

Alex Capus, 1961 geboren, studierte Geschichte und Philosophie in Basel. Er war als Journalist bei verschiedenen Schweizer Tageszeitungen tätig. 1997 veröffentlichte er seinen ersten Roman ›Munzinger Pascha‹, dem seither viele weitere folgten. ›Léon und Louise‹ wurde zu einem internationalen Bestseller. Zuletzt erschien bei dtv sein Roman ›Königskinder‹. Alex Capus lebt als freier Schriftsteller in Olten in der Schweiz.

(dtv Verlagsgesellschaft mbH & Co. KG, München 2004. Aus: A. Capus, Eigermönchundjungfrau, München 2004. Abdruck mit freundlicher Genehmigung des Carl Hanser Verlags, München.)

Jean-Paul Didierlaurent, 1962 in La Bresse/Elsass geboren, hat 1997 seine beiden ersten Erzählungen in getrennten Umschlägen bei einem Schreibwettbewerb eingereicht – und gleich beide wurden prämiert. Nach weiteren preisgekrönten Kurzgeschichten hat er mit seinem Romandebüt ›Die Sehnsucht des Vorlesers‹ (dtv 21676) die ganze Welt verzaubert.

(dtv Verlagsgesellschaft mbH & Co. KG, München 2017. Aus: J.-P. Didierlaurent, Macdam oder Das Mädchen von Nr. 12, Deutsch von Sina de Malafosse, München 2017)

Karen Duve, 1961 in Hamburg geboren, brach eine Ausbildung zur Steuerinspektorin ab und fuhr anschließend dreizehn Jahre lang Taxi in Hamburg. Zu ihren bekanntesten Büchern gehören ›Dies ist kein Liebeslied‹ (2002) und ›Taxi‹ (2008). Ihre Werke wurden mit zahlreichen Preisen ausgezeichnet. Die Autorin lebt heute in einem kleinen Dorf in der Märkischen Schweiz.

(Abdruck mit freundlicher Genehmigung des Suhrkamp Verlages, Frankfurt am Main. Aus: K. Duve, Keine Ahnung, Erzählungen, 1999)

Horst Evers, 1967 in Diepholz geboren, lebt seit seinem Lehramtsstudium in Berlin und nennt sich selbst »Geschichtenerzähler aus Berlin«. In Büchern wie ›Für Eile fehlt mir die Zeit‹ (2012) oder ›Wäre ich du, würde ich mich lieben‹ (2015) beschreibt er die kleinen und großen Sorgen seiner Mitmenschen. Evers ist ein klassischer Vorleser: Er tritt mit seinen Geschichten in Soloprogrammen oder zusammen mit kleinen Ensembles auf. 2008 erhielt er den Deutschen Kleinkunstpreis.

(Abdruck mit freundlicher Genehmigung der Rowohlt · Berlin Verlag GmbH, Berlin. Aus: H. Evers, Der kategorische Imperfekt ist keine Stellung beim Sex, Berlin 2017)

Marlies Ferber, geboren 1966, studierte Sinologie in Deutschland, China und den Niederlanden und arbeitete viele Jahre als Verlagslektorin, bevor sie sich ganz dem Schreiben und Übersetzen widmete. Für dtv schrieb sie die originelle vierbändige 0070-Krimi-Reihe um den britischen Ex-Agenten James Gerald im Ruhestand. 2018 erschien ihr Roman ›Grün ist die Liebe‹ (dtv 21916).

(Abdruck mit freundlicher Genehmigung der Autorin. © 2020 Marlies Ferber)

Frank Goldammer, 1975 in Dresden geboren, erlernte einen Handwerksberuf. Mit zwanzig begann er zu schreiben und verlegte seine ersten Romane im Eigenverlag. Bei dtv landet er mit den Bänden seiner erfolgreichen historischen Kriminalroman-Reihe über den Ermittler Max Heller regelmäßig auf den Bestsellerlisten. Er lebt mit seiner Familie in seiner Heimatstadt. Mehr über den Autor: www.frank-goldammer.de

(Abdruck mit freundlicher Genehmigung von salomo publishing. Aus: F. Goldammer, Dreißig Gründe, mit den Haaren zu knirschen und sich die Zähne zu raufen, Dresden 2015. Der Text wurde für den vorliegenden Band vom Autor leicht überarbeitet.)

Axel Hacke, 1956 in Braunschweig geboren, lebt als Schriftsteller und Journalist in München. Er arbeitete zwanzig Jahre für die ›Süddeutsche Zeitung‹, in deren Magazin bis heute seine Kolumne ›Das Beste aus aller Welt‹ erscheint. Seine journalistische Arbeit wurde mit vielen Preisen ausgezeichnet, und seine Bücher, zu denen Bestseller wie ›Der kleine Erziehungsberater‹ (1992), ›Der kleine König Dezember‹ (2000) und ›Der weiße Neger Wumbaba‹ (2004) gehören, wurden in zahlreiche Sprachen übersetzt.

›Peitschen Sie den Käse – oder: Wir kochen selbst‹ 156

(Abdruck mit freundlicher Genehmigung des Antje Kunstmann Verlags, München. Aus: A. Hacke, Oberst von Huhn bittet zu Tisch, München 2012)

Elke Heidenreich, geboren 1943 in Korbach/Waldeck, verbrachte ihre Jugend im Ruhrgebiet, studierte Germanistik, Theaterwissenschaft und Publizistik in München, Hamburg und Berlin. Seit 1970 arbeitet sie als freie Autorin und Moderatorin für Funk, Fernsehen und verschiedene Zeitungen.

›Hund‹ 154

(Abdruck mit freundlicher Genehmigung des Carl Hanser Verlags, München. Aus: E. Heidenreich, Alles kein Zufall, München 2016)

Dora Heldt, 1961 auf Sylt geboren, ist gelernte Buchhändlerin und lebt heute in Hamburg. Mit ihren Romanen führt sie seit Jahren die Bestsellerlisten an, die Bücher werden regelmäßig verfilmt. Weitere Informationen unter www.dora-heldt.de

(dtv Verlagsgesellschaft mbH & Co. KG, München. Aus: D. Heldt, Sommer. Jetzt!, München 2018)

Ulrike Herwig studierte Deutsch und Englisch in Leipzig und London und arbeitet seit vielen Jahren als freie Autorin. Sie lebt mittlerweile mit ihrer Familie in Seattle/USA, wo es immer so viel regnet, dass ihr gar nichts anderes übrig bleibt, als pausenlos Bücher zu schreiben. Bei dtv erschien zuletzt ihr heiterer Weihnachtsroman ›Schiefer die Socken nie hingen‹ (dtv 28200, 2019).

(Erstveröffentlichung. Abdruck mit freundlicher Genehmigung der Autorin. © 2020 Ulrike Herwig)

Diana Hillebrand ist Autorin und Dozentin und lebt mit ihrer Familie in ihrer Wahlheimat München. Sie gibt Kurse im Kreativen Schreiben in ihrer ›Wort-Werkstatt SCHREIB&WEISE‹ und hat mehrere Bücher und Kurzgeschichten veröffentlicht und eine

Vielzahl von Fachartikeln. 2013 wurden zwei ihrer Kinderbücher für einen Jugendsachbuchpreis nominiert.

›Mareike genießt die Sonne‹ 200

(Erstveröffentlichung. Abdruck mit freundlicher Genehmigung der Autorin. © 2020 Diana Hillebrand)

Jess Jochimsen, 1970 geboren, lebt als Autor und Kabarettist in Freiburg. Seit 1992 tritt er auf allen bekannten deutschsprachigen Bühnen auf und erzählt dort meist lustige Geschichten, zeigt immer schlimme Dias und singt oft traurige Lieder. Ausgezeichnet wurde er u. a. mit dem Kleinkunstpreis Baden-Württemberg 2011. Zuletzt erschien bei dtv von ihm sein Roman ›Abschlussball‹ (dtv 14 673, 2019).

›Parkhaus des Grauens‹ 296

(dtv Verlagsgesellschaft mbH & Co. KG, München. Aus: J. Jochimsen, »Mama und Papa hatte ich nicht, ich musste Renate und Eberhard sagen«, München 2018)

Frieda-Alice Kahro, Ende der Sechzigerjahre in Süddeutschland geboren, studierte Germanistik in München und Dijon. Seit vielen Jahren arbeitet sie in verschiedenen Professionen mit Büchern. Sie lebt mit ihrer Familie in München. Frieda-Alice Kahro ist ein Pseudonym.

›Here comes the sun‹ 184

(Erstveröffentlichung. Abdruck mit freundlicher Genehmigung der Autorin. © 2020 Frieda-Alice Kahro)

Wladimir Kaminer wurde 1967 in Moskau geboren. Er absolvierte eine Ausbildung als Toningenieur und studierte danach Dramaturgie am Moskauer Theaterinstitut. Seit 1990 lebt er mit seiner Familie in Berlin. Bekannt wurde er als Veranstalter der legendären Russendisko. Er ist Radiomoderator, Kolumnist und Autor und ein gern gesehener Gast in Talkshows.

›Der wahre Zweck der sogenannten Pyramiden‹ 122

(© 2019 Wunderraum Verlag, München, in der Verlagsgruppe Random House GmbH. Aus: W. Kaminer, Liebeserklärungen)

Iris Leister, in Berlin geboren, hatte folgende Berufswünsche (in chronologischer Reihenfolge): Seiltänzerin, Astronautin, Jacques Cousteau, Schriftstellerin, Hirnforscherin. Letzteres verwirklichte sie in einem Studium der Biologie und Linguistik, Vorletzteres durch einen Zufall, der sie zunächst zum Drehbuchschreiben brachte. Sie ging mit einem Stipendium nach Hollywood, wurde für verschiedene Drehbuchpreise nominiert, schrieb Hörspiele, einen Thriller und viele Kurzgeschichten. Die Autorin lebt in München.

›Kleine Fische‹ 220

(Abdruck mit freundlicher Genehmigung der Autorin. © Iris Leister)

Siegfried Lenz, geboren 1926 in Lyck/Ostpreußen, zählte zu den bedeutendsten und meistgelesenen Autoren der deutschen Nachkriegs- und Gegenwartsliteratur. Sein Werk wurde mit zahlreichen Preisen und Auszeichnungen geehrt, u. a. dem Goethe-Preis der Stadt Frankfurt und dem Friedenspreis des Deutschen Buchhandels. Er starb 2014 in Hamburg.

›Unter Dampf gesetzt‹ 138

(Abdruck mit freundlicher Genehmigung des Hoffmann & Campe Verlags, Hamburg. Aus: S. Lenz, Die Erzählungen, Hamburg 2006)

Stefan Maiwald, geboren 1971 in Braunschweig, lebt mit seiner italienischen Familie in Grado. Er ist Journalist, Kolumnist, Hobbykoch, passionierter Golfer und erfolgreicher langjähriger Autor bei dtv. Zuletzt erschien von ihm der historische Roman ›Der Knochenraub von San Marco‹ (dtv 26 171).

›Handle wie eine Frau!‹ 245

(dtv Verlagsgesellschaft mbH & Co. KG, München. Aus: S. Maiwald, Laura, Leo, Luca und ich. Wie man in einer italienischen Familie überlebt. München 2007)

Markus Orths, 1969 in Viersen geboren, studierte Philosophie, Romanistik und Anglistik in Freiburg und lebt als freier Autor in Karlsruhe. Sein Werk wurde in sechzehn Sprachen übersetzt und vielfach ausgezeichnet. ›Das Zimmermädchen‹ wurde 2015 für das Kino verfilmt.

(Abdruck mit freundlicher Genehmigung des Verlags ars vivendi, Cadolzburg. Aus: M. Orths, Aber sonst geht es mir gut. Humoresken, Cadolzburg 2018)

Marie Robin wurde 1975 in München geboren und verdankt ihr Pseudonym ihren WG-Genossen in Irland. Statt sich mit unnötigen Sorgen zu belasten, solle sie sich ein Vorbild an der Unbeschwertheit des Rotkehlchens (engl. *robin*) nehmen. Sie studierte dann Soziologie und arbeitete als Bankkauffrau, Callcenter-Agentin, Deutschlehrerin, Fast-Food-Verkäuferin und Buchhalterin. Heute schreibt sie politische Thriller und schwarzhumorige Krimis und Kurzgeschichten. Sie ist Sprecherin der Autorinnenvereinigung »Mörderische Schwestern« in Bayern und lebt in München und Irland.

(Abdruck mit freundlicher Genehmigung der Autorin. © Marie Robin)

Astrid Ruppert arbeitete nach ihrem Literaturstudium als Dramaturgin und Producerin für das Fernsehen und begann während einer unfreiwilligen Auszeit mit dem Schreiben. Einige ihrer Romane wurden verfilmt. So zählt ›Obendrüber, da schneit es‹ zu den beliebtesten Weihnachtsfilmen im deutschen Fernsehen. Bei dtv sind die ersten beiden Bände ihrer erfolgreichen Mütter-Töchter-Trilogie erschienen: ›Leuchtende Tage‹ (dtv 26 226, 2019) und ›Wilde Jahre‹ (dtv 26 270, 2020).

(Abdruck mit freundlicher Genehmigung des Verlages Axel Dielmann, Frankfurt 2018. Aus: A. Ruppert, Die Bestimmung der Eisscholle. Erzählungen. Frankfurt 2018)

Rafik Schami wurde 1946 in Damaskus geboren. 1971 kam er nach Deutschland, studierte Chemie und schloss das Studium 1979 mit der Promotion ab. Heute lebt er in der Pfalz. Schami zählt zu den bedeutendsten Autoren deutscher Sprache. Sein Werk wurde vielfach ausgezeichnet und in 24 Sprachen übersetzt.

(dtv Verlagsgesellschaft mbH & Co. KG, München. Aus: Rafik Schami, Eine deutsche Leidenschaft namens Nudelsalat, München 2011)

Ursula Schröder arbeitet neben ihrer Schriftstellertätigkeit in ihrer eigenen ›Text- & Ideenwerkstatt‹ als PR-Beraterin. Mittlerweile sind elf Romane und mehrere Kurzgeschichten von ihr erschienen. Sie lebt mit ihrer Familie im Sauerland.

(Erstveröffentlichung. Abdruck mit freundlicher Genehmigung der Autorin. © 2020 Ursula Schröder)

Frank Schulz, Jahrgang 1957, wurde für seine Romane vielfach ausgezeichnet, u. a. mit dem Hubert-Fichte-Preis (2004), dem Irmgard-Heilmann-Preis (2006) und dem Kasseler Literaturpreis für grotesken Humor (2015). 2012 erschien ›Onno Viets und der Irre vom Kiez‹, 2015 ›Onno Viets und das Schiff der baumelnden Seelen‹, 2016 ›Onno Viets und der weiße Hirsch‹.

(Abdruck mit freundlicher Genehmigung des Verlages Kiepenheuer & Witsch, Köln. Aus: F. Schulz, Anmut und Feigheit. Ein Prosa-Album über Leidenschaft, Galiani, Berlin 2018)

Lars Simon, Jahrgang 1968, hat nach seinem Studium lange Jahre in der IT-Branche gearbeitet, bevor er mit seiner Familie nach Schweden zog, wo er als Handwerker tätig war. Heute lebt und schreibt der gebürtige Hesse wieder in der Nähe von Frankfurt am Main.

Nach seiner Comedy-Trilogie um den Bestseller ›Elchscheiße‹ (dtv 21 508) und seiner erfolgreichen Urban-Fantasy-Krimireihe über den Zauberladenbesitzer Lennart Malmkvist erschien zuletzt bei dtv sein Roman ›Das Antiquariat der Träume‹ (dtv 21 931). Lars Simon ist ein Pseudonym.

›Aristoteles‹ 64

(Erstveröffentlichung. Abdruck mit freundlicher Genehmigung des Autors. © 2020 Lars Simon)

Tilman Spengler, geboren 1947, promovierter Sinologe und Historiker, war mehrere Jahre am Max-Planck-Institut für Sozialwissenschaften tätig. Er ist Autor von Romanen, Erzählungen und Essays und Herausgeber der Zeitschrift ›Kursbuch‹.

›Die Melone‹ 174

(Abdruck mit freundlicher Genehmigung des Autors. © Tilman Spengler. Aus: T. Spengler, Wenn Männer sich verheben, Berlin 1996)

Mark Twain, geboren 1835, gestorben 1910, führte ein abenteuerliches Leben als Setzerlehrling, Lotse, Goldgräber und Journalist, bevor er 1867 erste literarische Erfolge feiern konnte und als amerikanischer Schriftsteller schließlich Weltrang erreichte.

›Der Mann, der bei Gadsby abstieg‹ 286

(dtv Verlagsgesellschaft mbH & Co. KG, München 1991. Aus: M. Twain, A Couple of Truly Wonderful Stories – Ein paar wirklich wunderbare Geschichten. Ausgewählt und übersetzt von Hella Leicht, München 1991)

Jan Weiler, 1967 in Düsseldorf geboren, besuchte die Deutsche Journalistenschule und arbeitete anschließend einige Jahre für das Magazin der ›Süddeutschen Zeitung‹, zuletzt als Chefredakteur. Seit 2005 ist er freier Schriftsteller und verfasst vor allem Romane, Kolumnen, Hörspiele und Drehbücher. Sein erfolgreichster Roman ›Maria, ihm schmeckt's nicht‹ (2003) wurde auch verfilmt. Der Autor lebt mit seiner Familie in Oberbayern und Umbrien.

(Abdruck mit freundlicher Genehmigung des Rowohlt Verlags, Hamburg 2014. Aus: J. Weiler, Das Pubertier)